机载传感器原理及应用

主　编　李　洋　张立静　战　晔
主　审　李耀春

哈爾濱工程大學出版社
Harbin Engineering University Press

内容简介

本书系统地阐述了与军用相关的各类传感器的工作原理、基本结构、测量电路及机载应用案例,简要介绍了检测装置及自动检测系统的相关知识。全书共11章,第1章绪论主要介绍传感器的基础知识;第2章至第9章主要介绍与军用相关的传感器的原理及机载应用案例;第10章主要介绍信号的放大与隔离、在传输过程中的变换技术及非线性补偿技术;第11章主要介绍自动检测系统的组成及工作原理、基本设计方法、应用及发展。

本书可供机载传感器相关研究及使用人员参考。

图书在版编目(CIP)数据

机载传感器原理及应用/李洋,张立静,战晔主编.—哈尔滨:哈尔滨工程大学出版社,2022.9
ISBN 978-7-5661-3739-5

Ⅰ.①机… Ⅱ.①李… ②张… ③战… Ⅲ.①机载设备-传感器 Ⅳ.①V217

中国版本图书馆CIP数据核字(2022)第193857号

机载传感器原理及应用
JIZAI CHUANGANQI YUANLI JI YINGYONG

选题策划 赵金春
责任编辑 张 彦 秦 悦
封面设计 李海波

出版发行 哈尔滨工程大学出版社
社　　址 哈尔滨市南岗区南通大街145号
邮政编码 150001
发行电话 0451-82519328
传　　真 0451-82519699
经　　销 新华书店
印　　刷 黑龙江天宇印务有限公司
开　　本 787 mm×960 mm 1/16
印　　张 11.5
字　　数 227千字
版　　次 2022年9月第1版
印　　次 2022年9月第1次印刷
定　　价 57.80元
http://www.hrbeupress.com
E-mail:heupress@hrbeu.edu.cn

前　言

现代科学技术的发展使武器装备发生了巨大变化，许多先进、高科技含量的装备不断出现在新式武器上，使其作战性能不断提升。然而，科学技术越发达，自动化程度越高，对传感器与检测技术等信息技术和处理技术的依赖也越强。传感器是现代信息系统的“源头”或“感官”，如果没有性能可靠的传感器，那么信息的准确获取和精密检测就是一句空话，通信技术和计算机技术也就成了无源之水、无本之木。因此，应用、研究和发展传感器技术是实现武器装备自动化和信息化的必然要求。

本书共 11 章，第 1 章绪论主要介绍传感器的基础知识；第 2 章至第 9 章主要介绍与军用相关的传感器的原理及机载应用案例，具体包括热电式传感器、磁电感应式传感器、霍尔式传感器、光电式传感器、电阻式传感器、电感式传感器、电容式传感器及谐振式传感器；第 10 章主要介绍信号的放大与隔离、在传输过程中的变换技术及非线性补偿技术；第 11 章主要介绍自动检测系统的组成及工作原理、基本设计方法、应用及发展。

本书由中国人民解放军空军航空大学李洋、张立静、战晔主编，中国人民解放军空军航空大学李耀春主审。其中，李洋负责编写第 1、2、5、6、8、9 章，张立静负责编写第 3、4、7 章，战晔负责编写第 10、11 章。

本书在编写过程中，参考了大量文献著述，在此向相关作者表示衷心的感谢。

受编者知识水平所限，书中错误和不足之处在所难免，恳请广大读者批评指正。

编　者

2022 年 6 月

目　　录

第1章　绪　　论

本章主要介绍传感器在武器装备中的作用、定义及分类、一般特性,以及检测技术的常用术语、测量方法、测量误差等内容,是传感器与检测技术的理论基础。

1.1　机载传感器的作用

传感器技术是当今发达国家普遍重视并大力发展的高新技术之一,它已经成为现代信息技术中必不可少的主要技术,在国防建设中占有极其重要的地位。传感器是现代信息系统和各种装备所必需的信息采集手段,对增强国防实力有着举足轻重的作用。

传感器的作用类似于人的感官,电子计算机相当于人的大脑,执行器相当于人的肌体。人的感官如果出了问题,大脑就不能得出正确的结论,行为就会出现盲目性,体现在军事上,就会出现判断与指挥错误、武器装备失灵的问题。

在科学技术高度发达的现代社会,人们在从事生产和科学实验等活动时,需要对信息资源进行开发、获取、传输和处理。传感器处于研究对象与测控系统的接口位置,是感知、获取与检测信息的手段,它为系统提供进行决策和处理所必需的原始数据。一切科学实验和生产过程,特别是在自动检测和自动控制系统中要获取的信息,都要通过传感器转换为容易传输和处理的信号。如果没有传感器对原始参数进行精确可靠的测量,如果传感器不能灵敏地感受被测量或者不能把感受到的被测量精确地转换成电信号,则其他仪表和装置的精确度再高也没有意义。

在航空航天领域里,宇宙飞船的飞行速度、加速度,位置,姿态,温度,压力,磁场,振动等参数的测量都必须由传感器完成,例如,"阿波罗10号"飞船需要对3 295个参数进行检测,其中应用了温度传感器559个、压力传感器140个、信号传感器501个、遥控传感器142个,整个宇宙飞船就是高性能传感器的集合体。

传感器是信息搜集、目标探寻的重要手段,是现代武器装备不可缺少的组成部分,被大量应用于新一代武器和军事技术产品中。传感器在军事上的应用,促使作战、侦察和保障行为向更加先进的形式转变:通过使用独立的和半独立的微小型传感装置进行隐蔽监视、杀伤有生力量、摧毁敌方目标,建立可靠且不易受到伤害的侦察、通信、导航、目标指示和武器操纵，并对武器装备和军事技术设施的状态进行控制和诊断。

机载传感器用来检测控制系统处于某种状态的信息，并由此来跟踪和控制系统的状态。如在现代飞行器上，装备着多种多样的显示与控制系统，以保证各种战斗和飞行任务的完成。在这些系统中，传感器首先对反映飞行器的飞行参数和姿态及发动机工作状态的各物理量参数加以检测，检测信号显示在各类显示器上，提供给驾驶和领航人员，用于控制和操纵飞行器，或者传输给各种自动控制系统，如自动驾驶仪、自动领航仪和发动机调节器等，进行飞行器的自动驾驶和发动机的自动调节。

显而易见，传感器是自动控制系统和信息系统的关键基础器件，其技术水平直接影响武器装备系统的水平。自动化技术水平越高，现代武器装备越先进，对传感器技术依赖的程度越大。

1.2　传感器的定义及分类

在非电量测试技术中，首先需要解决的问题是将各种非电量转换为电量。能够把外界非电信息转换成电信号输出的器件和装置称为传感器。

我国国家标准《传感器通用术语》(GB/T 7665—2005)对传感器的定义是："能感受被测量并按照一定的规律转换成可输出信号的器件或装置，通常由敏感元件和转换元件组成。"

传感器的定义有这样三层含义：

(1)由敏感元件和转换元件组成的一种检测装置；

(2)能按一定规律将被测量转换成电信号输出；

(3)传感器的输入与输出之间存在确定的关系。

传感器是实现自动检测和自动控制的首要环节。如果没有传感器对原始参数进行精确可靠的测量，那么无论是信号转换还是信息处理，或者最佳数据的显示与控制都是不可能实现的。

传感器的种类很多，一般可按以下几种方法分类：

(1)根据输入物理量可分为位移传感器、速度传感器、压力传感器、温度传感器等。

(2)根据工作原理可分为电阻式传感器、电感式传感器、电容式传感器及电势式传感器等。

(3)根据输出信号的性质可分为模拟式传感器和数字式传感器。模拟式传感器输出模拟信号，数字式传感器输出数字信号。

(4)根据能量转换原理可分为有源传感器和无源传感器。有源传感器将非电量转换为电量，如电动势传感器、电荷式传感器等；无源传感器不起能量转换作用，只是将被测非电量转换为电参数的量，如电阻式传感器、电感式传感器及电容式传感器等。

为了揭示诸多传感器之间的内在联系，表 1.1 给出了传感器分类、转换原理、传感器名称和典型应用，供选用传感器时参考。

表 1.1　传感器分类、转换原理、传感器名称和典型应用

传感器分类		转换原理	传感器名称	典型应用
转换形式	中间参量			
电参数	电阻	移动电位器触点改变电阻	电位器传感器	位移
		改变电阻丝或片的尺寸	电阻丝应变传感器、半导体应变传感器	微应力、力、负荷
		利用电阻的温度效应（电阻温度系数）	热丝传感器	气流速度、液体流量
			电阻温度传感器	温度、辐射热
			热敏电阻传感器	温度
		利用电阻的光敏效应	光敏电阻传感器	光强
		利用电阻的湿度效应	湿敏电阻	湿度
	电容	改变电容的几何尺寸	电容传感器	力、压力、负荷、位移
		改变电容的介电常数		液位、厚度、含水量
	电感	改变磁路几何尺寸、导磁体位置	电感传感器	位移
		利用涡流去磁效应	涡流传感器	位移、厚度、硬度
		利用压磁效应	压磁传感器	力、压力
		改变互感	差动变压器	位移
			自整角机	位移
	频率	改变谐振回路中的固有参数	振弦式传感器	压力、力
			振筒式传感器	气压
			石英谐振传感器	力、温度等
	计数	利用莫尔条纹	光栅	大角位移、大直线位移
		改变互感	感应同步器	
		利用拾磁信号	磁栅	
	数字	利用数字编码	角度编码器	大角位移

表 1.1(续)

传感器分类		转换原理	传感器名称	典型应用
转换形式	中间参量			
电能量	电动势	利用温差电动势	热电偶	温度、热流
		利用霍尔效应	霍尔传感器	磁通、电流
		利用电磁感应	磁电传感器	速度、加速度
		利用光电效应	光电池	光强
	电荷	利用辐射电离	电离室	离子计数、放射性强度
		利用压电效应	压电传感器	动态力、加速度

1.3 传感器的一般特性

传感器的特性可以通过它的静态特性和动态特性全面揭示出来。所谓静态特性,是指传感器在被测量处于稳定状态时的输入－输出关系。所谓动态特性,是指传感器对随时间变化的输入量的响应特性。实际被测量随时间变化的形式可能是各种各样的,在研究动态特性时通常根据标准输入特性来考虑传感器的响应特性。标准输入特性有两种:呈正弦变化的输入和呈阶跃变化的输入。传感器的动态特性在“控制理论”课程中会有详细介绍,这里主要介绍传感器静态特性。

当传感器为静态特性时,其输入与输出有确定的数值关系,但与时间变量无关。在静态条件下,传感器如果没有迟滞及蠕变效应,其静态特性就可表示为

$$y = a_0 + a_1x + a_2x^2 + \cdots + a_nx^n \tag{1.1}$$

式中 x——输入量(被测量);

y——输出量;

a_0——零位输出;

a_1——传感器的灵敏度,常用 k 表示;

$a_2, a_3, \cdots, a_n$——非线性项的特定常数。

这种多项式代数方程可能有四种情况:

(1)理想线性。在这种情况下,$a_0 = a_2 = a_3 = \cdots = a_n = 0$,因此得到

$$y = a_1x \tag{1.2}$$

由于直线上任何点的斜率都相等,所以传感器的灵敏度为

$$a_1=\frac{y}{x}=k=\text{常数} \tag{1.3}$$

(2)在坐标原点附近输入－输出特性基本呈线性。在这种情况下式(1.1)中除线性项外只存在奇次非线性项，即

$$y=a_1x+a_3x^3+a_5x^5+\cdots \tag{1.4}$$

对应的曲线为

$$y(x)=-y(-x) \tag{1.5}$$

(3)输入－输出特性曲线不对称。在这种情况下式(1.1)中除线性项外只存在偶次非线性项，即

$$y=a_1x+a_2x^2+a_4x^4+\cdots \tag{1.6}$$

(4)普遍情况的表达式是式(1.1)所对应的特性。

理论分析建立的传感器数学模型非常复杂，甚至难以实现。实际应用时常常利用实际数据绘制的特性曲线来描述传感器的特征。传感器的静态特性是在静态标准条件下进行校准(标定)的。静态标准条件是指没有加速度、振动、冲击(除非这些参数本身就是被测量)；环境温度一般为室温，即(20 ±5)℃；相对湿度不大于85%；大气压力为(101 327 ±7 800) Pa 的情况。在这种标准工作状态下，利用一定等级的校准设备，对传感器进行反复循环测试，将得到的输入－输出数据用表格列出或画成曲线，即可获得传感器静态特性。

描述传感器静态特性的主要指标包括线性度、迟滞、重复性和灵敏度。它们是衡量传感器一般特性优劣的重要性能指标。

1.3.1 线性度

线性度是指传感器的输入与输出呈线性关系的程度。传感器的理想输入－输出特性应是线性的，因为这有助于简化传感器的理论分析、数据处理、标定和测试。但是传感器的实际输入－输出特性大都具有一定程度的非线性。如果传感器的非线性项的方次不高，在输入量变化范围不大的情况下，可以用切线或割线拟合、过零旋转拟合、端点平移拟合等来近似地代表实际曲线的一段，这就是传感器非线性特性的“线性化”，如图 1.1 所示(其中，X_m 是输入 x 的最大值)。

采用的直线称为拟合直线，实际特性曲线与拟合直线间的偏差称为传感器的非线性误差或线性度，通常用相对误差表示其大小，即

$$e_f=\frac{\Delta L_{max}}{Y_{F.S.}}\times 100\% \tag{1.7}$$

式中 e_f——非线性误差(线性度)；

ΔL_{max}——传感器输出值与基准拟合直线的最大偏差；

$Y_{F.S.}$——传感器满量程输出值。

由此可见，非线性误差的大小是以一定的拟合直线作为基准直线算出来的，因此不同基准直线所得出的线性度就不一样。一般并不要求拟合直线必须通过所有的检测点，而只要找到一条既能反映校准数据的一般趋势同时又使误差绝对值最小的直线即可。

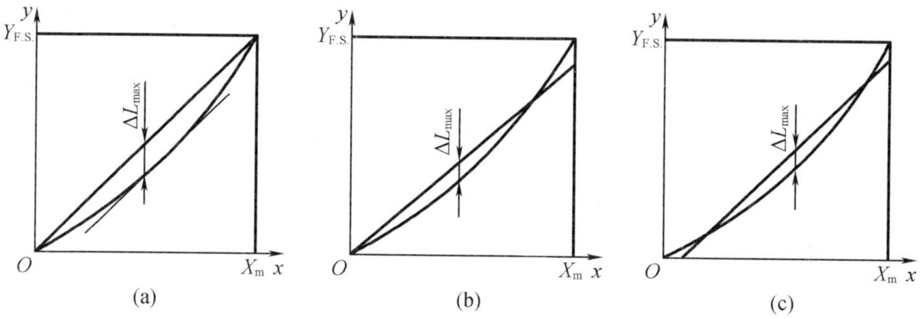

图 1.1 输入－输出特性的线性化

下面介绍几种线性度。

1. 端基线性度

把传感器校准数据的零点输出平均值和满量程输出平均值连成直线，作为传感器特性的拟合直线，其方程式为

$$y = b + kx \tag{1.8}$$

式中 y——输出量；

x——输入量；

b——直线在 y 轴上的截距；

k——直线的斜率。

图 1.2 所示为一只压力传感器的输入－输出实测曲线，根据端基法作拟合直线，其方程式对应于式(1.8)，可得

$$b = \overline{U}_0, k = \frac{\overline{U}_{F.S.} - \overline{U}_0}{p_s} \tag{1.9}$$

所以

$$U = \overline{U}_0 + \frac{\overline{U}_{F.S.} - \overline{U}_0}{p_s} \cdot p$$

式中 p——被测压力；

p_s——传感器的测量压力范围；

U——传感器的输出值；

U_0——零点输出平均值；

$\overline{U}_{F.S.}$——满量程输出平均值。

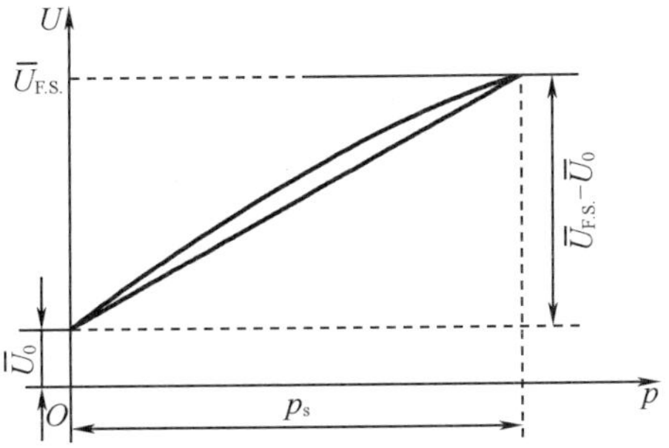

图1.2 端基线性度的拟合直线

这种拟合方法简单直观，应用比较广泛，但因没有考虑所有校准数据的分布，拟合精度很低，尤其当传感器有比较明显的非线性时，拟合精度更差。

2. 平均选点线性度

为了寻找较理想的拟合直线，可将测量得到的 n 个检测点分成数目相等的两组：前半部 $n/2$ 个检测点为一组；后半部 $n/2$ 个检测点为另一组。两组检测点各自具有“点系中心”。检测点都分布在各自的点系中心周围，通过这两个“点系中心”的直线就是所要寻找的拟合直线。其斜率和截距可分别求得。

前半部 $n/2$ 个检测点的“点系中心”A 的坐标为

$$\overline{x}_1 = \frac{2}{n}\sum_{i=1}^{n/2} x_i,\ \overline{y}_1 = \frac{2}{n}\sum_{i=1}^{n/2} y_i \tag{1.10}$$

后半部 $n/2$ 个检测点的“点系中心”B 点坐标为

$$\overline{x}_2 = \frac{2}{n}\sum_{i=n/2+1}^{n} x_i,\ \overline{y}_2 = \frac{2}{n}\sum_{i=n/2+1}^{n} y_i \tag{1.11}$$

通过这两个“点系中心”$(\overline{x}_1,\overline{y}_1)$和$(\overline{x}_2,\overline{y}_2)$的直线的斜率为

$$k = \frac{\overline{y}_2 - \overline{y}_1}{\overline{x}_2 - \overline{x}_1} \tag{1.12}$$

直线在 y 轴上的截距为

$$b = \overline{y}_1 - k\,\overline{x}_1 \tag{1.13}$$

$$b = \overline{y}_2 - k\,\overline{x}_2 \tag{1.14}$$

把斜率和截距代入直线方程式(1.8),即得平均选点法的拟合直线,再由此求出非线性误差。平均选点法求得的拟合直线如图1.3所示。

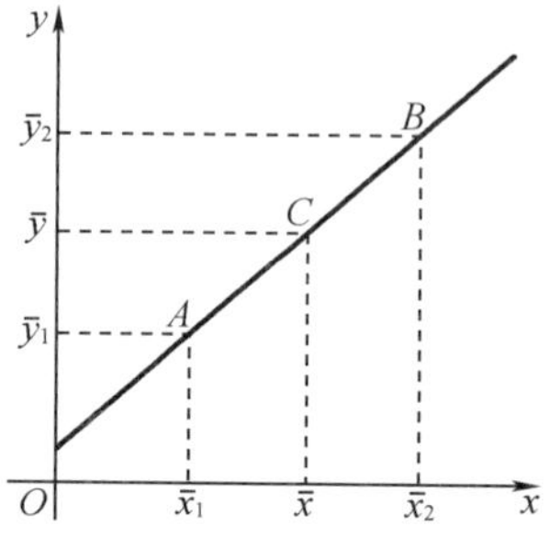

图1.3 平均选点的拟合直线

这种拟合方法的精度比较高。检测点在拟合直线两侧合理分布,数据处理也并不复杂。

3. 最小二乘法线性度

拟合直线方程通式仍是式(1.8),假定实际校准点有 n 个,对应的输出值是 y,则第 i 个校准数据与拟合直线上相应值之间的残差为

$$\Delta_i = y_i - (b + kx_i) \tag{1.15}$$

最小二乘法拟合直线的拟合原则就是使 $\sum_{i=1}^{n}\Delta_i^2$ 为最小值,也即使 $\sum_{i=1}^{n}\Delta_i^2$ 对 k 和 b 的一阶偏导数等于零,从而求出 b 和 k 的表达式,即

$$\frac{\partial}{\partial k}\sum \Delta_i^2 = 2\sum (y_i - kx_i - b)(-x_i) = 0$$

$$\frac{\partial}{\partial b}\sum \Delta_i^2 = 2\sum (y_i - kx_i - b)(-1) = 0$$

利用以上两式求出 k 和 b,分别为

$$k = \frac{n\sum x_i y_i - \sum x_i \sum y_i}{n\sum x_i^2 - \left(\sum x_i\right)^2} \tag{1.16}$$

$$b = \frac{\sum x_i{}^2 \sum y_i - \sum x_i \sum x_i y_i}{n\sum x_i^2 - \left(\sum x_i\right)^2} \tag{1.17}$$

于是,可得最小二乘法最佳拟合直线方程

$$b = \bar{y} - k\bar{x} \tag{1.18}$$

$$\bar{x}=\frac{1}{n}\sum_{i=1}^{n}x_i,\ \bar{y}=\frac{1}{n}\sum_{i=1}^{n}y_i \tag{1.19}$$

在以上三种线性表示方法中，最小二乘法线性度的拟合精度最高，平均选点线性度次之，端基线性度最低。但最小二乘法线性度的计算最烦琐。

1.3.2　迟滞

迟滞，也叫回程误差，是指在相同测量条件下，对应于同一大小的输入信号，传感器正（输入量增大）反（输入量减小）行程的输出信号大小不相等的现象。产生迟滞的原因：传感器机械部分存在不可避免的摩擦、间隙、松动、积尘等，引起能量吸收和消耗。迟滞特性表示传感器在正、反行程期间输入－输出特性曲线不重合的程度，如图 1.4 所示。

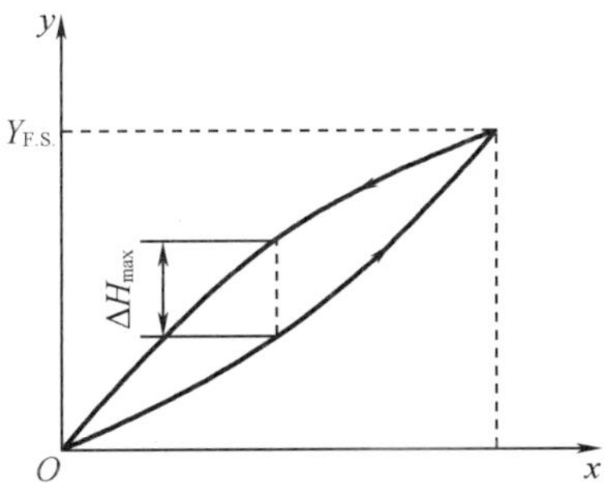

图 1.4　迟滞特性

迟滞大小一般由实验确定。用正、反行程期间的最大输出差值 ΔH_{max} 与满量程输出 $Y_{F.S.}$ 的百分比来表示，即

$$e_i=\frac{\Delta H_{max}}{Y_{F.S.}}\times 100\% \tag{1.20}$$

式中　ΔH_{max}——输出值在正、反行程间的最大差值。

1.3.3　重复性

重复性表示传感器在输入量按同一方向做全量程连续多次测试时所得的输入－输出特性曲线的一致程度，如图 1.5 所示。特性曲线一致，重复性就好，误差也小。

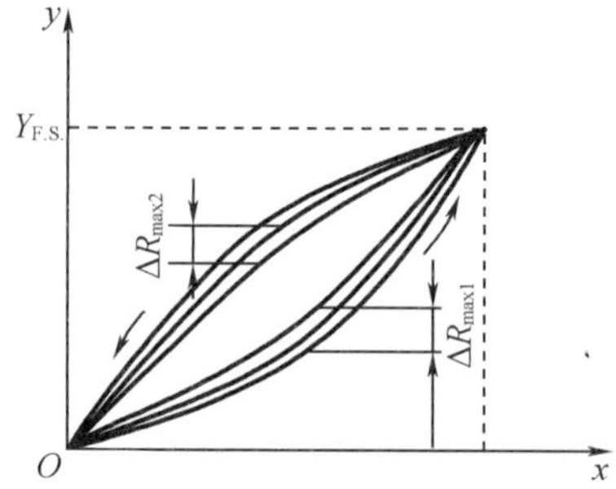

图 1.5 重复性特性

重复性指标一般采用输出最大不重复误差 ΔR_{max} 与满量程输出 $Y_{F.S.}$ 之比的百分数来表示,即

$$r_R = \frac{\Delta R_{max}}{Y_{F.S.}} \times 100\% \tag{1.21}$$

1.3.4 灵敏度

线性传感器校准线的斜率就是其静态灵敏度,非线性传感器的灵敏度则随输入量而变化。线性传感器静态灵敏度 k 的计算式为

$$k = \frac{y}{x} \tag{1.22}$$

例如,某位移传感器在位移变化 1 mm (输入信号的变化量)时,输出电压变化 300 mV (输出信号的变化量),则其灵敏度为 300 mV/mm。非线性传感器的灵敏度可用 dy/dx 表示。

1.4 检测技术的常用术语

1. 真值

被测量本身所具有的真正值称为真值。量的真值是一个理想的概念,一般是不知道的。但在某些特定情况下,真值又是可知的,如一个整圆周角为 360°等。

2. 实际值

误差理论指出,在排除系统误差的前提下,对于精密测量,当测量次数无限多时,测量结果的算术平均值极接近真值,因而可将它视为被测量的真值。但是测量次数是有限的,故按有限测量次数得到的算术平均值只是统计平均值的近似值。

而且由于系统误差不可能完全被排除，故通常只能把精度更高一级的标准器具所测得的值作为“真值”。为了强调它并非真正的“真值”，特把它称为实际值。

3. 标称值

计量或测量器具上所标注的量值称为标称值。如标准砝码上标出的 1 kg。受制造及环境条件的影响，标称值不一定等于它的实际值。为此，通常在给出标称值的同时，也给出它的误差范围或精度等级。

4. 示值

由测量仪器读数装置所指示出来的被测量的数值称为示值，也称为测量值。

1.5 测量方法

测量方法是实现测量过程所采用的具体方法，应当根据被测量的性质、特点和测量任务的要求来选择适当的测量方法。按照测量手段，可以将其分为直接测量和间接测量；按照获得测量值的方式，可以将其分为偏差式测量和零位式测量；按照测量的精度因素，可以将其分为等精度测量和非等精度测量；按照传感器是否与被测对象直接接触，可以将其分为接触测量和非接触测量；按照被测对象的变化特点，可以将其分为静态测量和动态测量等。

1.5.1 直接测量和间接测量

1. 直接测量

用事先分度或标定好的测量仪表，直接读取被测量测量结果的方法称为直接测量。例如，用温度计测量温度、用电压表测量电压等。

直接测量是工程技术中大量采用的方法，其优点是直观、简便、迅速，但不易达到很高的测量精度。

2. 间接测量

首先对与被测量有确定函数关系的几个量进行测量，然后再将测量值代入函数关系式，经过计算得到所需结果，这种测量方法叫作间接测量。例如，测量直流电功率时，根据 $P=IU$ 的关系，分别对 I、U 进行直接测量，再计算出功率 P。在间接测量中，测量结果 y 和直接测量值 $x_i(i=1,2,3,\cdots)$ 之间的关系式可表示为

$$y=f(x_1,x_2,x_3,\cdots) \tag{1.23}$$

间接测量程序多，花费时间长，当被测量不便于直接测量或没有相应直接测量的仪表时才采用。

1.5.2 偏差式测量和零位式测量

1. 偏差式测量

在测量过程中,利用测量仪表指针相对于刻度初始点的位移(即偏差)来决定被测量的测量方法,称为偏差式测量。在使用这种测量方法的仪表内并没有标准量具,只有经过标准量具校准过的标尺或刻度盘。测量时,利用仪表指针在标尺上的示值,读取被测量的数值。它以间接方式实现被测量和标准量的比较。

偏差式测量仪表在进行测量时,一般利用被测量产生的力或力矩,使仪表的弹性元件变形,从而产生一个相反的作用,并一直增大到与被测量所产生的力或力矩相平衡时,弹性元件的变形停止,此变形即可通过一定的机构转变成仪表指针相对标尺起点的位移,指针所指示的标尺刻度值就表示了被测量的数值。

偏差式测量简单、迅速,但精度不高,这种测量方法广泛应用于工程测量中。

2. 零位式测量

用已知的标准量去平衡或抵消被测量的作用,并用指零式仪表来检测测量系统的平衡状态,从而判定被测量值等于已知标准量的方法称为零位式测量。

用天平测量物体的质量就是零位式测量的一个简单例子。用电位差计测量未知电压也属于零位式测量。如图 1.6 所示为电位差计原理图。

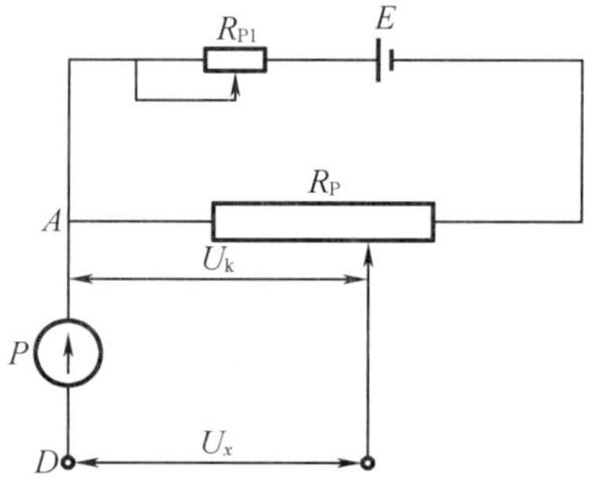

图 1.6 电位差计原理图

图中 E 为工作电池的电动势,在测量前先调节电位器 R_{P1},校准工作电流使其达到标准值,接入被测电压 U_x 后,调整电位器 R_P 的活动触点,改变标准电压的数值,使检流计 P 回零,达到 A、D 两点等电位,此时标准电压 U_k 等于 U_x,从电位差计读取的 U_k 的数值就表示了被测未知电压 U_x。

在零位式测量中,标准量具处于测量系统中,它提供一个可调节的标准量,被测量能够直接与标准量相比较,测量误差主要取决于标准量具的误差,因此可获得比较高的测量精度。另外，指零机构越灵敏，平衡的判断越准确，越有利于提高测量精度。但是这种方法需要平衡操作，测量过程较复杂，花费时间长，即使采用自动平衡操作，反应速度也受到限制，因此只适用于变化缓慢的被测量，而不适用于变化较快的被测量。

1.5.3 等精度测量和非等精度测量

1. 等精度测量

用相同仪器和相同测量方法对同一被测量进行的多次重复测量，称为等精度测量。

2. 非等精度测量

用不同仪器和不同测量方法，或在不同的环境条件下对同一被测量进行的多次重复测量，称为非等精度测量。

1.5.4 接触测量和非接触测量

1. 接触测量

传感器直接与被测对象接触，感受被测量的变化，从而获取信号，并测量出其大小的方法，称为接触测量。

2. 非接触测量

传感器不直接与被测对象接触，而是间接感受被测量的变化，从而获取信号，并测量出其大小的方法，称为非接触测量。

1.5.5 静态测量和动态测量

1. 静态测量

被测对象的大小不随时间变化而变化，处于稳定状态下进行的测量方法，称为静态测量。

2. 动态测量

被测对象的大小随时间变化而变化，处于非稳定状态下进行的测量方法，称为动态测量。

1.6 测量误差

用器具进行测量时，所测量的数值与被测量的实际值之间的差值称作测量误差。任何测试系统的测量结果都有一定的误差，即所谓精度。一般来说，不存在没有误差的测量结果，也不存在没有精度要求的测试系统。精度（误差）是一项重要的技术指标。

1.6.1 测量误差的表示方法

1. 绝对误差

绝对误差是示值与被测量真值之间的差值。设被测量的真值为 A_0，器具的标称值或示值为 x，则绝对误差 Δx 为

$$\Delta x = x - A_0 \tag{1.24}$$

由于一般无法求得真值 A_0，在实际应用时常用精度高一级的标准器具的示值（作为实际值）A 代替。必须指出，A 并不等于 A_0，一般来说 A 总比 x 更接近 A_0。

x 与 A 之差常称为器具的示值误差，记为

$$\Delta x = x - A \tag{1.25}$$

通常以此值来代表绝对误差。绝对误差一般只适用于标准器具的校准。

与 Δx 绝对值相等，但符号相反的值，称为修正值，常用 c 表示，如

$$c = -\Delta x = A - x \tag{1.26}$$

通过检定，可以由上一级标准给出测试系统的修正值。利用修正值便可求出测试系统的实际值

$$A = x + c \tag{1.27}$$

修正值给出的方式不一定是具体的数值，也可以是曲线、公式或数表。在某些测试系统中，为了提高测量精度，修正值预先编制成有关程序写入仪器中，自动对测量结果误差进行修正。

2. 相对误差

相对误差是绝对误差 Δx 与被测量的约定值之比，它较绝对误差更能准确地说明测量精度。在实际中，相对误差有下列表示形式。

（1）实际相对误差

实际相对误差 γ_a 是用绝对误差 Δx 与被测量的实际值 x_a 的百分比来表示的，记为

$$\gamma_a = \frac{\Delta x}{x_a} \times 100\% \tag{1.28}$$

(2)示值相对误差

示值相对误差 γ_i 是用绝对值误差 Δx 与器具的示值 x_i 的百分比来表示的，记为

$$\gamma_i = \frac{\Delta x}{x} \times 100\% \tag{1.29}$$

(3)满度(引用)相对误差

满度相对误差 γ_m 又称满度误差，是用绝对误差 Δx 与器具的满度值 x_m 的百分比来表示的，记为

$$\gamma_m = \frac{\Delta x}{x_m} \times 100\% \tag{1.30}$$

这是应用最多的表示方法。

1.6.2　测量误差的分类

误差的产生原因和类型很多，其表现形式也多种多样，为了便于分析与理解误差的基本概念，这里对误差进行分类。

1. 按照误差出现的规律分类

(1)系统误差

系统误差变化规律服从某种已知函数。其主要由以下几方面因素引起：材料、零部件及工艺缺陷；环境温度、湿度、压力的变化及其他外界干扰等。

系统误差表明了一个测量结果偏离真值或实际值的程度。系统误差越小，测量就越正确，所以还经常用“正确度”一词来表征系统误差的大小。

(2)随机误差

随机误差又称偶然误差，其变化规律未知。随机误差是由很多复杂因素的微小变化的总和引起的，因此分析比较困难。但是，随机误差具有随机变量的一切特征，在一定条件下服从统计规律。因此，通过多次测量后，对其总和可以用统计规律来描述，则可从理论上估计随机误差对测量结果的影响。

随机误差表示测量结果的分散性。在误差理论中，常用精密度一词来表征随机误差的大小。随机误差越小，精密度越高。如果一测量结果的随机误差和系统误差均很小，则表明测量既精密又正确，简称精确。

(3)粗大误差

粗大误差简称粗差，是指在一定条件下测量结果显著地偏离其实际值所对应的误差。

在测量及数据处理中,如发现某次测量结果所对应的误差特别大,应认真判断该误差是否属于粗差。若属粗差,则该值应舍去不用。

2. 按照误差来源分类

(1)工具误差

工具误差是指由测量工具本身不完善引起的误差,主要包括读数误差和由内部噪声引起的误差。

读数误差由校准误差(即用标准器具对指定的定标点进行定标时所产生的误差)和测试系统分辨率不高引起。

内部噪声误差包括各种电子器件产生的热噪声、电流噪声,以及由开关或插接件接触不良、继电器动作、电动机转动等噪声引起的误差。

(2)方法误差

方法误差是指测量时由采用的方法不完善、依据的理论不严密及对被测量定义不明确等因素所产生的误差,有时也称为理论误差。

3. 按照被测量随时间变化的速度分类

(1)静态误差

静态误差是指在测量过程中,被测量随时间变化很缓慢或基本不变时的测量误差。

(2)动态误差

动态误差是指在被测量随时间变化很快的过程中,测量所产生的附加误差。动态误差是由于有惯性或纯滞后,不能让输入信号的所有成分全部通过;或者输入信号中不同频率成分通过时受到不同程度衰减引起的。该误差是在动态测量时产生的。

4. 按照使用条件分类

(1)基本误差

基本误差是指测试系统在规定的标准条件下使用时所产生的误差。所谓标准条件,一般是测试系统在实验室标定刻度时所保持的工作条件,如电源电压(220 ± 5)V,温度(20 ± 5)℃,湿度小于 80%,电源频率 50 Hz 等。

基本误差是测试系统在额定条件下工作时所具有的误差,测试系统的精确度是由基本误差决定的。

(2)附加误差

当使用条件偏离规定的标准条件时,除基本误差外还会产生附加误差。例如,由于温度超过标准引起的温度附加误差及使用电压不标准而引起的电源附加误差等。这些附加误差使用时会叠加到基本误差上。

5. 按照误差与被测量的关系分类

(1) 定值误差

定值误差是指误差对被测量来说是一个定值，不随被测量变化。这类误差可以是系统误差，如直流测量回路中存在热电势等；也可以是随机误差，如测试系统中执行电动机的起动引起的电压误差等。

(2) 累积误差

在整个测试系统量程内，误差值 Δx 与被测量 x 成比例变化，即

$$\Delta x = \gamma_s x \tag{1.31}$$

式中 γ_s——比例常数。

由式(1.31)可见，Δx 随 x 的增大而逐步累积，故称之为累积误差。

第 2 章　热电式传感器

热电式传感器是利用转换元件电参数随温度变化的特性，对温度及与温度有关的参量进行检测的装置。具体来说，热电式传感器是一种将温度变化转换为电量变化并输出的装置。例如，将温度变化转换为电阻或电势的变化，再通过相应的测量电路，就可由这些电参数的变化来表达所测温度的变化。

在各种热电式传感器中，以温度变化转换为电势和电阻变化的方法最为普遍。其中，将温度变化转换为电势变化的热电式传感器叫作热电偶；将温度转换为电阻变化的热电式传感器叫作热电阻。另外，利用半导体 PN 结与温度的关系，可制成 PN 结型温度传感器（也称为半导体型温度传感器）及集成温度传感器。

2.1　热　电　偶

热电偶具有结构简单、使用方便、准确度高、测温范围宽等优点，在温度测量中应用极为广泛。常用的热电偶可测量的温度范围为 -50 ~ 1 600 ℃；若再配以特殊材料，测温范围可达 -180 ~ 2 000 ℃。常用工业热电偶如图 2.1 所示。

2.1.1　热电偶的测温原理

1. 热电效应

热电偶的基本工作原理基于物体的热电效应。当两种不同的导体或半导体材料 A 和 B 构成如图 2.2 所示的闭合回路时，只要两个连接点温度不等（假设 $T > T_0$），回路中就会产生电动势，从而形成电流，这一现象称为热电效应，回路中产生的电动势称为热电动势。

热电动势的大小受 A 和 B 材料的性质与接触点的温度影响。组成闭合回路的 A 和 B 称为热电极。两个连接点中，温度较高的一端称为工作端或热端（图 2.2 中 T 端），测温时将工作端置于被测温度场中；温度较低的一端称为自由端（亦称参考端）或冷端（图 2.2 中 T_0 端），测温时将自由端置于某一恒定温度场中。这种由两种导体或半导体组合起来将温度转换为热电动势的传感器即为热电偶。

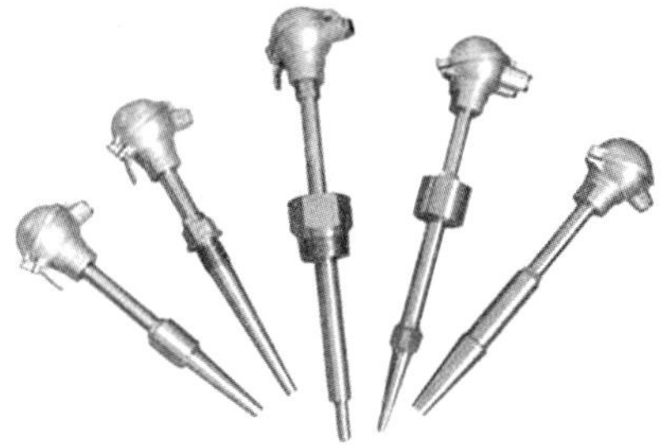

图 2.1　常用工业热电偶

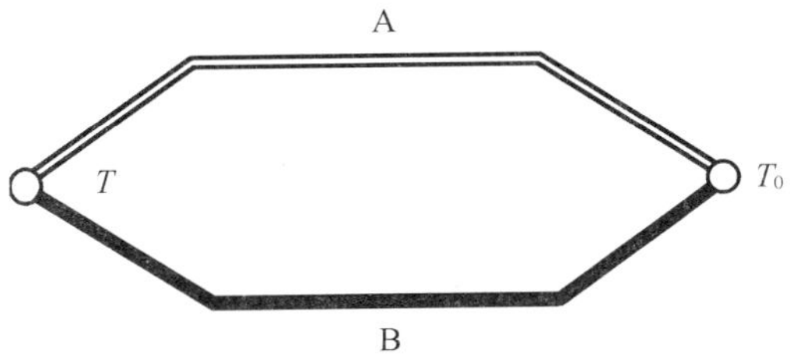

图 2.2　热电偶结构原理

图 2.2 所示的热电偶回路中产生的热电动势由两部分组成:一部分为 A 和 B 间的接触电动势,另一部分为单一导体的温差电动势。

2. 接触电动势

接触电动势是由于两种不同导体的自由电子密度不同而在接触处形成的电动势。其产生的原因:导体内部都有大量自由电子,不同材料的导体具有不同的电子密度。当不同材料的导体 A 和 B 连在一起时,在它们的结合部位就会由于各自电子密度的不同而发生电子扩散。设导体 A 的自由电子密度 n_A 大于导体 B 的自由电子密度 n_B,则在单位时间内,由 A 扩散到 B 的电子数要比由 B 扩散到 A 的电子数多。结果使得导体 A 由于失去电子而带正电荷,导体 B 由于得到电子而带负电荷,从而在 A 和 B 的接触面上就形成了一个从 A 到 B 的静电场,即在 A、B 间形成一个电位差 $U_A - U_B$,称为接触电动势(图 2.3(a))。此电动势将阻止电子进一步扩散,当电子的扩散能力和电场力平衡时,电子扩散达到一个动态平衡,接触电动势也达到稳态值。接触电动势的大小与 A、B 两导体的材料性质和接触点的温度有关,一般为 $10^{-3} \sim 10^{-2}$ V。两导体间的接触电动势用符号 $e_{AB}(T)$ 和 $e_{AB}(T_0)$ 表示,由物理学推导,有

$$e_{AB}(T) = U_{AT} - U_{BT} = \frac{kT}{e}\ln\frac{n_{AT}}{n_{BT}} \tag{2.1}$$

$$e_{AB}(T_0) = U_{AT_0} - U_{BT_0} = \frac{kT_0}{e}\ln\frac{n_{AT_0}}{n_{BT_0}} \tag{2.2}$$

式中　$e_{AB}(T)$、$e_{AB}(T_0)$——导体 A 和 B 的接触点在温度 T 和 T_0 时的接触电动势;

n_{AT}、n_{BT}——导体 A 和 B 在接触点温度为 T 时的自由电子密度;

n_{AT_0}、n_{BT_0}——导体 A 和 B 在接触点温度为 T_0 时的自由电子密度;

k——玻尔兹曼常量,$k = 1.380\ 622 \times 10^{-23}$ J/K;

e——单位电荷,$e = 1.6022 \times 10^{-19}$ C;

T、T_0——两接触点的热力学温度。

由式(2.1)和式(2.2)可知,接触电动势的大小与温度高低及导体中的自由电子密度有关。

由于 $e_{AB}(T)$ 和 $e_{AB}(T_0)$ 方向相反(图 2.3(b)),故回路中的总接触电动势为 $e_{AB}(T)-e_{AB}(T_0)$。

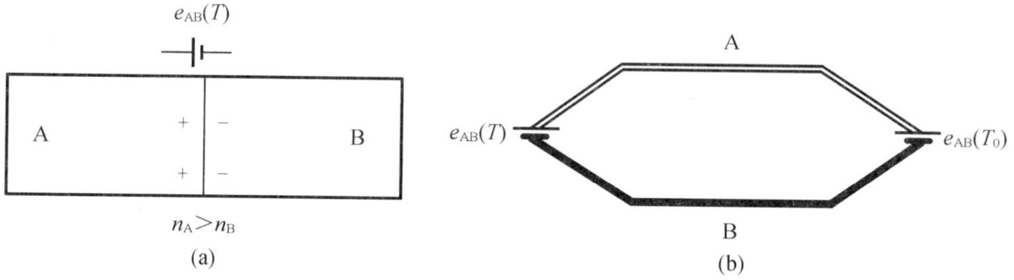

图 2.3　接触电动势

3. 温差电动势

温差电动势是同一导体的两端由于温度不同而产生的一种热电动势。对于某一均质导体,当两端温度不同(设 T 端温度高于 T_0 端)时,由于高温端(T 端)的电子能量比低温端(T_0 端)的电子能量大,因此在单位时间内,从高温端跑到低温端的电子比从低温端跑到高温端的电子要多,结果使高温端由于失去电子而带正电荷,低温端因得到电子而带负电荷,从而形成一个静电场。此时,在导体两端产生一个电位差,即温差电动势,如图 2.4(a)所示。该电动势将阻止电子从高温端跑向低温端,而同时又促进电子由低温端跑向高温端,直至最后达到动态平衡,此时温差电动势也达到稳态值。温差电动势一般比接触电动势小得多,其数量级约为 10^{-5} V。

温差电动势的大小与导体的材料和导体两端的温度有关。若导体两端的热力学温度分别为 T 和 T_0,并且 $T>T_0$,则可由物理学推导出单一导体的温差电动势:

$$e_A(T,T_0)=U_{AT}-U_{AT_0}=\frac{k}{e}\int_{T_0}^{T}\frac{1}{n_A}\frac{\mathrm{d}(n_A t)}{\mathrm{d}t}\mathrm{d}t \tag{2.3}$$

$$e_B(T,T_0)=U_{BT}-U_{BT_0}=\frac{k}{e}\int_{T_0}^{T}\frac{1}{n_B}\frac{\mathrm{d}(n_B t)}{\mathrm{d}t}\mathrm{d}t \tag{2.4}$$

式中　$e_A(T,T_0)$——导体 A 在两端温度为 T 和 T_0 时的温差电动势;

$e_B(T,T_0)$——导体 B 在两端温度为 T 和 T_0 时的温差电动势;

n_A 和 n_B——导体 A 和 B 的自由电子密度,它们均为温度 t 的函数。

则由导体 A、B 构成的热电偶回路总的温差电动势(图 2.4(b))为 $e_A(T,T_0)-e_B(T,T_0)$。

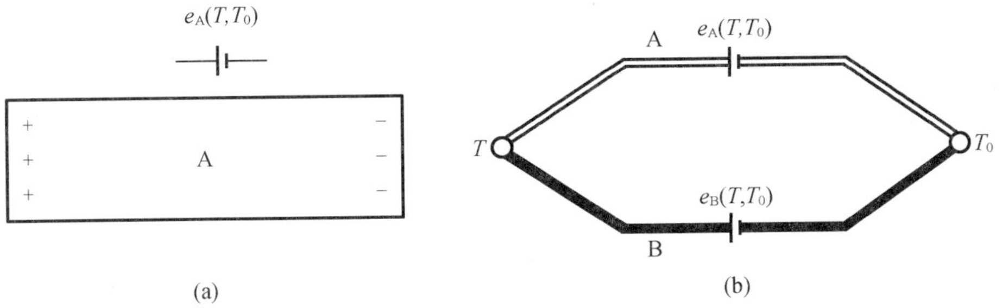

图 2.4　温差电动势

4. 热电偶回路的总热电势

当热电偶的导体 A、B 构成回路时，总的热电动势 $E_{AB}(T,T_0)$ 包括两个接触电动势和两个温差电动势，即

$$\begin{aligned} E_{AB}(T,T_0) &= e_{AB}(T) + e_B(T,T_0) - e_{AB}(T_0) - e_A(T,T_0) \\ &= \frac{kT}{e}\ln\frac{n_{AT}}{n_{BT}} + \frac{k}{e}\int_{T_0}^{T}\frac{1}{n_B}\frac{d(n_B t)}{dt}dt - \frac{kT_0}{e}\ln\frac{n_{AT_0}}{n_{BT_0}} - \frac{k}{e}\int_{T_0}^{T}\frac{1}{n_A}\frac{d(n_A t)}{dt}dt \end{aligned} \tag{2.5}$$

由于接触电动势比温差电动势大很多，并且 $T > T_0$，故在总电动势 $E_{AB}(T,T_0)$ 中，导体 A、B 在 T 端的接触电动势 $E_{AB}(T)$ 所占比重最大。因此，热电偶回路中的总电动势的方向取决于 $e_{AB}(T)$ 的方向；又因为 $n_A > n_B$，故 A 为正极，B 为负极。

整理式(2.5)，得

$$E_{AB}(T,T_0) = \frac{k}{e}\int_{T_0}^{T}\ln\frac{n_A t}{n_B t}dt \tag{2.6}$$

由式(2.6)可知，热电偶的总电动势与自由电子密度 n_A、n_B 及两结点温度 T、T_0有关。电子密度 n_A、n_B 并非常数，它不仅取决于热电偶材料的特性，且随温度的变化而变化。因此，当热电偶材料一定时，热电偶回路的总电动势 $E_{AB}(T,T_0)$ 便成为温度 T 和 T_0的函数，即

$$E_{AB}(T,T_0) = f(T) - f(T_0) \tag{2.7}$$

如果使冷端温度 T_0固定不变，则回路的总热电势 $E_{AB}(T,T_0)$ 就成为热端温度 T 的单值函数，即

$$E_{AB}(T,T_0) = \varphi(T) \tag{2.8}$$

式(2.8)在实际测温中被广泛使用。

需要指出的是，在实际测量中不可能也没有必要单独测量接触电动势和温差

电动势,而仅需要用仪表测量出总的热电势即可。同时,由于温差电动势比接触电动势小得多,故在工程技术中可认为总热电势近似等于接触电动势。

在实际使用中,当测出总的热电势后,通过查热电偶分度表来确定具体温度值。分度表是将冷端温度定为0 ℃,通过实验建立的热电势和温度的数值对应关系。热电偶测温是完全建立在利用实验获得的热电特性和一些热电定律基础上的。

由以上分析可得有关热电偶回路的如下结论:

(1)如果构成热电偶回路的两种导体材料相同,即使两个结点之间存在温度差,热电偶回路内的总热电势也为零,即

$$E_{AA}(T,T_0) = \frac{k}{e}\int_{T_0}^{T}\ln\frac{n_{At}}{n_{At}}dt = 0$$

因此,热电偶的两个热电极必须使用不同的材料。

(2)如果热电偶的两个结点的温度相同($T=T_0$),即使导体A、B的材料不同,A、B回路内的总热电势也为零,即

$$E_{AB}(T,T_0) = \frac{k}{e}\int_{T_0}^{T_0}\ln\frac{n_{At}}{n_{Bt}}dt = 0$$

因此,对于热电偶而言,处于冷端和热端的两个结点必须具有不同的温度。

(3)热电偶A、B的热电势与A、B材料的中间温度无关,而只与结点温度有关。

2.1.2 热电偶的基本定律

1. 均质导体定律

如果热电偶回路中的两个热电极材料相同,无论两结点的温度如何,热电动势都为零。根据这个定律,可以检验两个热电极材料是否相同,也可以检查热电极材料的均匀性。

2. 中间温度定律

由两种材料的热电极组成的热电偶,在结点温度(T, T_0)时产生的热电势$E_{AB}(T,T_0)$等于该热电偶在温度(T, T_n)和(T_n, T_0)时分别产生的热电势$E_{AB}(T,T_n)$和$E_{AB}(T_n,T_0)$的代数和。这就是中间温度定律,如图2.5所示,用公式表示为

$$E_{AB}(T,T_0) = E_{AB}(T,T_n) + E_{AB}(T_n,T_0) \tag{2.9}$$

式中 T_n——中间温度。

通常,热电偶的分度表是根据冷端温度为0 ℃制成的。而实际测温中,通常会遇到冷端温度T_n不为0 ℃的情况,这时可通过分度表查出$E_{AB}(T_n,T_0)$在$T_0=0$ ℃

时的热电势，再根据中间温度定律计算出 $E_{AB}(T,T_0)$，然后再从分度表中查出热电势 $E_{AB}(T,T_0)$ 对应的热端温度 T。

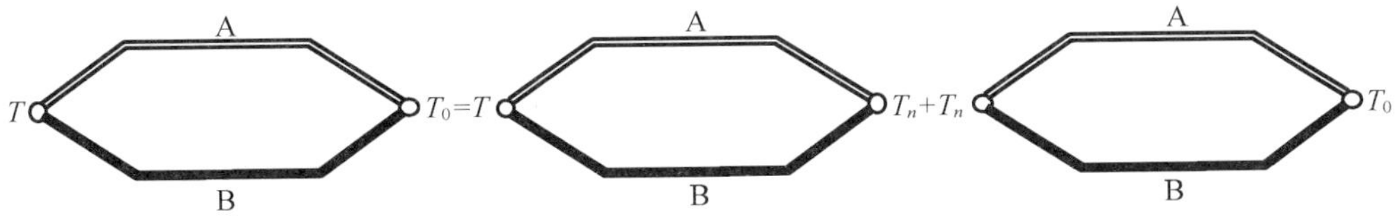

图 2.5　中间温度定律

3. 中间导体定律

中间导体定律指出，在热电偶 AB 回路中，只要接入的第三导体两端温度相同，则对整个回路的总热电势不会产生任何影响。此定律对实际应用有着极为重要的作用，因为在热电偶测温过程中，需在回路中引入连接导线和仪表，此时不会对回路总热电势产生影响。

在热电偶测温时，接入连接导线和仪表的方法通常有两种。

(1) 在热电偶 AB 回路中，断开自由端结点接入第三种导体 C，并且要保证新引入的两个结点 A、C 和 B、C 的温度仍为 T_0（图 2.6(a)）。根据热电偶的热电势等于各结点热电势的代数和，有如下关系式：

$$E_{ABC}(T,T_0)=E_{AB}(T)+E_{BC}(T_0)+E_{CA}(T_0) \tag{2.10}$$

如果回路各结点温度相等且均为 T_0，则回路中总热电势应等于零，即

$$E_{AB}(T_0)+E_{BC}(T_0)+E_{CA}(T_0)=0$$

或

$$E_{BC}(T_0)+E_{CA}(T_0)=-E_{AB}(T_0) \tag{2.11}$$

将式(2.11)代入式(2.10)，得

$$E_{ABC}(T,T_0)=E_{AB}(T)-E_{AB}(T_0)=E_{AB}(T,T_0) \tag{2.12}$$

由式(2.12)可以看出，接入中间导体 C 后，只要导体 C 两端温度相同，就不会影响回路的总热电势。

(2) 在热电偶 AB 回路中，将其中的一个导体 A 断开，接入导体 C（图 2.6(b)），并且要使导体 C 与 A 形成的两个新结点保持相同的温度 T_1。同样可以证明

$$E_{ABC}(T,T_0,T_1)=E_{AB}(T,T_0) \tag{2.13}$$

对上面两种接法分析证明，在热电偶回路中接入中间导体，只要中间导体两端温度相同，就不会影响回路的总热电势。若在回路中接入多种导体，只要每种导体两端温度相同，也不会影响回路的总热电势。

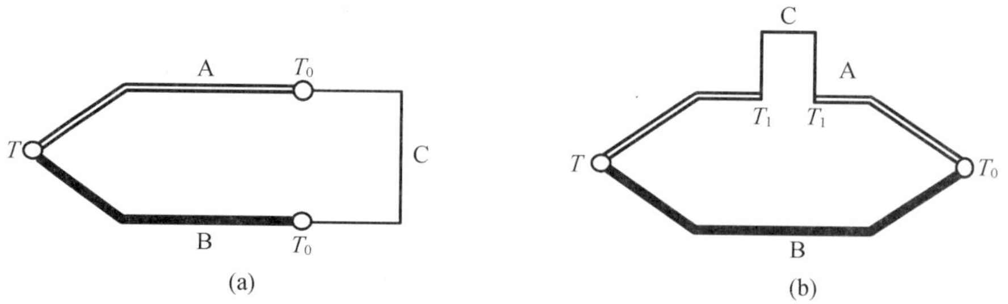

图 2.6　热电偶接入中间导体的回路

4. 标准电极定律

若热电偶 A、B 的两个结点的温度为 T 和 T_0，则回路总热电势等于热电偶 A、C 和热电偶 C、B 的热电势之和，即

$$E_{AB}(T,T_0)=E_{AC}(T,T_0)+E_{CB}(T,T_0) \tag{2.14}$$

式(2.14)也可用图 2.7 表示。

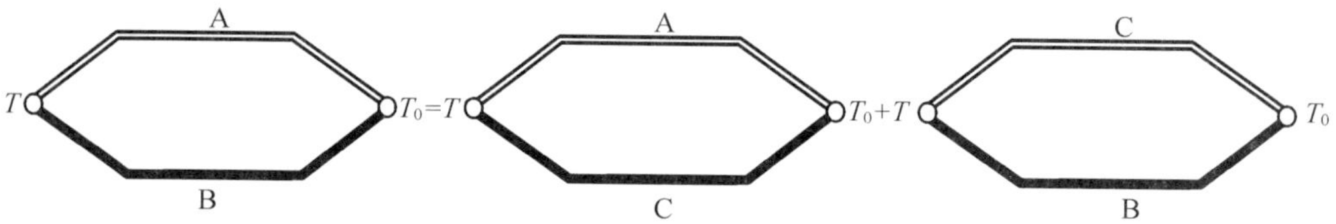

图 2.7　标准电极定律

在图 2.7 中，导体 C 称为标准电极，由于金属铂具有物理化学性能稳定、易提纯、熔点高等优点，故标准电极常由纯铂丝制成。如果已经求出各种热电极对铂电极的热电势值，就可以通过标准电极定律来求出任意两种材料制成的热电偶的热电势值，从而大大简化了热电偶的选配工作。

2.1.3　热电偶的种类与结构

热电偶的种类很多，其中有 8 种被国际电工委员会推荐为标准化热电偶(T 型、E 型、J 型、K 型、N 型、B 型、R 型和 S 型)。表 2.1 列出了其中 7 种规格的热电偶。此外，还有一些非标准化热电偶。

表 2.1 热电偶的种类

适用范围		测温范围/℃	热电势/mV	优点
低温(T 型)		-200 ~ 350	-5.603/-200 ℃ +17.816/350 ℃	适用于 -200 ~ 100 ℃、 弱氧化性气氛
中温	(E 型)	-200 ~ 800	-8.82/-200 ℃ +61.02/800 ℃	热电势大
	(J 型)	-200 ~ 750	-7.89/-200 ℃ +42.28/750 ℃	热电势大, 适用于还原性气氛
高温(K 型)		-200 ~ 1 200	-5.981/-200 ℃ +48.828/1 200 ℃	工业应用最多,适用于氧化性 气氛、线性度好
超高温	(B 型)	500 ~ 1 700	+1.241/500 ℃ +12.426/1 700 ℃	用于高温测量, 适用于氧化、还原性气氛
	(R 型)	0 ~ 1 600	0/0 ℃ +18.842/1 600 ℃	
	(S 型)	0 ~ 1 600	0/0 ℃ +16.771/1 600 ℃	

1. 标准化热电偶

(1)铂铑 10-铂热电偶(S 型)

铂铑 10-铂热电偶是由 ϕ0.5 mm 的纯铂丝和相同直径的铂铑丝(90% 铂,10% 铑)制成的。在此热电偶中,铂铑丝为正极,纯铂丝为负极。铂铑 10-铂热电偶可长期在 1 300 ℃以下的温度范围内使用,短期也可测量 1 600 ℃的高温。由于容易得到高纯度的铂和铂铑,所以 S 型热电偶的复制精度和测量的准确性较高,适宜做成标准热电偶。此外,此种热电偶在氧化性和中性介质中具有较高的物埋和化学稳定性。它的主要缺点是热电势率低;不能在还原性及含有金属或非金属的气氛中使用(会受到蒸气的侵害而变质,进而失去测量的准确性);材料为贵金属,成本较高。

(2)铂铑 30-铂铑 6 热电偶(B 型)

铂铑 30-铂铑 6 热电偶以铂铑 30 丝(70% 铂,30% 铑)为正极,铂铑 6 丝(94% 铂,6% 铑)为负极。B 型热电偶可长期测量 1 600 ℃的高温,可短期测量 1 800 ℃的高温。它的特点是性能稳定,精度高,适用于在氧化性或中性介质中使用。但它的热电势率比铂铑 10-铂热电偶更小,当冷端温度低于 50 ℃时,产生的热电势很小,可以不考虑冷端误差(不需要对热电势进行修正)。此外,它的价格也较高。

(3)镍铬－镍硅(镍铬－镍铝)热电偶(K 型)

镍铬－镍硅(镍铬－镍铝)热电偶是由镍铬和镍硅(或镍铝)材料制成的。镍铬为正极,镍硅(或镍铝)为负极。K 型热电偶的化学稳定性较高,可在氧化性或中性介质中长期测量 900 ℃以下的温度,可短期测量 1 200 ℃的高温。此种热电偶一般不耐还原性气体,若用于还原性气体中,一般仅用于在 500 ℃以下温度的测量,否则很快会被腐蚀。K 型热电偶的优点是复制性好,热电势率高,热电特性近似于线性,价格低等。它的测量精度低于铂铑 10－铂热电偶,可作为测量的二级标准,是工业生产中最常用的一种热电偶。但该热电偶的材质较脆,焊接性能和抗辐射性能较差。

(4)镍铬－康铜热电偶(E 型)

镍铬－康铜热电偶是由镍铬与康铜合金材料组成的。在此热电偶中,正极为镍铬合金(9% ~10% 铬,0.4% 硅,其余为镍),负极为康铜(45% 镍,55% 铜)。镍铬－康铜热电偶的热电势是所有热电偶中最大的,比铂铑 10－铂热电偶的热电势大 10 倍左右。镍铬－康铜热电偶的优点是热电特性的线性很好,热电灵敏度高,价格低廉,用于还原或中性介质中;缺点是不能用于高温测量,长期使用温度应低于 600 ℃,短期可测量 800 ℃的温度。此外,康铜易氧化变质,使用时应加保护套管。

以上几种标准化热电偶的温度－电势特性曲线如图 2.8 所示。虽然从图中可以查看不同热电势对应的温度值,但由此得出的温度值很不精确。为此,将各种热电偶的热电势与温度的对应关系制成热电偶分度表。例如,铂铑 10－铂热电偶(分度号为 S)的分度如表 2.2 所示,其中温度按 10 ℃分档,中间值按内插法计算,参考端温度为 0 ℃。

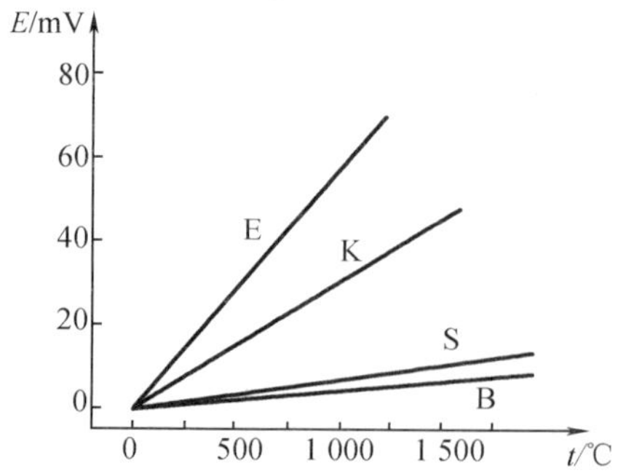

图 2.8　几种标准化热电偶的温度－电势特性曲线

表 2.2　铂铑 10 – 铂热电偶(分度号为 S)分度表

工作端	0	10	20	30	40	50	60	70	80	90
温度/℃	热电势/mV									
0	0	0.055	0.113	0.173	0.235	0.299	0.365	0.432	0.502	0.573
100	0.645	0.719	0.795	0.872	0.950	1.029	1.109	1.190	1.273	1.356
200	1.440	1.525	1.611	1.698	1.785	1.873	1.962	2.051	2.141	2.232
300	2.323	2.414	2.506	2.599	2.692	2.786	2.880	2.974	3.069	3.164
400	3.260	3.356	3.452	3.549	3.645	3.743	3.840	3.938	4.036	4.135
500	4.234	4.333	4.432	4.532	4.632	4.732	4.832	4.933	5.034	5.136
600	5.237	5.339	5.442	5.544	5.648	5.751	5.855	5.960	6.064	6.169
700	6.274	6.380	6.486	6.592	6.699	6.805	6.913	7.020	7.128	7.236
800	7.345	7.454	7.563	7.673	7.782	7.892	8.003	8.114	8.225	8.336
900	8.448	8.560	8.673	8.786	8.899	9.012	9.126	9.240	9.355	9.470
1 000	9.585	9.700	9.816	9.932	10.048	10.165	10.282	10.400	10.517	10.635
1 100	10.754	10.872	10.991	11.110	11.229	11.348	11.467	11.587	11.707	11.827
1 200	11.947	12.067	12.188	12.308	12.429	12.550	12.671	12.792	12.913	13.034
1 300	13.155	13.276	13.397	13.519	13.640	13.761	13.880	14.004	14.125	14.247
1 400	14.368	14.489	14.610	14.731	14.852	14.973	15.094	15.215	15.336	15.456
1 500	15.576	15.697	15.817	15.937	16.057	16.176	16.296	16.415	16.534	16.653
1 600	16.771									

2. 非标准化热电偶

虽然非标准化热电偶在使用范围和数量上均不及标准化热电偶,但在某些特殊场合,如高温、低温、超低温、高真空等被测对象中,这些热电偶具有某些优良的特性。

(1)钨铼系热电偶

钨铼系热电偶价格低廉、热电势大,一般用于超高温的场合,可用于测量高达 2 760 ℃的温度,通常测量低于 2 316 ℃的温度,可短时间测量 3 000 ℃的超高温。此系列的热电偶适用于干燥的氢气、中性介质、还原性介质或惰性气体。钨铼系热电偶主要有钨 – 钨铼 26、钨铼 – 钨铼 25、钨铼 5 – 钨铼 20 和钨铼 5 – 钨铼 26,常用温度为 2 000 ~ 3 000 ℃,分度误差为 ±1%。

(2)铱铑系热电偶

铱铑系热电偶属于贵金属热电偶。铱铑-铱热电偶适用于中性介质和真空,可长期用于2 000 ℃左右的温度测量,不宜在还原性介质中工作,在氧化性介质中使用将会缩短使用寿命。该系列热电偶的热电势较小,但具有良好的线性。

(3)镍钴-镍铝热电偶

镍钴-镍铝热电偶测温范围为300~1 000 ℃,在300 ℃以下其热电势很小,因此不需要冷端温度补偿。

2.1.4 常用热电偶的结构

由于热电偶能直接实现温度-电势的转换,且体积小、测温范围广,故被广泛应用。热电偶的结构形式有很多,常用的有普通型热电偶、铠装型热电偶和薄膜型热电偶三种。

1. 普通型热电偶

普通型热电偶主要用于测量气体、蒸气及液体等介质的温度。由于使用条件相似,工业上常用的普通型热电偶已做成标准型,其结构如图2.9所示。

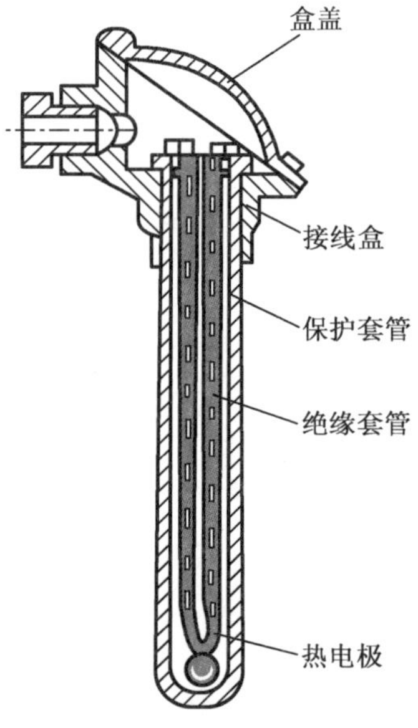

图2.9 普通型热电偶的结构

(1)热电极

热电偶常以热电极的材料种类来命名,热电极的直径大小由价格、机械强度、电导率及热电偶的用途和测量范围来确定。贵金属热电极的直径一般为0.13~0.65 mm,普通金属热电极直径为0.5~3.2 mm。热电极的长度由使用和安装条件,特别是工作端在被测介质中的插入深度来决定,一般为350~2 000 mm,常用的热电极长度为350 mm。

(2)绝缘套管

绝缘套管用来防止两根热电极发生短路,其材料的选用是由使用温度范围和对绝缘性能的要求决定的,常用材料为氧化铝和耐火陶瓷。

(3)保护套管

保护套管的作用是使热电极与被测介质隔离,避免受到化学侵蚀或机械损伤。热电极一般是先套上绝缘套管,再装入保护套管中。

通常要求保护套管既要经久耐用，适应温度急剧变化，耐腐蚀，且不会分解出对热电极有害的气体，具有良好的气密性，也要具有良好的传热性能和小热容量，以保证热电极对被测温度变化的响应速度。常用材料有金属和非金属两类，具体应视热电偶类型、测温范围和使用条件等因素来进行选用。

(4)接线盒

接线盒供热电偶和补偿导线连接用。接线盒固定在热电偶保护套管上，常用铝合金制成，有普通式和防溅式(密封式)两类。其接线端上注明了热电极的正、负极性。

(5)盒盖

盒盖用来防止灰尘、水分及有害气体侵入，以保护套管内部。

2. 铠装型热电偶

铠装型热电偶是由热电极、绝缘材料和金属保护套管组成的，它采用拉伸加工工艺，可以做得很细、很长，也可以随测量需要而进行弯曲。保护套管的材料为钢或不锈钢等，热电极与保护套管间的绝缘材料粉末常常用氧化镁、氧化铝等。铠装型热电偶的外径为 0.25 ~ 12 mm，有多种规格。铠装型热电偶的结构如图 2.10 所示，其测量端有多种形式，可根据测量温度和环境的不同加以选择。

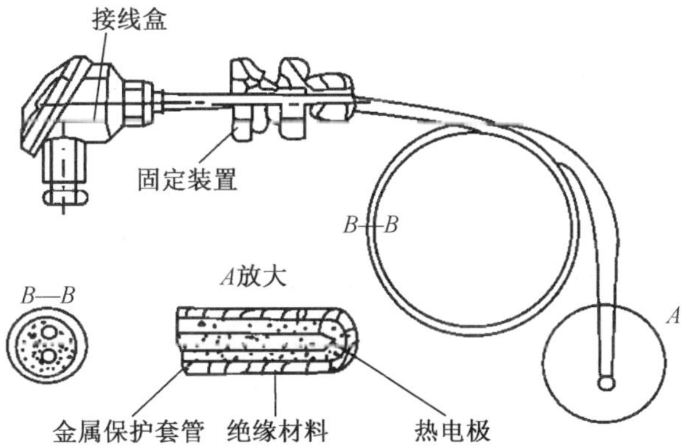

图 2.10　铠装型热电偶的结构

铠装型热电偶的主要特点是测量端热容量小，动态响应快，机械强度高，抗干扰性能好，能耐高压、冲击和强烈振动，在工业上应用广泛。

3. 薄膜型热电偶

薄膜型热电偶结构有片状和针状等形式，常用的片状低温热电偶的外形与应变片相似，测温范围为 -200 ~ 300 ℃。它由热电极、基底和接头夹组成；采用真空蒸膜(或真空溅射)、化学涂层和电镀等工艺制成。由于镀层很薄(厚度为0.01 ~0.1 μm),在测量表面温度时不会影响被测表面的温度分布。其由于本身的热容量很小,动态响应很快,适用于测量微小面积上瞬时变化的温度,是一种理想的表面测温热电偶。此外,将热电极直接蒸镀在被测表面而构成的热电偶,其响应速度更快,时间常数可达微秒级。

图2.11所示为铁-镍薄膜型热电偶的结构。其热电极由铁膜和镍膜构成,厚度为3 ~6 μm,测温范围为0 ~300 ℃,时间常数小于0.01 s。

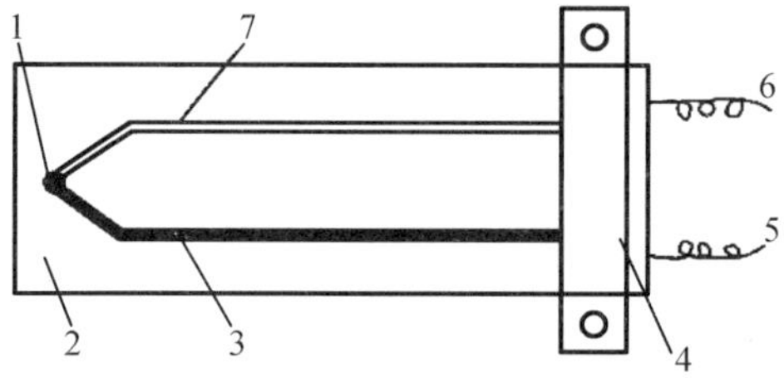

1—测量端接点;2—基底;3—铁膜;4—镍膜;5—镍丝;6—铁丝;7—接头夹具。

图2.11　铁-镍薄膜型热电偶的结构

2.1.5　热电偶的冷端温度补偿

由式(2.7)可知,热电偶AB闭合回路的总热电势$E_{AB}(T,T_0)$是两个结点温度的函数。但在实际应用中,要求测量的往往是热源的温度。因此,必须先使其冷端温度固定,则此时输出的热电势才是测量端(热端)温度的单值函数。在工程上被广泛使用的热电偶分度表和根据分度表刻画的测温显示仪表的刻度,都是根据冷端温度为0 ℃制成的。因此,当使用热电偶测量温度时,在冷端温度为0 ℃时,测得回路的热电势值,再通过查相应的热电偶分度表,即可得到待测热源的准确温度值。

但在实际测量中,由于冷端温度要受热源温度或周围环境温度的影响,使得其并不为0 ℃,并且也不是恒值,因此会引入测量误差。为了消除或补偿这个误差,一般常保持冷端温度恒定或采用以下几种方法来处理。

1.补偿导线法

为保持冷端温度恒定(最好为0 ℃),避免受热源影响,可以把热电偶做得很长,尽量使冷端远离热源,并连同测量仪表一起放在恒温或温度波动比较小的地方,但这种做法会耗费很多贵金属。因此,一般采用导线(称为补偿导线)将热电偶冷端引出来。补偿导线法如图2.12所示。

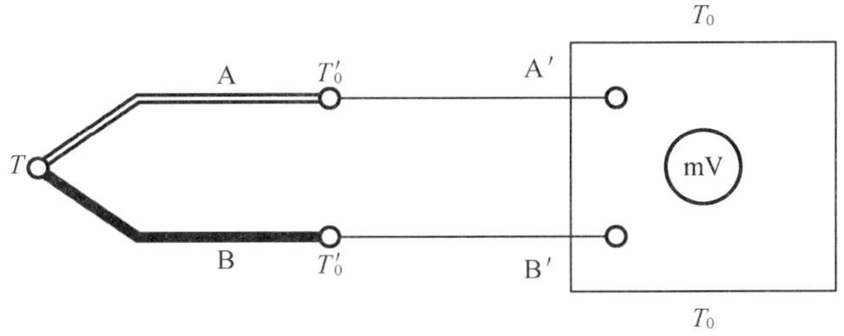

图 2.12　补偿导线法

补偿导线一般选择直径大、导电系数大的材料制作，以便减小补偿导线的电阻影响。这种导线在一定温度范围(0 ~ 100 ℃)内具有与所连接的热电偶相同的热电特性。对于廉价金属制成的热电偶，可以直接利用本身材料制作补偿导线。

应该指出的是，只有当新转移的冷端温度恒定或选配使用的仪表本身具有冷端温度自动补偿装置时，使用补偿导线法才有实际意义。此外，热电偶和补偿导线连接处的环境温度不宜超过 100 ℃，否则就会由于热电偶与补偿导线的热电特性不同而产生新的误差。

2. 0 ℃恒温法

由于热电偶的温度 - 热电势的关系(分度表)是在冷端温度保持在 0 ℃的情况下得到的，且与之配套使用的仪表也是据此进行刻度的，因此使用过程中欲消除误差，必须保证冷端温度恒为 0 ℃。实验室的方法是将热电偶的冷端放在一个恒为 0 ℃的器皿内。图 2.13 所示为一个简易的冰点槽。在一个标准大气压下，将纯净的水和冰混合，即可得到 0 ℃的冰水混合物。此方法尽管是一种准确度很高的冷端处理方法，但使用时比较麻烦，且一般仅适于实验室使用，对于工业生产现场则不便。

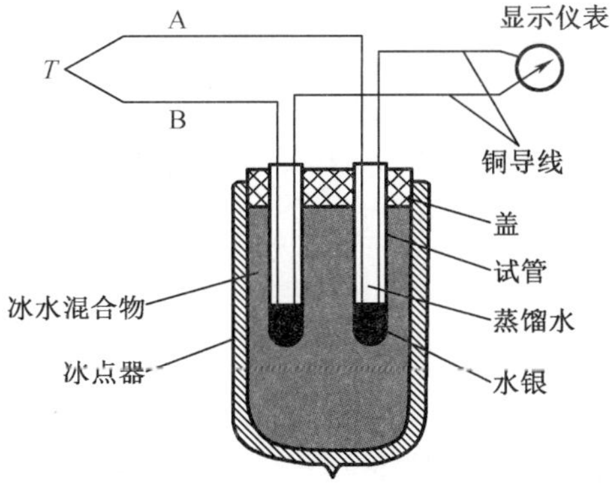

图 2.13　冰点槽

3. 冷端温度校正(修正)法

在实际使用中,热电偶冷端保持 0 ℃恒定比较烦琐,但欲将其温度保持在某一温度恒定是比较容易的,此时可以采用冷端温度校正法处理。

根据中间温度定律:$E_{AB}(T,T_0) = E_{AB}(T, T_n) + E_{AB}(T_n,T_0)$,当冷端温度为某一温度值($T_0 \neq 0$ ℃)时,由冷端引入的误差值 $E_{AB}(T_n,T_0)$ 是一个常数,该值根据 T_n 可直接从热电偶分度表上查出。将测得的热电势 $E_{AB}(T,T_n)$ 与 $E_{AB}(T_n,T_0)$ 相加,即可得到冷端 $T_0 = 0$ ℃时的热电势 $E_{AB}(T,T_0)$,再通过查热电偶分度表,就可得到被测热源的真实温度。

4. 补偿电桥法

在测量过程中,如果保持冷端温度为一恒定值比较困难,就可以采用补偿电桥法。补偿电桥法是利用不平衡电桥产生的电动势来补偿热电偶因冷端温度变化而引起的热电势变化值,如图 2.14 所示。其中,E 是补偿电桥的电源,R 是限流电阻。

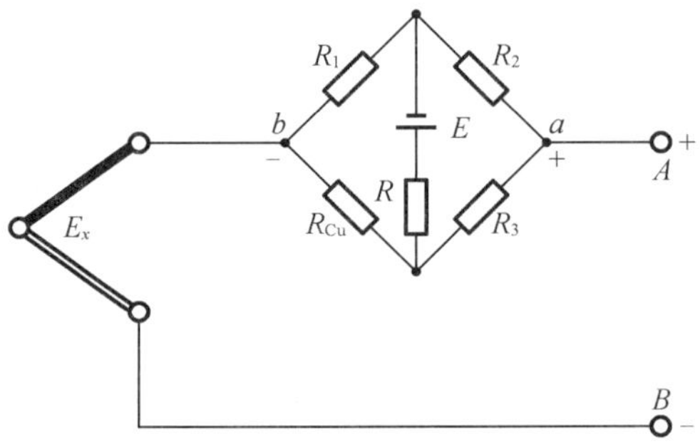

图 2.14　冷端温度补偿电桥

工作时,要保证补偿电桥与热电偶冷端处于相同的环境温度下,其中三个桥臂电阻 R_1、R_2、R_3,采用温度系数接近零的锰铜绕制,并使 $R_1 = R_2 = R_3$;另一桥臂作为补偿桥臂,用铜线绕制。通常在 20 ℃时,通过选取适当的 R_{Cu} 的电阻值,可使电桥处于平衡状态,电桥输出 $U_{ab} = 0$,此时测量电路中引入的补偿电桥不会对仪表的读数产生任何影响。当冷端温度升高时,补偿桥臂 R_{Cu} 的电阻值会增加,电桥失去平衡,a 点电位高于 b 点电位,补偿电桥输出电压 U_{ab}。同时,由于冷端温度的升高,热电偶的热电势 E_x 减小,如果补偿电桥的输出电压的增加量恰好能与热电偶的热电势 E_x 的减少量相抵消,则总的输出电压就不会随冷端温度的变化而变化,即达到了温度补偿的效果。

需要指出,补偿电桥一般在 20 ℃时达到平衡。因此,采用这种补偿电桥时要在回路中加入修正电压,或调整仪表的机械零位为 20 ℃,才可达到完全补偿的目的。

2.1.6　热电偶的测温电路

图 2.15(a)所示为基本测温的电路。它是一支热电偶配一台测温仪表直接测量温度的电路。

图 2.15(b)所示为测量温差的电路。它是将两支型号相同的热电偶反向串联,直接测量温差电动势的电路。

$$E_{AB}(T,T_0)=E_{AB}(T_1,T_0)-E_{AB}(T_2,T_0) \tag{2.15}$$

图 2.15(c)所示为测量平均温度的电路。它是将两支同型号的热电偶并联,测量各点的平均电动势的电路。R_1、R_2为均衡电阻,其作用是减少热电偶内阻 r_1、r_2不相等的影响。

$$E_{AB}(T,T_0)=\frac{E_{AB}(T_1,T_0)+E_{AB}(T_2,T_0)}{2} \tag{2.16}$$

图 2.15(d)所示为求温度和的电路。它是利用同类型的热电偶相串联来测量几点温度之和的电路,即

$$E_{AB}(T,T_0)=E_{AB}(T_1,T_0)+E_{AB}(T_2,T_0) \tag{2.17}$$

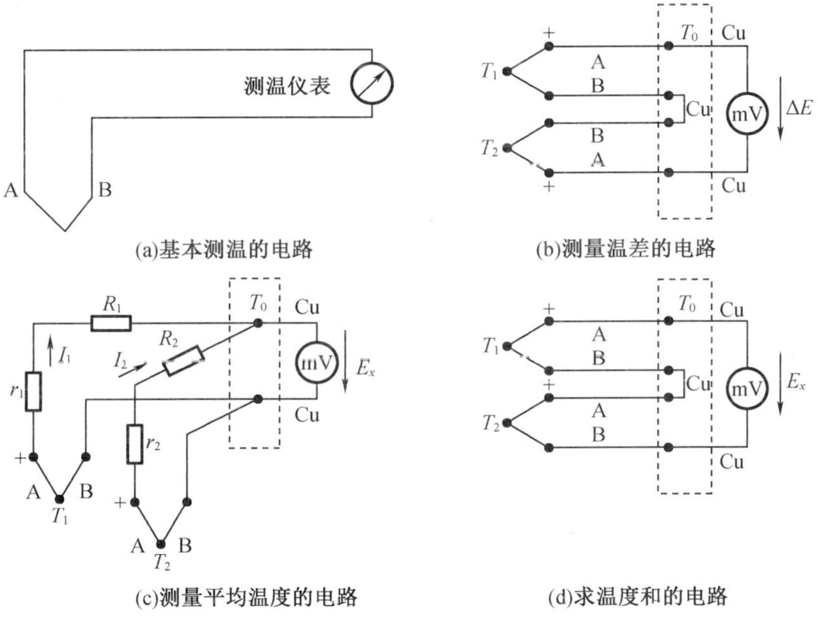

图 2.15　热电偶测温电路

2.2 热电阻式传感器

物体的电阻率随温度变化而变化的物理现象称为热电阻效应。利用热电阻效应制成的传感器称为热电阻式传感器,其主要用于检测温度和与温度有关的参量。热电阻按性质可分为金属热电阻和半导体热电阻两大类,前者通常称为热电阻,后者通常称为热敏电阻。

2.2.1 热电阻

1. 热电阻的结构

热电阻由电阻体、绝缘套管和接线盒等主要部件组成。图 2.16 所示为工业用热电阻结构示意图。

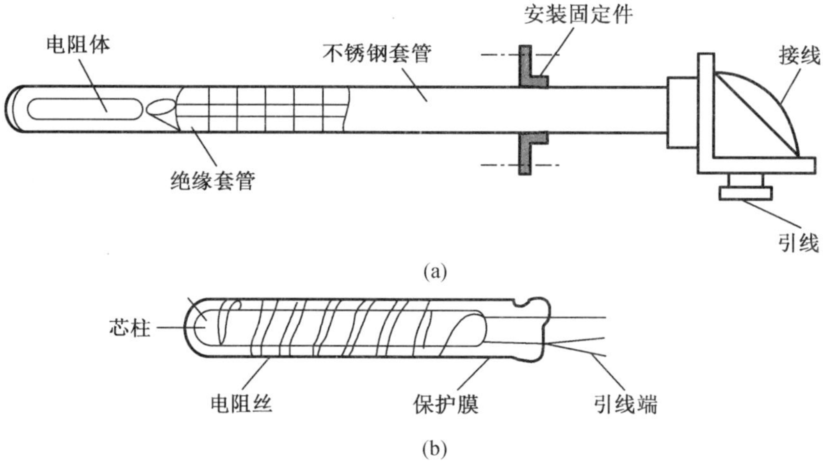

图 2.16 工业用热电阻结构示意图

其中,电阻体是热电阻的最主要部分,由电阻丝和电阻支架组成。电阻丝采用双线无感绕法绕制在具有一定形状的云母、石英或陶瓷塑料支架上,支架起支撑和绝缘作用,引出线通常采用直径 1 mm 的银丝或镀银铜丝,它与接线盒柱相接,以便与外接线路相连。

2. 铂热电阻

铂热电阻的特点是精度高、稳定性好、性能可靠。这是因为铂在氧化性介质中,甚至在高温下其物理、化学性质都非常稳定。但是在还原性介质中,特别是在高温下，铂很容易被从氧化性介质中还原出来的蒸汽所沾污，铂丝变脆，并改变它的电阻值与温度间的关系。

铂的电阻值与温度的关系，在 0～630.74 ℃为

$$R_t = R_0(1 + At + Bt^2) \tag{2.18}$$

在 －190～0 ℃为

$$R_t = R_0[1 + At + Bt^2 + C(t - 100)t^3] \tag{2.19}$$

式中　R_t——温度为 t 时的电阻值；

R_0——温度为 0 ℃时的电阻值；

A——常数，$A = 3.968\ 47 \times 10^{-3}/℃$；

B——常数，$B = -5.847 \times 10^{-7}/℃^2$；

C——常数，$C = -4.22 \times 10^{-12}/℃^4$。

国际温标规定，对于标准铂热电阻，纯度电阻比 $W(100) \geqslant 1.392\ 5$。一般工业中常用分度号为 B_{A1}、B_{A2} 的铂热电阻，$W(100) = 1.391$。

目前我国常用的工业铂热电阻，分度号为 B_{A1} 的铂热电阻取 $R_0 = 46\ \Omega$；分度号为 B_{A2} 的铂热电阻取 $R_0 = 100\ \Omega$。标准或实验室用铂热电阻的 R_0 为 10 Ω 或 30 Ω。分度号为 B_{A2} 的铂热电阻的分度表（即 $R_t - t$ 关系表）如表 2.3 所示。实际测量中，只要测得热电阻的阻值 R_t，便可从表中查出对应的温度值。

表 2.3　铂热电阻的分度表

分度号：B_{A2}　$R_0 = 100\ \Omega$

温度/℃	0	10	20	30	40	50	60	70	80	90
	电阻/Ω									
－200	18.49									
－100	60.25	56.19	52.11	48.00	43.87	39.71	35.53	31.32	27.08	22.80
－0	100.00	96.09	92.16	88.22	84.27	80.31	76.33	72.33	68.33	64.30
＋0	100.00	103.90	107.79	111.67	115.54	119.40	123.24	127.07	130.89	134.70
100	138.50	142.29	146.06	149.82	153.58	157.31	161.04	164.76	168.46	172.16
200	175.84	179.51	183.17	186.82	190.45	194.07	197.69	201.29	204.88	208.45
300	212.02	215.57	219.12	222.65	226.17	229.67	233.17	236.65	240.13	243.59
400	247.04	250.48	253.90	257.32	260.72	264.11	267.49	270.86	274.22	277.56
500	280.90	284.22	287.53	290.83	294.11	297.39	300.65	303.91	307.15	310.38
600	313.59	316.80	319.99	323.18	326.35	329.51	332.66	335.79	338.92	342.03
700	345.13	348.22	351.30	354.37	357.37	360.47	363.50	366.52	369.53	372.52
800	375.51	378.48	381.45	384.40	387.34	390.26				

3. 铜热电阻

铂热电阻虽然优点多,但价格较高,因此在测量精度要求不高且温度较低的场合,铜热电阻得到广泛应用。在 -50 ~ 150 ℃的温度范围内,铜热电阻与温度近似呈线性关系,可表示为

$$R_t = R_0(1 + \alpha t) \tag{2.20}$$

式中 α——铜热电阻温度系数,$\alpha = 4.28 \times 10^{-3}$/℃。

铜热电阻的电阻温度系数较大、线性好、价格低廉。其缺点是电阻率较低,电阻体的体积较大,热惯性较大,稳定性较差,在 100 ℃以上时容易氧化,因此只能用于低温及没有浸蚀性的介质中。

铜热电阻有两种分度号:Cu_{50}(R_0 = 50 Ω)和 Cu_{100}(R_0 = 100 Ω),后者较为常用。分度号为 Cu_{50} 的铜热电阻的分度表如表 2.4 所示。对于分度号为 Cu_{100} 的铜热电阻,可将表中的电阻值加倍。

表 2.4　铜热电阻的分度表

分度号:Cu_{50}　R_0 = 50 Ω

温度/℃	0	10	20	30	40	50	60	70	80	90
	电阻/Ω									
-0	50.00	47.85	45.70	43.55	41.40	39.24				
+0	50.00	52.14	45.28	56.42	58.56	60.70	62.84	64.98	67.12	69.26
100	71.40	73.54	75.68	77.83	79.98	82.13				

4. 其他热电阻

近年来,在低温和超低温测量方向开始采用一些较为新颖的热电阻,现简述几种如下。

(1)铟电阻

铟电阻是一种高精度低温电阻。铟的熔点约为 429 K,在 4.2 ~ 15 K 温域内其灵敏度比铂高 10 倍,故可用于铂电阻不能使用的低温范围。用 99.999% 高纯度铟丝制成的铟电阻在 4.2 K 到室温的整个范围内,重现性可达 ±0.001 K。其缺点是材料很软,复制性很差。

(2)锰电阻

锰电阻的特点是在 2 ~ 63 K 的低温范围内,电阻随温度变化很大,灵敏度高,在 2 ~ 16 K 的温度范围内电阻率随温度平方变化,掺以 α - 锰,这个平方变化关系可以扩展到 21 K。磁场对锰电阻的影响不大且有规律。其缺点是脆性大,难于拉制成丝。

(3)碳电阻

碳电阻很适合制作液氦温域的温度计,这是因为碳电阻具有优良的特性:低温下灵敏度高,热容量小,对磁场不敏感,价格低廉,操作方便。其缺点是热稳定性较差。

5. 热电阻传感器的测量电路

热电阻传感器一般应用于 −200 ~ 500 ℃的温度测量。在特殊情况下,测量的低温可达 3.4 K,甚至可低至 1 K,高温可测 1 000 ℃,且电路较为简单。热电阻传感器用于温度测量时的主要特点是测量精度高,适于测低温,便于远距离、多点、集中测量和自动控制。

热电阻端子接线有三种方式,即二线式、三线式和四线式,如图 2.17 所示。

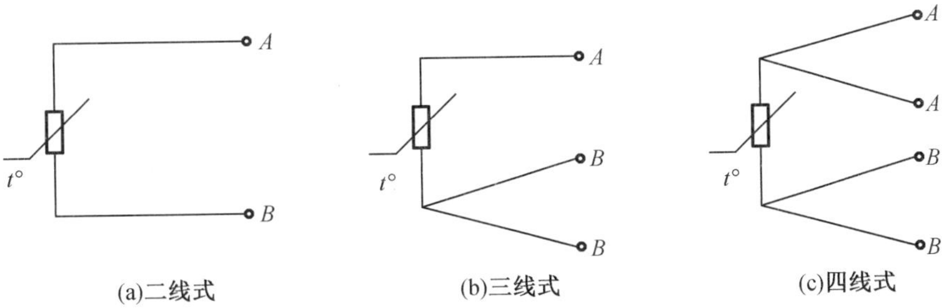

图 2.17　热电阻接线方式

由于热电阻是一种阻值随温度改变的温敏传感器,在实际使用时要把引线电阻计算在内,即与热电阻本身阻值相加。二线式常用于测量回路与传感器不太远的情况,如测量印制电路板上元器件周围的温度。

图 2.18 所示为二线式热电阻接线实例。它是一种恒温器电路,可将温度控制在 60 ℃左右。电路中,R_T 采用 100 Ω 的铂热电阻,R_T 和 R_1 串联接到恒压源(+12 V),R_T 中流经约 1 mA 的电流。

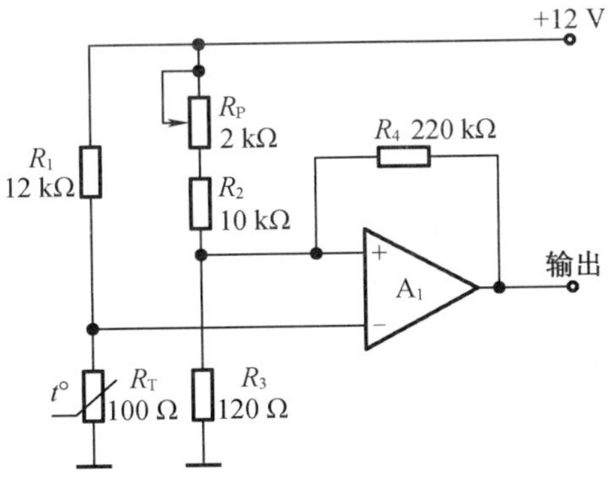

图 2.18　二线式热电阻接线实例

当温度低于 60 ℃时，A_1的反相输入端电位低于同相输入端电位（由 R_P、R_2和 R_3分压确定），A_1输出高电平，控制加温电路进行加温；温度超过 60 ℃时，R_T 阻值增大到123.64 Ω（0 ℃时为 100 Ω），A_1的反向输入端电位高于同相输入端电位，A_1输出变为低电平，控制加温电路停止加温，从而实现温度的自动调节。

图2.19 所示为三线式热电阻测温电路实例。电路中，热电阻 R_T 与高精度电阻 R_1 ~ R_3组成桥路，而且 R_3的一端通过导线接地。R_{w1}、R_{w2}和 R_{w3}是导线等效电阻。流经传感器的电流路径为 V_T→R_1→R_{w1}→R_T→R_{w3}→地，流经 R_3的电流路径为 V_T→R_2→R_3→R_{w2}→R_{w3}→地。由于导线电阻 R_{w1}和 R_{w2}相等，即使电缆长度改变，电桥的两个信号输出端的电位也是同时增大或减小，电桥输出信号变化很小，此时电缆长度改变所引起的误差可以忽略不计。放大电路经常采用三运放构成仪用放大器，电桥输出的信号经放大器放大后输出给后续电路。

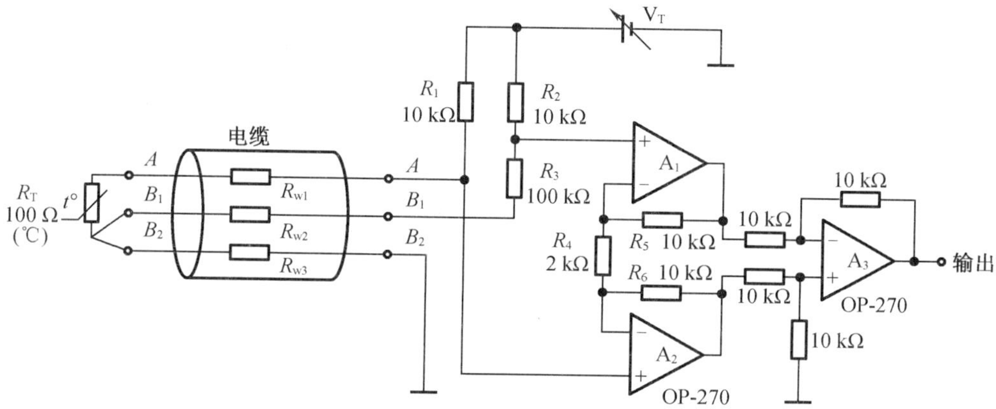

图 2.19　三线式热电阻测温电路实例

图2.20 所示为四线式热电阻测温电路实例。对于这种方式，回路要采用线性好的恒流源电路，恒流源电路输出 2 mA 的电流，流经路径为 A_1 端→R_{w1}→R_T→R_{w4}→地。另外，R_T 两端电压通过 R_{w2}和 R_{w3}直接输入由 A_3 ~ A_5构成的仪用放大器的输入端。从 A_2和 B_1看，放大器的输入阻抗非常高，因此连接电缆电阻 R_{w2}和 R_{w3}可忽略不计。R_1和 C_1及 R_2和 C_2构成低通滤波器，用于补偿高频时运放的共模抑制比的降低。连接电缆电阻 R_{w1}和 R_{w4}与 A_2和 B_1端子间电位差无关，因此 R_{w1}和 R_{w4}的变化对测量精度也不会有影响。

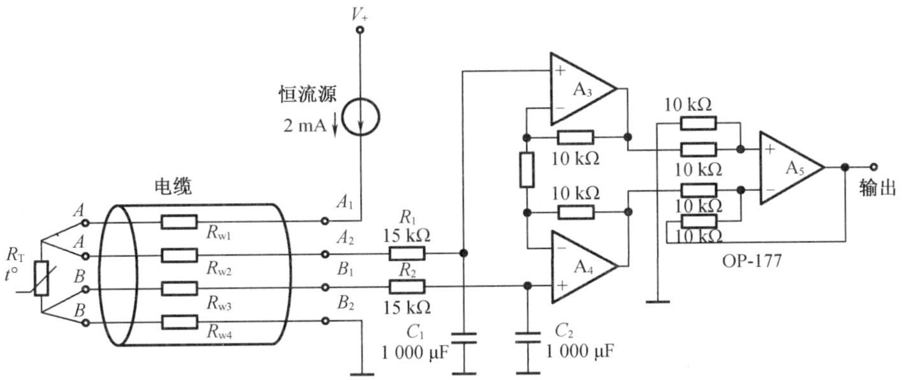

图 2.20　四线式热电阻测温电路实例

2.2.2　热敏电阻

1. 热敏电阻类型

热敏电阻是一种新型的半导体测温元件，按温度系数可分为负温度系数(NTC)热敏电阻和正温度系数(PTC)热敏电阻两大类。NTC 热敏电阻以 MF 为其型号，PTC 热敏电阻以 MZ 为其型号。

(1) 负温度系数热敏电阻

负温度系数热敏电阻研制得较早，也较成熟，最常见的是由金属氧化物组成的，如由锰、钴、铁、镍、铜等多种氧化物混合烧结而成。

根据不同的用途，NTC 热敏电阻又可分为两大类。一类为负指数型，它的电阻值与温度之间呈负指数关系，用于温度测量。另一类为负突变型，当温度上升到某设定值时，其电阻曲线突然下降，多用于各种电子电路中抑制浪涌电流，起保护作用。负指数型和负突变型的温度－电阻特性曲线分别如图 2.21 中的曲线 2 和曲线 1 所示。

(2) 正温度系数热敏电阻

正温度系数热敏电阻也分为两类。一类为线性型热敏电阻，这是近年来研制出的采用本征锗或本征硅材料制成的热敏电阻，其线性度和互换性均较好，可用于测温，其温度－电阻特性曲线如图 2.21 中的曲线 3 所示。另一类为正突变型热敏电阻。该类热敏电阻通常是在钛酸钡陶瓷中加入稀土元素以增大电阻温度系数，它的温度－电阻特性曲线如图 2.21 中的曲线 4 所示，当温度上升到某设定值时，其电阻曲线值突然上升。它在电子线路中多起限流、保护作用，当流过热敏电阻的电流超过一定限度时，其电阻值突然增大。

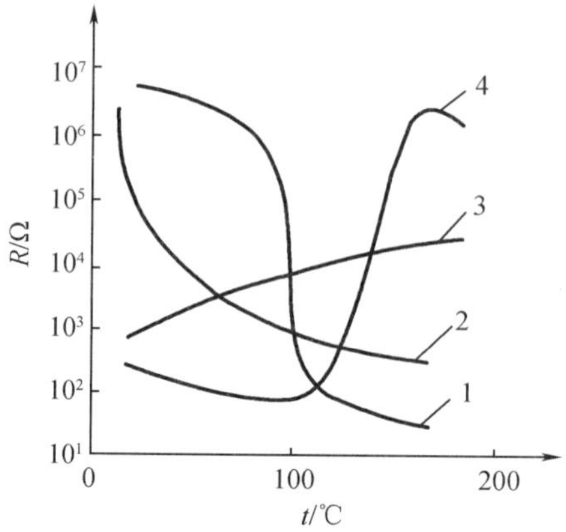

1—负突变型 NTC 热敏电阻;2—负指数型 NTC 热敏电阻;
3—线性型 PTC 热敏电阻;4—正突变型 PTC 热敏电阻。

图 2.21　各种热敏电阻的温度－电阻特性曲线

热敏电阻可根据使用要求封装加工成各种形状的探头,如圆片形、柱形、珠形、杆形、锥形、针形等,如图 2.22 所示。

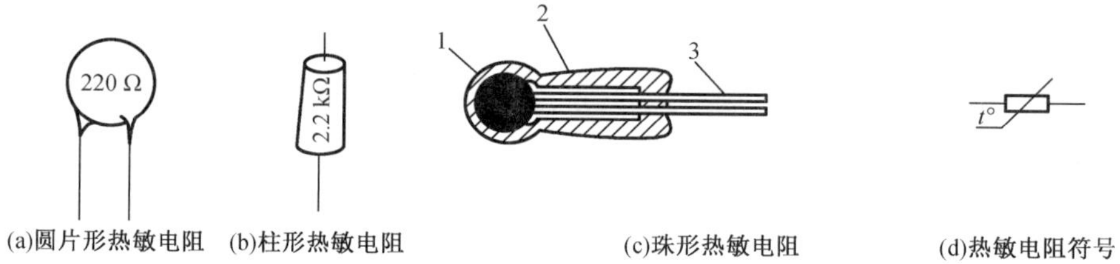

1—热敏电阻;2—玻璃外壳;3—引出线。

图 2.22　热敏电阻的结构外形及符号

2. 热敏电阻的特点

(1)电阻温度系数绝对值大,灵敏度高,测试线路简单。

(2)体积、质量和热惯性小。

(3)本身电阻值大,适用于远距离测量。

(4)制作简单,寿命长。

(5)热敏电阻是非线性电阻,但用微型计算机进行非线性补偿可得到满意效果。

2.3　机载应用案例

2.3.1　热电偶传感器在航空上的应用

在航空上，热电偶主要应用在测量喷气式发动机的排气温度、活塞式发动机的汽缸头温度和数字式温度表。

排气温度表也叫喷气温度表，用于测量发动机排气的平均温度。热电偶感受排气温度，并将其转换为热电势，利用毫伏表原理指示被测温度。发动机排气温度表的基本原理相同，某型飞机发动机排气温度表的全套连接如图 2.23 所示。四个热电偶分别用铜导线接到接线盒的有关接线柱上，接线盒的“+”“-”接线柱经铜导线与指示器相连。

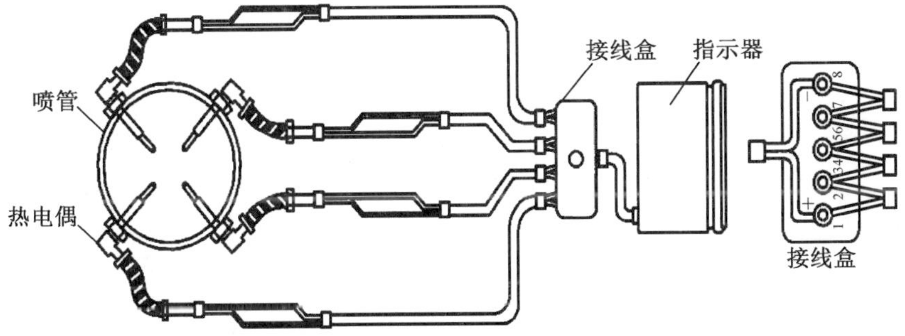

图 2.23　发动机排气温度表的全套连接

汽缸头温度表通常用在客机、运输机或螺旋桨飞机上，用于测量活塞式发动机汽缸头的温度。测量汽缸头温度一是为了了解发动机推力的大小，二是为了判明发动机工作是否正常。由于汽缸头温度对发动机的工作有很大影响，过高过低都不利，因此当发动机工作时，必须确保汽缸头温度在允许范围之内。

汽缸头温度表原理图如图 2.24 所示。汽缸头温度表是一种热电偶式温度表，测量范围一般为 -50 ~ 350 ℃。为了改善感温元件与汽缸头表面间的热交换条件，对应的热电偶的接点焊在铜环上，组成面接触式热电偶，这种温度表选取直流毫伏表作为指示器，并按温度刻度。汽缸头温度表是利用热电偶作为感温器，感受汽缸头温度而产生热电势，然后利用电压表测量热电势而指示汽缸头温度的数值。

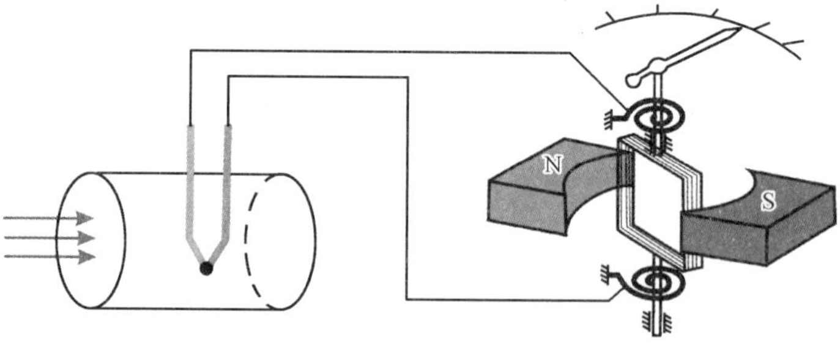

图 2.24　汽缸头温度表原理图

2.3.2　热电阻传感器在航空上的应用

在航空上，热电阻传感器多用于三用表中的滑油温度表和大气数据系统的阻滞温度传感器中，用来感受被测温度，并将被测温度转换为相应的电信号输出。

温度压力组合指示器中滑油温度表是直流二线式电流比值表。传感器是一个感温电阻，能将温度的变化转换成电阻的变化，而电阻的变化又引起指示器电桥中两线框电流比值的变化，再经流比计转换成指针的转角，从而指示出被测温度的大小。滑油温度表电路原理图如图 2.25 所示。

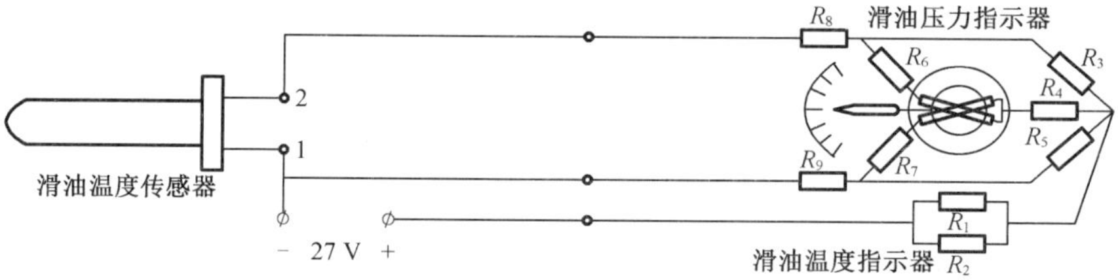

图 2.25　滑油温度表电路原理图

阻滞温度传感器又称总温探头，用来感受飞机在飞行过程中气流阻滞温度。它一方面为大气数据计算机计算总温、静温及与之有关的飞行参数提供原始数据，另一方面还能为总温告警提供温度数据。它由气流导管、壳体、感温电阻、插座等组成，内部结构如图 2.26 所示。

当气流经过矩形截面气流导管的扩张段（前半部）时，其流速逐渐减小，压力和温度逐渐升高。经过凸台后，一股气流夹带小杂物由尾部收敛段加速流出管外，另一股气流则在气压差的作用下，转 90°弯流经分流管道后，再经排气孔流出。流经分流管道的气流会流过感温电阻表面，由于气流黏性作用而与感温电阻表面发生摩擦，在紧贴表面外气流速度为零，感温电阻就感受到气流的阻滞温度，其阻值随阻滞温度变化。

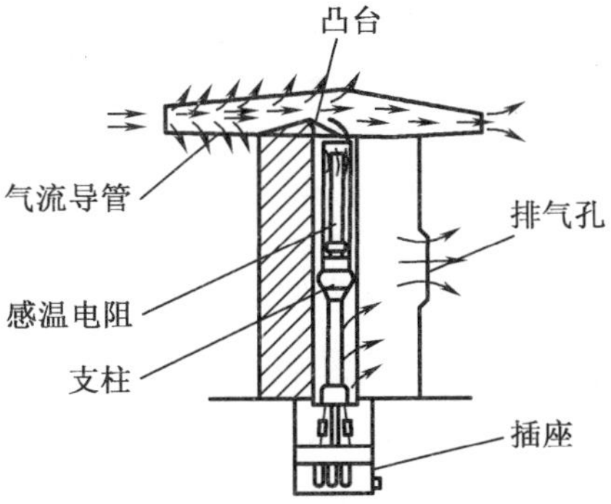

图 2.26　阻滞温度传感器内部结构

2.3.3　热敏电阻用于温度补偿

热敏电阻可在一定的温度范围内对某些元件进行温度补偿。例如，动圈式表头中的动圈由铜线绕制而成，温度升高，电阻增大，引起测量误差。可在动圈回路中串入由负温度系数热敏电阻组成的电阻网络，如图 2.27 所示。

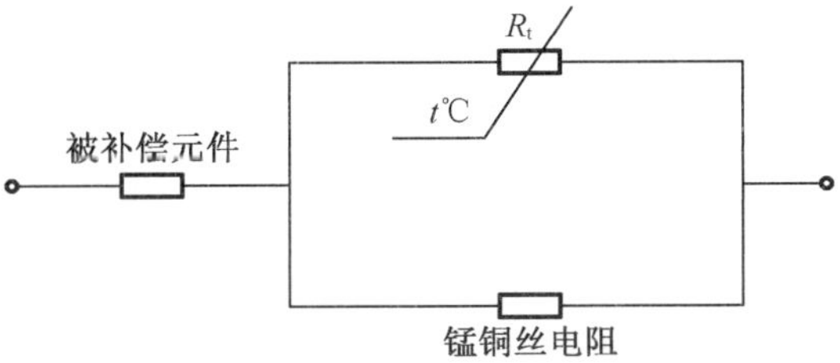

图 2.27　热敏电阻温度补偿原理图

热敏电阻的阻值变化与被补偿元件的阻值变化相反，因此该电路总的电阻不变，从而抵消了由于温度变化所产生的误差。图中的锰铜丝电阻与热敏电阻 R_t 并联，用于调整热敏电阻的补偿量。

第 3 章　磁电感应式传感器

磁电感应式传感器是利用电磁感应原理将被测量(如振动、位移、转速等)转换成电信号的一种传感器。它不需要辅助电源,就能把被测对象的机械量转换成易于测量的电信号,是一种有源传感器。由于它输出功率大,且性能稳定,具有一定的工作带宽(10～1 000 Hz),所以得到普遍应用。

3.1　磁电感应式传感器的工作原理

根据电磁感应定律,当 N 匝线圈处于变化的磁场中,设穿过线圈的磁通为 $\boldsymbol{\Phi}$,则线圈内的感应电动势 e 与磁通变化率$\frac{d\Phi}{dt}$的关系为

$$e = -N\frac{d\Phi}{dt} \tag{3.1}$$

可见,线圈中感应电动势的大小跟线圈的匝数和穿过线圈的磁通变化率有关。一般情况下,匝数是确定的,而磁通变化率与磁感应强度 B、磁路磁阻 R_m、线圈的运动速度 v 有关,故只要改变其中参数,就会改变线圈中的感应电动势。

根据结构方式不同,磁电感应式传感器通常分为恒磁通式磁电传感器和变磁通式磁电传感器,变磁通式磁电传感器又称为磁阻式磁电传感器。下面分别对其介绍。

3.1.1　恒磁通式磁电传感器的工作原理

恒磁通式磁电传感器根据被测量的不同有线速度型和角速度型两种;根据运动部件的不同有动圈式和动铁式两种。

图 3.1(a)、图 3.1(b)所示都为线速度型传感器,其中图 3.1(a)所示为动圈式线速度型传感器。在永久磁铁产生的恒定磁场内,放置一个可动线圈,当线圈沿轴线方向做直线运动时,线圈相对于磁场的运动速度为 v,它所产生的感应电动势为

$$e = NBlv \tag{3.2}$$

式中　N——线圈匝数；

B——磁场的感应强度；

l——单匝线圈的有效长度；

v——线圈相对于磁场的运动速度。

式(3.2)表明，当 B、N 和 l 恒定不变时，便可以根据感应电动势 e 的大小计算出被测线速度 v 的大小。

图 3.1(c)所示为角速度型传感器的工作原理。线圈在磁场中以角速度 ω 旋转时产生的感应电动势为

$$e = kNBS\omega \tag{3.3}$$

式中　k——与结构有关的系数；

N——线圈匝数；

B——磁场的感应强度；

S——线圈的有效面积；

ω——角速度。

式(3.3)表明，当传感器的结构确定后，N、B、S 和 k 皆恒定不变时，便可以根据感应电动势 e 的大小确定被测量 ω。

需要注意的是，式(3.2)、式(3.3)中，v 和 ω 指的是线圈与磁铁的相对速度，而不是绝对速度。

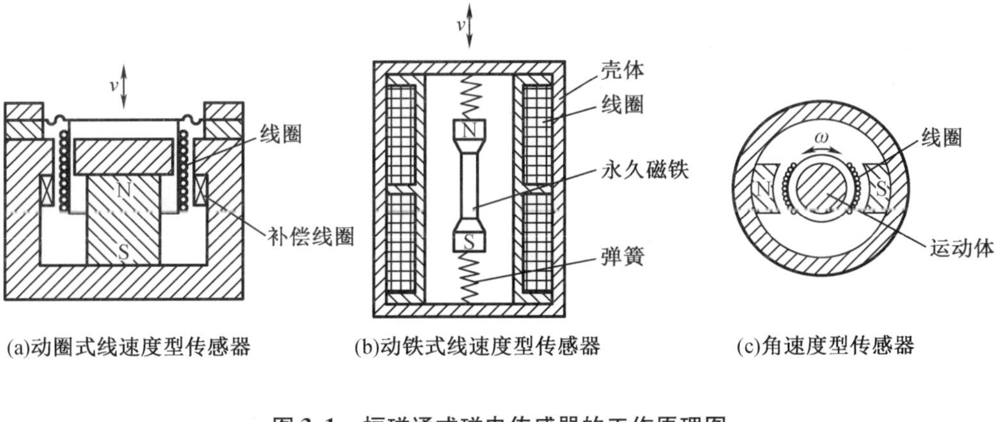

图 3.1　恒磁通式磁电传感器的工作原理图

3.1.2　变磁通式磁电传感器的工作原理

变磁通式磁电传感器与恒磁通式磁电传感器的工作原理不同，在工作时，它的

线圈与磁铁部分是相对静止的,由与被测量连接的物体(导磁体)的运动来改变磁路的磁阻,从而改变贯穿线圈的磁通量,在线圈中产生感应电动势。

变磁通式磁电传感器一般用于测量转速、偏心、振动等,其工作原理如图 3.2 所示。

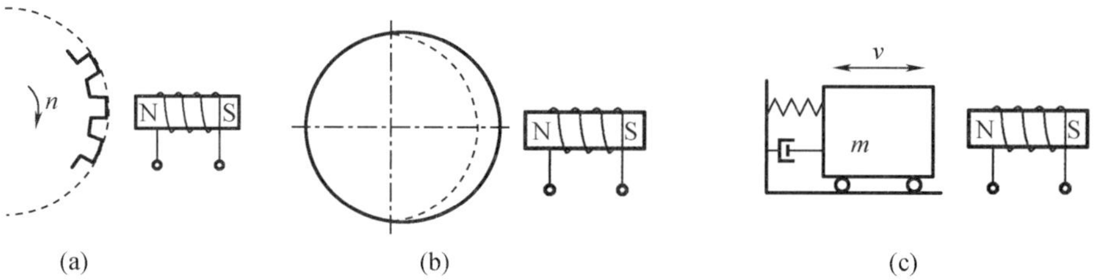

图 3.2　变磁通式磁电传感器的工作原理图

图 3.2(a)所示的传感器可用于测量旋转物体的转速。当旋转物体转动时,带动传感器的齿轮一起转动,齿轮的齿顶和齿谷交替经过磁铁,引起磁路的磁阻发生改变,使得通过线圈的磁通也交替变化,从而导致线圈产生周期变化的感应电动势。传感齿轮每转过一个齿,感应电动势大小变化经历一个周期。若齿轮齿数为 z,旋转体的转速为 n(r/min),则有

$$f=\frac{zn}{60} \tag{3.4}$$

式中　f——感应电动势的频率,Hz。

式(3.4)表明,传感器输出的感应电动势的频率与被测转速成正比。因此,通过测量出感应电动势的频率,即可知道旋转体的转速。

图 3.2(b)所示的传感器可用于测量旋转轴的偏心度。当旋转轴转动时,由于转轴存在偏心度,引起磁路的磁阻发生改变,使得通过线圈的磁通交替变化,导致线圈产生周期变化的感应电动势。转轴的偏心度越大,传感器输出的感应电动势越大,这样就可测得旋转轴的偏心度大小。

图 3.2(c)所示的传感器可用于测量物体的振动。当被测物体周期振动时,磁路的磁阻发生改变,使得通过线圈的磁通大小周期变化,导致线圈产生周期变化的感应电动势。被测物体周期振动的幅度越大,传感器输出的感应电动势越大,这样就可测得被测物体周期振动幅度的大小。

3.2　磁电感应式传感器的测量电路

磁电感应式传感器可直接输出感应电动势,而且具有较高的灵敏度,对测量电路无特殊要求。

图3.3所示为磁电感应式传感器测量电路原理框图,为便于阻抗匹配,将积分电路和微分电路置于两级放大器之间,磁电感应式传感器的输出信号直接经主放大器输出,该信号与速度成比例。前置放大器分别接积分电路或微分电路,接入积分电路时,感应电动势输出正比于位移的信号;接入微分电路时,感应电动势输出正比于加速度的信号。

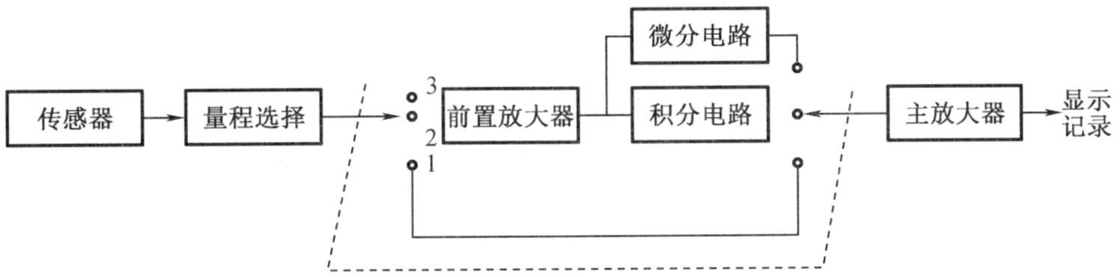

图3.3　磁电感应式传感器测量电路原理框图

3.2.1　积分电路

已知速度和位移、时间关系为

$$v=\frac{\mathrm{d}x}{\mathrm{d}t}\text{或 }\mathrm{d}x=v\mathrm{d}t \tag{3.5}$$

设传感器输出电压为积分放大器输入电压:$U_i=e=sv$,通过积分电路(图3.4(a))输出电压为

$$U_o(t)=-\frac{1}{C}\int I\mathrm{d}t=-\frac{1}{C}\int\frac{U_i}{R}\mathrm{d}t=-\frac{1}{RC}\int U_i\mathrm{d}t \tag{3.6}$$

式中　RC——积分时间常数。

上式结果表示积分电路的输出电压U_o正比于输入信号U_i对时间的积分值,即正比于位移x的大小。

3.2.2 微分电路

已知加速度和速度、时间关系为

$$a = \frac{\mathrm{d}v}{\mathrm{d}t} \tag{3.7}$$

设传感器输出电压为微分放大器输入电压：$U_{\mathrm{i}} = e = sv$，通过微分电路（图3.4(b)）输出电压为

$$U_{\mathrm{o}}(t) = -RI = -RC\frac{\mathrm{d}U_{\mathrm{i}}(t)}{\mathrm{d}t} \tag{3.8}$$

上式结果表示微分电路的输出电压 U_{o} 正比于输入信号 U_{i}对时间的微分值，即正比于加速度 a。

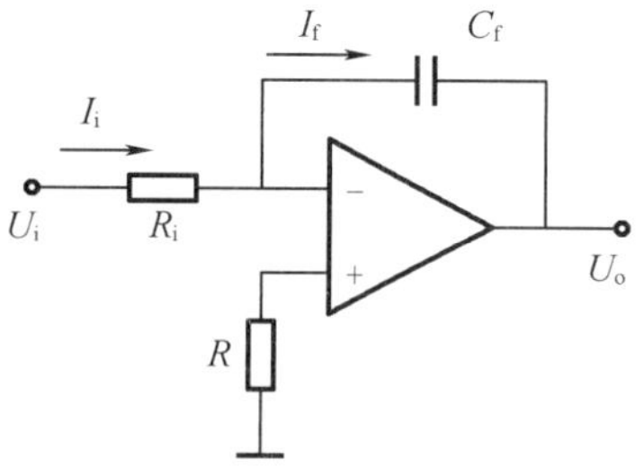

(a)积分电路

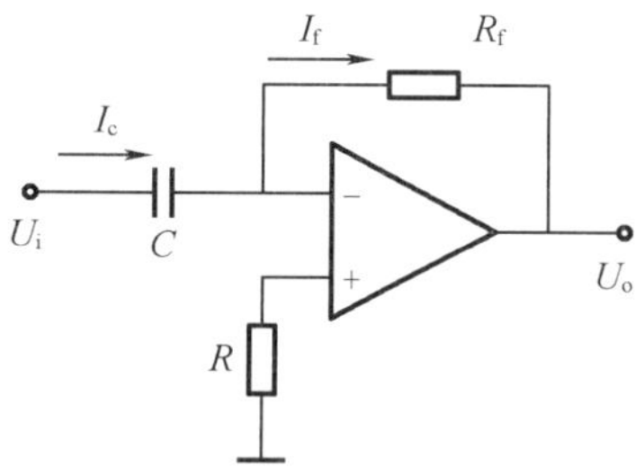

(b)微分电路

图3.4 磁电感应式传感器的测量电路

3.3 机载应用案例

3.3.1 振动速度传感器

磁电感应式振动速度传感器应用十分广泛，例如火炮发射要产生振动，由于发射后振动要持续一定时间，若振动未停连续发射，将造成第二次发射产生偏离，降低命中率。飞机发动机的涡轮转子或螺旋桨虽然经过严格平衡，在转动中依然存在着或大或小的振动现象，特别在其使用过程中，振动情况还会发生变化，不仅影响到发动机本身的正常工作，增加能量消耗，还会使零件疲劳损伤、轴承加速磨损、发动机寿命缩短。当振动传到飞机上时，会使飞机结构和其他机件的寿命缩短、噪

声增大。因此，近代飞机上的发动机都要求严格控制其振动程度，使发动机的振动量（振幅、振动速度或振动加速度）限制在规定范围内。

图 3.5 所示为飞机发动机振动仪的振动速度传感器的结构原理图。圆柱形永久磁铁相当于一个质量块，一边连接一个软弹簧，两弹簧的另一端与外壳连接；线圈固定在壳体上。工作时，当壳体随被测体一起振动时，质量块（永久磁铁）因惯性而不随之振动。换句话说，只要振动频率大于固有频率，由于运动部件质量较大，惯性会很大，永久磁铁来不及振动而几乎静止。因而，传感器外壳和线圈的振动引起间隙中的线圈切割磁力线，而产生正比于振动速度的感应电动势。这种传感器测量的基本参数是振动速度，但在测量电路中接入积分电路和微分电路后，也可以测量振动体（发动机）的振幅和加速度。

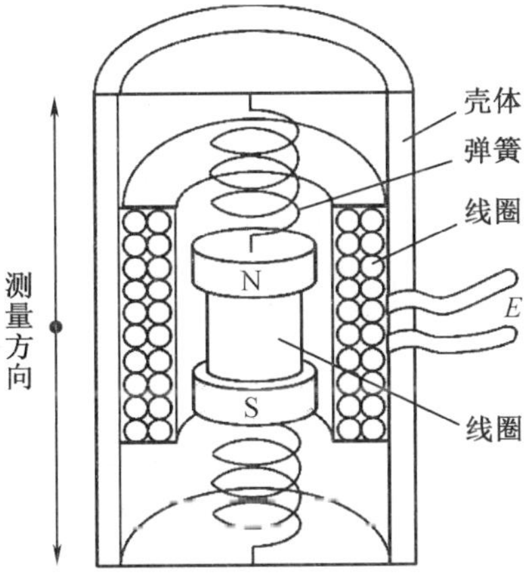

图 3.5　飞机发动机振动仪的振动速度传感器的结构原理图

图 3.6 所示为地面用 CD－1 型振动速度传感器的结构原理图。永久磁铁 3 中间有一小孔，孔芯轴架起线圈 6，芯轴 5 两端通过弹簧片 1 与壳体 7 连接。工作时由于弹簧较软，当壳体随被测体一起振动时，架空的芯轴、线圈和阻尼环 2 因惯性而不随之振动。由于运动部件质量较大，惯性会很大，线圈来不及振动而几乎静止。因而，传感器外壳和永久磁铁的振动引起间隙中的线圈切割磁力线，而产生正比于振动速度的感应电动势。这种传感器测量的基本参数是振动速度，也可以测量振动体的振动位移和加速度。

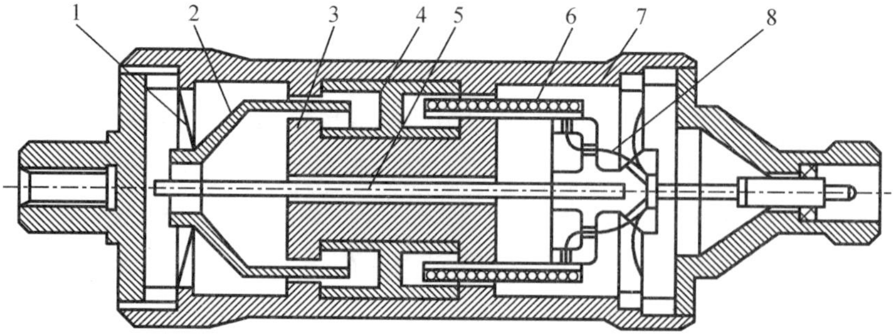

1—弹簧片;2—阻尼环;3—永久磁铁;4—铝支架;5—芯轴;6—线圈;7—壳体;8—引线。

图 3.6　地面用 CD-1 型振动速度传感器的结构原理图

3.3.2　转速传感器

磁电式转速传感器由转子、定子、线圈等元件组成,其结构原理图如图 3.7 所示。在测量时,将传感器的转轴 1 与被测物轴相连接,因而被测物就带动传感器转子转动,当转子与定子的齿凸凸相对时,气隙最小,磁通最大;当转子与定子的齿凸凹相对时,气隙最大,磁通最小。这样定子不动而转子转动时,磁通就周期性地变化,从而在线圈中感应出近似正弦波的电动势信号,其频率与被测转速成正比。

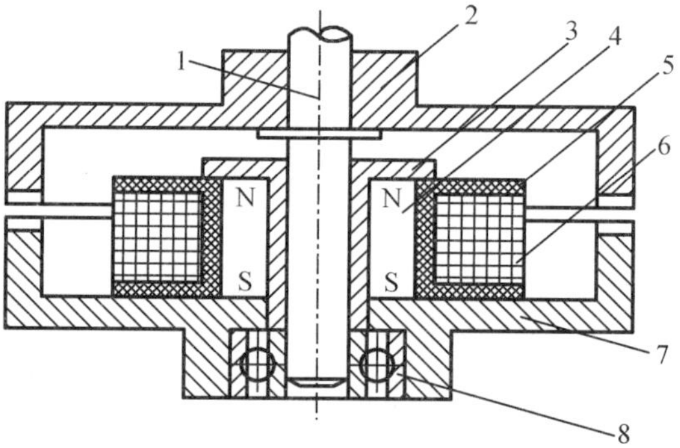

1—转轴;2—转子;3—压块;4—环形永久磁铁;5—线圈框架;6—线圈;7—定子;8—轴承。

图 3.7　磁电式转速传感器的结构原理图

传感器的转子和定子均用纯铁制成,在它们的圆形端面上都均匀地铣了一些槽子,如图 3.8 所示。

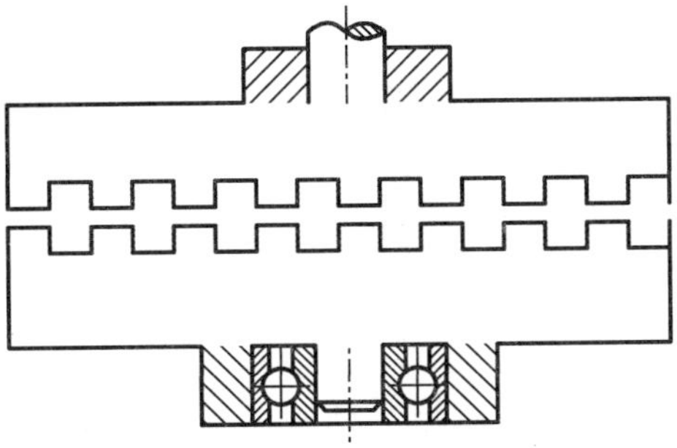

图 3.8　磁电式转速传感器外形图

磁电式转速传感器还可用于测量飞机上发动机的转速。磁电式数字转速表传感器将发动机转速转换为相应的脉冲信号频率,而后再应用测频或测周期装置来测量信号的频率或周期,直接显示出被测转速值。

第 4 章　霍尔式传感器

霍尔式传感器是基于霍尔效应的一种传感器。1879 年,美国物理学家霍尔首先在金属材料中发现了霍尔效应,但金属材料的霍尔效应太弱并没有得到应用。随着半导体技术的发展,人们开始用半导体材料制作霍尔元件,其由于霍尔效应显著而得到了应用和发展。霍尔式传感器具有结构简单、体积小、无触点、可靠性高、使用寿命长、频率响应宽(从直流到微波)、易于集成电路化和微型化等特点,广泛应用于测量技术、自动控制和信息处理等领域。

4.1　霍尔效应及霍尔元件

4.1.1　霍尔效应

置于磁场中的静止载流导体,当它的电流方向与磁场方向不一致时,载流导体上垂直于电流和磁场的方向将产生电势,这种现象称为霍尔效应,该电势称为霍尔电势。如图 4.1 所示,在垂直于外磁场 $\boldsymbol{B}$ 的方向上放置一导电板,导电板通以电流 I,方向如图所示。导电板中的电流是金属中自由电子在电场作用下做定向运动形成的。此时,每个电子受洛伦兹力 $\boldsymbol{f}_{\mathrm{L}}$ 的作用,$\boldsymbol{f}_{\mathrm{L}}$ 的大小为

$$f_{\mathrm{L}} = eBv \tag{4.1}$$

式中　e——电子电荷;

v——电子运动平均速度;

B——磁场的磁感应强度。

$\boldsymbol{f}_{\mathrm{L}}$ 的方向如图4.1 所示,此时电子除了沿电流反方向做定向运动外,还在$\boldsymbol{f}_{\mathrm{L}}$ 的作用下漂移,结果使金属导电板内侧面积累电子,而外侧面积累正电荷,从而形成了附加内电场 $\boldsymbol{E}_{\mathrm{H}}$,称为霍尔电场,该电场强度为

$$E_{\mathrm{H}} = \frac{U_{\mathrm{H}}}{b} \tag{4.2}$$

式中　U_{H}——霍尔电势;

b——导电板宽度。

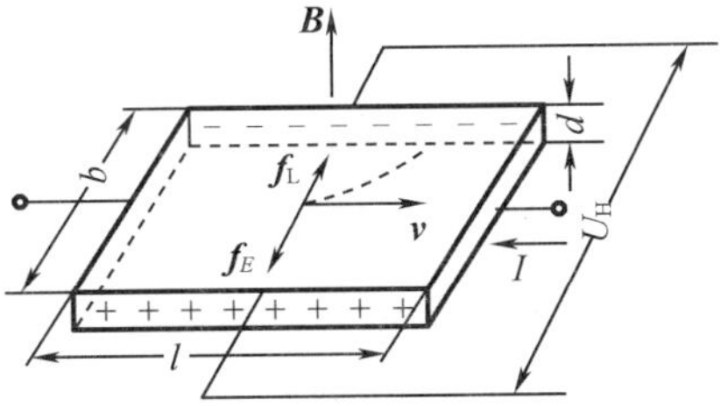

图 4.1　霍尔效应原理图

霍尔电场的出现,使定向运动的电子除了受洛伦兹力作用外,还受到霍尔电场力 f_E 的作用。其力的大小为 eE_H,方向与电子所受洛伦兹力方向相反,此力阻止电荷继续积累。随着内、外侧面积累电荷的增加,霍尔电场增大,电子受到的霍尔电场力也增大,当霍尔电场力与电子所受洛伦兹力大小相等时,即

$$eE_H = eBv \tag{4.3}$$

则有

$$E_H = vB \tag{4.4}$$

此时电荷不再向两侧面积累,达到平衡状态。

若金属导电板单位体积内电子数为 n,电子定向运动平均速度为 v,则激励电流 $I = nevbd$,即

$$v = \frac{I}{nebd} \tag{4.5}$$

将式(4.5)代入式(4.4)得

$$E_H = \frac{IB}{nebd} \tag{4.6}$$

将式(4.6)代入式(4.2)得

$$U_H = \frac{IB}{ned} \tag{4.7}$$

令 $R_H = 1/(ne)$,称之为霍尔系数,其大小取决于导体载流子密度,则

$$U_H = \frac{R_H IB}{d} = K_H IB \tag{4.8}$$

式中,K_H 称为霍尔片的灵敏度,$K_H = R_H/d$。

由式(4.8)可见,霍尔电势正比于激励电流及磁感应强度,其灵敏度与霍尔系数 R_H 成正比,而与霍尔片厚度 d 成反比。为了提高灵敏度,霍尔元件常制成薄片状。

霍尔元件激励极间电阻 $R=\rho l/(bd)$，同时 $R=U/I=El/I=vl/(\mu nevbd)$ ($\mu=v/E$，为电子迁移率)，则

$$\frac{\rho l}{bd}=\frac{l}{\mu nebd} \tag{4.9}$$

解得

$$R_{\mathrm{H}}=\mu\rho \tag{4.10}$$

从式(4.10)可知，霍尔系数等于霍尔片材料的电阻率 ρ 与电子迁移率 μ 的乘积。若要霍尔效应强，则希望有较大的霍尔系数 R_{H}，因此要求霍尔片材料有较大的电阻率和载流子迁移率。一般金属材料载流子迁移率很高，但电阻率很小；而绝缘材料电阻率极高，但载流子迁移率极低，故只有半导体材料才适于制造霍尔片。目前，常用的霍尔元件材料有锗、硅、锑化铟、砷化铟等半导体材料。其中N型锗容易加工制造，其霍尔系数、温度性能和线性度都较好。N型硅的线性度最好，其霍尔系数、温度性能与N型锗相当。锑化铟对温度最敏感，尤其在低温范围内温度系数大，但在室温时其霍尔系数较大。砷化铟的霍尔系数较小，温度系数也较小，输出特性线性度好。

4.1.2 霍尔元件

1. 基本结构

霍尔元件的结构很简单，它是由霍尔片、四根引线和壳体组成的，如图4.2所示。霍尔片是一块矩形半导体单晶薄片，引出四根引线。在电路中，霍尔元件一般可用两种符号表示，如图4.3所示。1、1′两根引线加激励电压或电流，称为激励电极(控制电极)；2、2′引线为霍尔输出引线，称为霍尔电极。霍尔元件的壳体由非导磁金属、陶瓷或环氧树脂封装而成。

图4.2　霍尔元件外形结构示意图

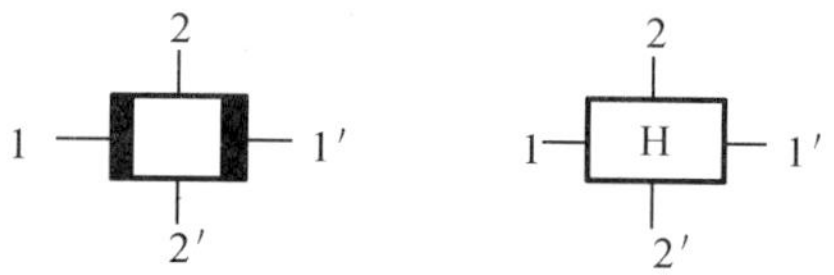

图4.3　霍尔元件图形符号

2. 基本特性

(1)不等位电势和不等位电阻

当霍尔元件的激励电流为 I 时,若元件所处位置磁感应强度为零,则它的霍尔电势应该为零,但实际不为零。这时测得的空载霍尔电势称为不等位电势,如图 4.4 所示。

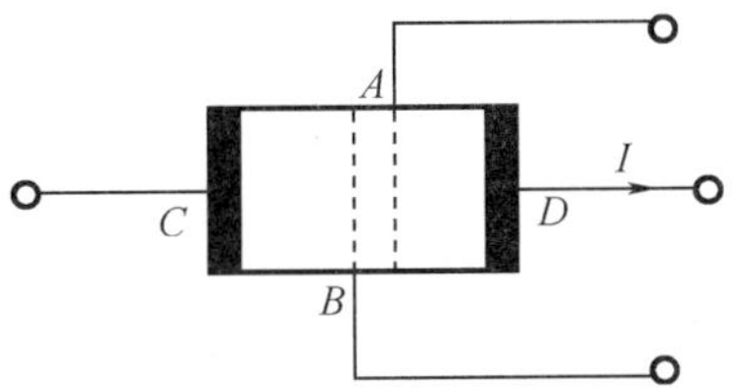

图 4.4　不等位电势示意图

产生这一现象的原因如下:

①霍尔电极安装位置不对称或不在同一等电位面上;

②半导体材料不均匀造成了电阻率不均匀或是几何尺寸不均匀;

③激励电极接触不良造成激励电流不均匀分布等。

不等位电势也可用不等位电阻表示,即

$$r_0 = \frac{U_0}{I} \tag{4.11}$$

式中　U_0——不等位电势;

r_0——不等位电阻;

I——激励电流。

由式(4.11)可以看出,不等位电势就是激励电流流经不等位电阻 r_0 所产生的电压。

(2)输入电阻和输出电阻

激励电极间的电阻值称为输入电阻。霍尔电极输出电势对电路外部来说相当于一个电压源,其电源内阻即为输出电阻。以上电阻值是在磁感应强度为零且环境温度在(20 ±5) ℃时所确定的。

(3)霍尔电势温度系数

在一定磁感应强度和激励电流下,温度每变化 1 ℃时,霍尔电势变化的百分率称为霍尔电势温度系数。它同时也是霍尔系数的温度系数。

(4)额定激励电流

由于霍尔电势随激励电流增加而线性增加，所以使用中希望选用尽可能大的激励电流。但激励电流增大，霍尔元件的功耗增大，元件的温度升高，从而引起霍尔电势的温漂增大。因此，需要知道霍尔元件的最大激励电流，通过改善霍尔元件的散热条件，使激励电流增加。

(5)寄生直流电势

在外加磁场为零，霍尔元件用交流激励时，霍尔电极输出除了交流不等位电势外，还有一直流电势，称为寄生直流电势。

表4.1 所示为常用国产霍尔元件的技术参数。

表4.1 常用国产霍尔元件的技术参数

参数名称/单位	符号	HZ-1 型	HZ-4 型	HT-2 型	HS-1 型
		材料(N 型)			
		Ge(111)	Ge(100)	InSb	InAs
电阻率/(Ω·cm)	ρ	0.8~1.2	0.4~0.5	0.003~0.005	0.01
几何尺寸/mm³	$l \times b \times d$	8×4×0.2	8×4×0.2	8×4×0.2	8×4×0.2
输入电阻/Ω	R_i	110(1±0.2)	45(1±0.2)	0.8(1±0.2)	1.2(1±0.2)
输出电阻/Ω	R_o	100(1±0.2)	40(1±0.2)	0.5(1±0.2)	1(1±0.2)
灵敏系数/[mV·(mA·T)⁻¹]	K_H	>1.2	>4.0	0.18(1±0.2)	0.1(1±0.2)
不等位电阻/Ω	r_o	<0.07	<0.02	<0.005	<0.003
寄生直流电势/μV	U	<150	<100	—	—
额定激励电流/mA	I	20	50	300	200
霍尔电势温度系数/℃⁻¹	α	0.04%	0.03%	-1.5%	—
内阻温度系数/℃⁻¹	δ	0.5%	0.3%	-0.5%	—
热阻/[℃·(mW)⁻¹]	R_Q	0.4	0.1	—	—
工作温度/℃	T	-40~+45	-40~+75	0~+40	-40~+60

4.2　霍尔元件的误差及补偿

4.2.1　霍尔元件不等位电势补偿

不等位电势与霍尔电势具有相同的数量级,有时甚至超过霍尔电势,而实际应用中要消除不等位电势是极其困难的,因而必须采用补偿的方法。分析不等位电势时,可以把霍尔元件等效为一个电桥,用分析电桥平衡来补偿不等位电势。

图 4.5 所示为霍尔元件的等效电路,其中 A、B 为霍尔电极,C、D 为激励电极。电极分布电阻分别用 r_1、r_2、r_3、r_4表示,把它们看作电桥的四个桥臂。理想情况下,电极 A、B 处于同一等位面上,$r_1 = r_2 = r_3 = r_4$,电桥平衡,不等位电势 U_0为零。实际上,由于 A、B 电极不在同一等位面上,此四个电阻阻值不相等,电桥不平衡,不等位电势不等于零。此时可根据 A、B 两点电位的高低来判断,在某一桥臂上并联一定的电阻,使电桥达到平衡,从而使不等位电势为零。几种补偿电路如图 4.6 所示。图 4.6(a)、图 4.6(b)为常见的补偿电路,图 4.6(b)、图 4.6(c)相当于在等效电桥的两个桥臂上同时并联电阻。

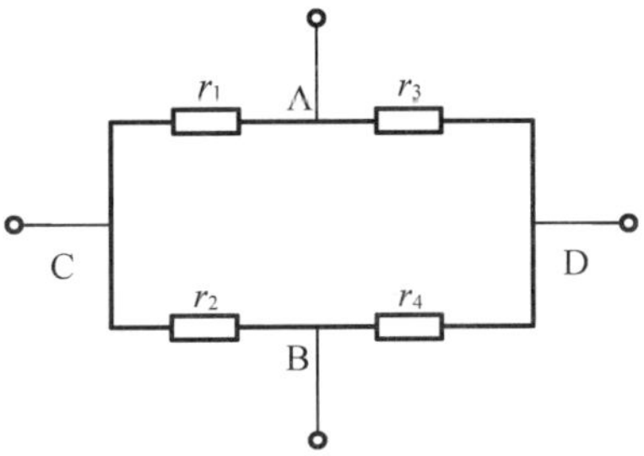

图 4.5　霍尔元件的等效电路

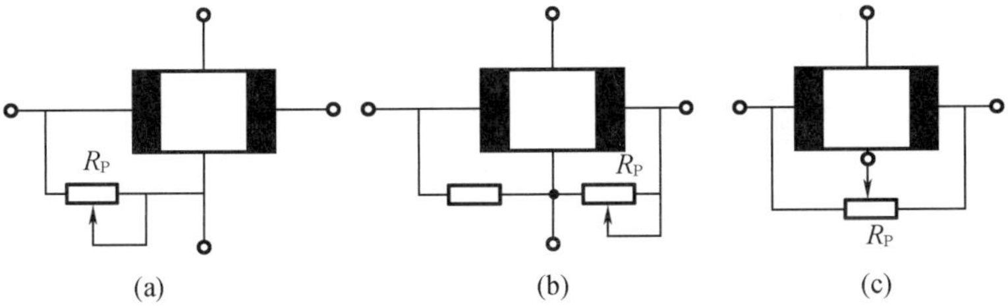

图 4.6　不等位电势补偿电路

4.2.2 霍尔元件温度补偿

霍尔元件是采用半导体材料制成的,因此这种元件的许多参数都具有较大的温度系数。当温度变化时,霍尔元件的载流子浓度、迁移率、电阻率都将发生变化,引起霍尔元件的输入电阻、霍尔系数和灵敏度 K_H 发生改变,从而使霍尔元件产生温度误差。

霍尔元件的灵敏度 K_H 是温度的函数,它与温度的关系可写成

$$K_H = K_{H0}(1 + \alpha\Delta T) \tag{4.12}$$

式中 K_{H0}——温度 T_0时的 K_H 值;

ΔT——温度变化量,$\Delta T = T - T_0$;

α——霍尔电势温度系数。

大多数霍尔元件的温度系数 α 是正值,因此灵敏度 K_H 随温度升高而增加。但由 $U_H = K_H IB$ 可看出,如果同时让激励电流 I 相应地减小,并能保持 $K_H I$ 乘积不变,也就抵消了灵敏系数 K_H 增加的影响。图 4.7 所示就是按此思路设计的一个补偿电路。电路中 I_s 为恒流源,分流电阻 R_P 与霍尔元件的激励电极相并联。当霍尔元件的输入电阻随温度升高而增加时,流过分流电阻 R_P 的电流 I_P 增大,减小了霍尔元件的激励电流 I_H 从而达到补偿的目的。

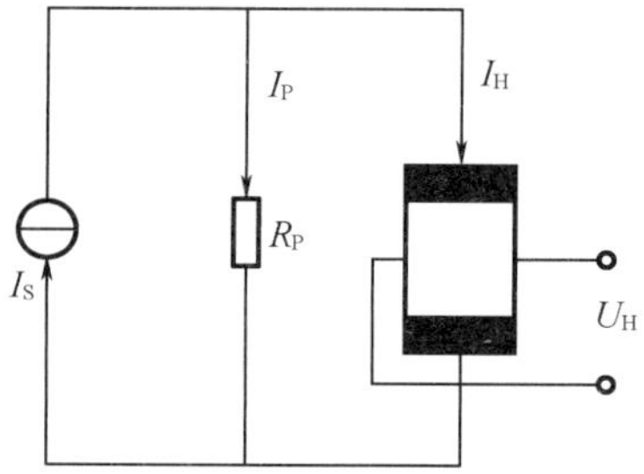

图 4.7 恒流温度补偿电路

在图 4.7 所示的温度补偿电路中,设初始温度为 T_0,霍尔元件输入电阻为 R_{i0},灵敏度系数为 K_{H0},分流电阻为 R_{P0},根据分流概念得

$$I_{H0} = \frac{R_{P0} I_s}{R_{P0} + R_{i0}} \tag{4.13}$$

当温度升至 T 时,电路中各参数变为

$$R_i = R_{i0}(1 + \delta\Delta T) \tag{4.14}$$

$$R_P = R_{P0}(1+\beta\Delta T) \tag{4.15}$$

式中　δ——霍尔元件输入电阻温度系数；

β——分流电阻温度系数。

因而

$$I_H = \frac{R_P I_s}{R_P + R_i} = \frac{R_{P0}(1+\beta\Delta T)I_s}{R_{P0}(1+\beta\Delta T) + R_{i0}(1+\delta\Delta T)} \tag{4.16}$$

补偿电路必须满足温升前后的霍尔电势不变，即 $U_{H0} = U_H$，则

$$K_{H0} I_{H0} B = K_H I_H B \tag{4.17}$$

则

$$K_{H0} I_{H0} = K_H I_H \tag{4.18}$$

将式(4.12)、式(4.13)、式(4.16)代入式(4.18)，经整理并略去 $\alpha\beta(\Delta T)^2$ 高次项后得

$$R_{P0} = \frac{(\delta - \beta - \alpha)R_{i0}}{\alpha} \tag{4.19}$$

当霍尔元件选定后，它的输入电阻 R_{i0}、温度系数 δ 及霍尔电势温度系数 α 是确定值。由式(4.19)即可计算出分流电阻 R_{P0} 及所需的温度系数 β 值。为了满足 R_{P0} 及 β 两个条件，分流电阻可取温度系数不同的两种电阻的串、并联组合，以达到更好的补偿效果。

4.3　集成霍尔传感器

随着微电子技术的发展，目前霍尔器件多已集成化。霍尔集成电路有许多优点，如体积小、灵敏度高、输出幅度大、温漂小、对电源稳定性要求低等。

霍尔集成电路可分为线性型和开关型两大类。线性型是将霍尔元件和恒流源、线性差动放大器等做在一个芯片上，输出电压为伏级，比直接使用霍尔元件方便得多。较典型的线性型霍尔器件有 UGN3501T 等。

图 4.8 所示为 UGN3501T 的外形尺寸及内部电路框图，图 4.9 所示为其输出特性曲线。当 UGN3501T 感受的磁场为零时，第 3 脚相对于第 2 脚的输出电压等于某一电压值；当感受的磁场为正向时，输出电压大于磁场为零时的输出电压；而当磁场为反向时，输出电压小于磁场为零时的输出电压。

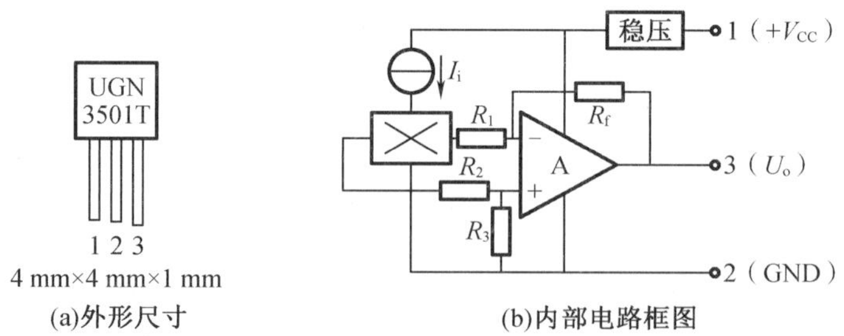

图 4.8　线性型霍尔集成电路(UGN3501T)

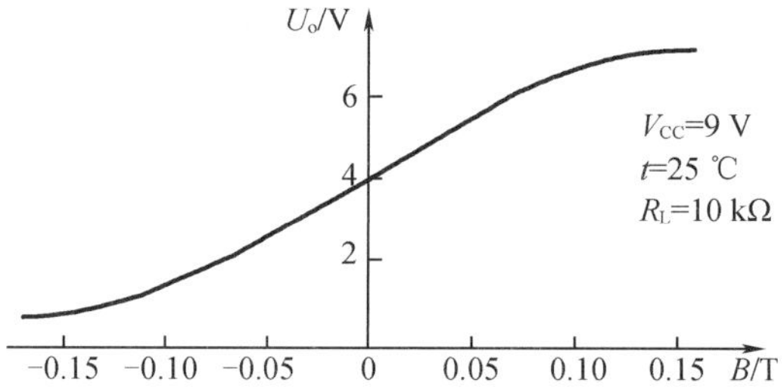

图 4.9　线性型霍尔集成电路的输出特性曲线(UGN3501T)

图 4.10、图 4.11 示出了具有双端差动输出线性型霍尔器件 UGN3501M 的外形、内部电路框图及其输出特性曲线。当 UGN3501M 感受的磁场为零时,第 1 脚相对于第 8 脚的输出电压等于零;当感受的磁场为正向(磁钢的 S 极对准 UGN3501M 的正面)时,输出电压为正;磁场为反向时,输出电压为负,因此使用起来更加方便。它的第 5、6、7 脚外接一只微调电位器后,就可以微调并消除不等位电势引起的差动输出零点漂移。

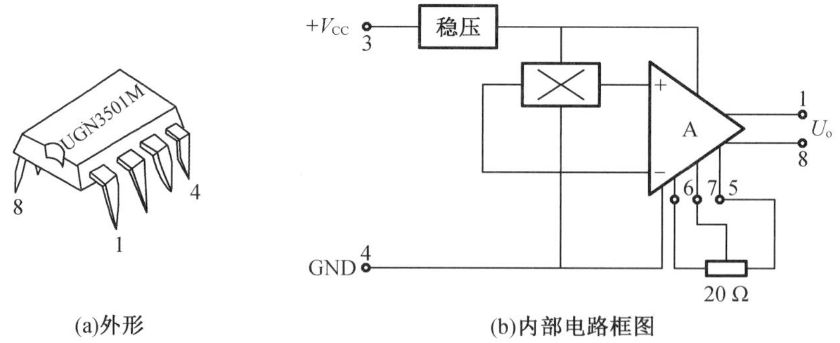

图 4.10　差动输出线性型霍尔集成电路(UGN3501M)

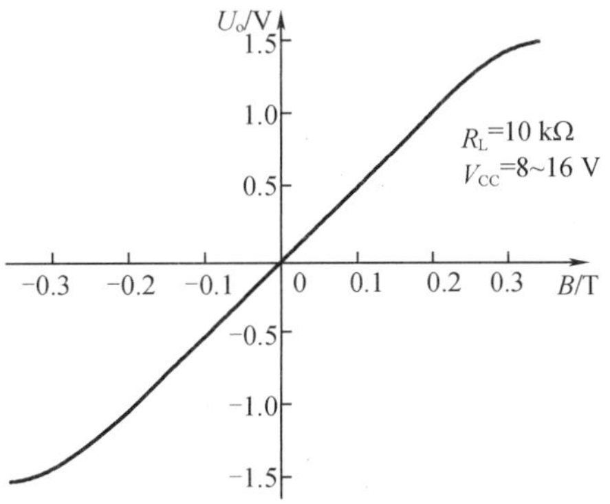

图4.11　差动输出线性型霍尔集成电路的输出特性曲线(UGN3501M)

开关型霍尔集成电路是将霍尔元件、稳压电路、放大器、施密特触发器、OC 门(集电极开路输出门)等电路做在同一个芯片上。当外加磁场强度超过规定的工作点时,OC 门由高阻态变为导通状态,输出变为低电平;当外加磁场强度低于释放点时,OC 门重新变为高阻态,输出高电平。这类器件中较典型的有 UGN3020、UGN3022 系列等。

图 4.12 所示为 UGN3020 的外形尺寸和内部电路框图,图 4.13 所示为输出特性曲线。

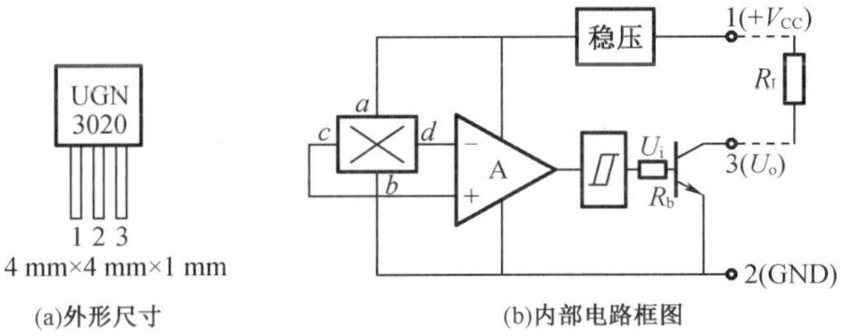

图 4.12　开关型霍尔集成电路(UGN3020)

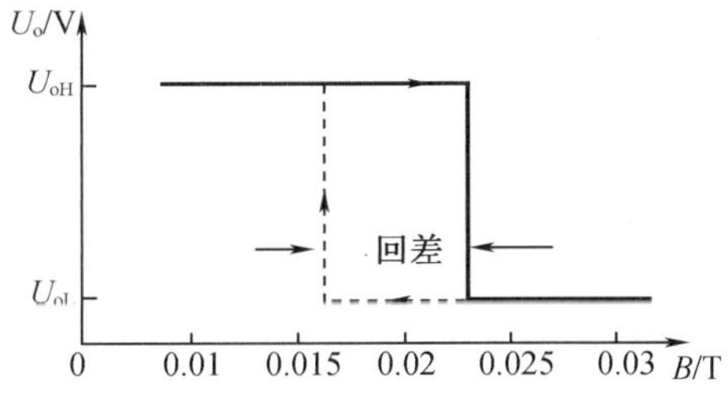

图 4.13　开关型霍尔集成电路的输出特性曲线(UGN3020)

4.4 机载应用案例

霍尔式传感器可应用于飞机燃油消耗量的测量，如叶轮式油量表（通常也叫耗量表）。它是利用叶轮把燃油的瞬时消耗量转换为叶轮的转速信号，然后对此转速信号进行积分，得到一段时间内的燃油消耗量，再从原有油量中减去该段时间内的消耗量，即得当前的剩余油量。叶轮式油量表的测量过程由叶轮、转速转换器、放大器和电磁计数器四部分来完成，其基本原理方框图如图 4.14 所示。

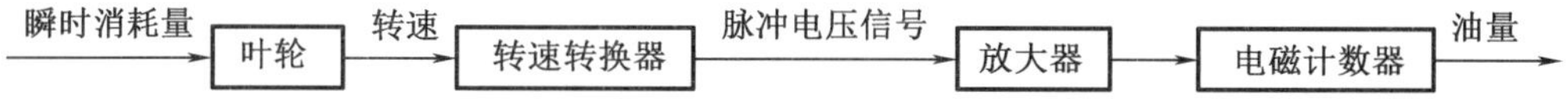

图 4.14　叶轮式油量表的基本原理方框图

转速转换器中一般可以选用干簧管，但由于是一种接触式的转速转换器，受灵敏度限制，可以换用非接触式的霍尔式传感器，它灵敏度高、可靠性强，输出脉冲信号的频率与被测流体流量成正比。

图 4.15 所示是霍尔式消耗量传感器的工作原理图，该消耗量传感器由叶轮、蜗杆、传动蜗轮、轴套，小磁铁和霍尔传感器组成。当流体流过管路时，推动叶轮转动；叶轮转动时，经蜗杆和传动蜗轮带动轴套上的小磁铁转动。当小磁铁靠近霍尔传感器时，霍尔传感器输出的霍尔电势增大；当小磁铁远离霍尔传感器时，霍尔传感器输出的霍尔电势减小，所以小磁铁每转一圈，霍尔传感器输出一个直流电脉冲信号。当流体的流量增加时，流速增大，叶轮的转速升高，经蜗杆和蜗轮减速后的轴套的转速也升高，使得单位时间内霍尔传感器输出的直流脉冲个数增多，即输出脉冲信号的频率增大，所以根据输出脉冲信号的频率即可知道所测流体的流量大小。如果对霍尔传感器输出的脉冲信号的频率进行积分，还可得到流体的消耗量。

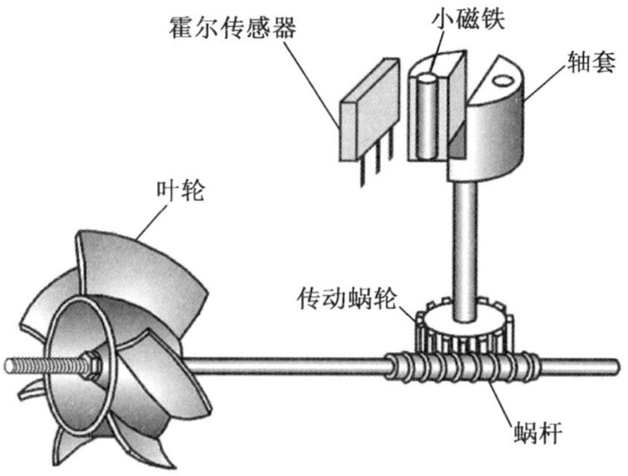

图 4.15　霍尔式消耗量传感器的工作原理图

第 5 章　光电式传感器

光电式传感器是将光信号转换成电信号的一种传感器。要将光信号转换成电信号,必须经过两个步骤:一是先将非电量的变化转换成光量的变化;二是通过光电式传感器的作用,将光量的变化转换成电量的变化。这样就实现了将非电量的变化转换成电量的变化。光电式传感器具有响应速度快、可靠性高、精度高、非接触式、结构简单等特点。

5.1　光电效应

光电元件的理论基础是光电效应。光可以被看作是由一连串具有一定能量的粒子(称光子)所构成的,每个光子具有的能量 E 正比于光的频率 ν。所以用光照射某一物体,就可看作该物体受到一连串能量为 E 的光子所轰击,而光电效应就是由于该物体吸收到光子能量 E 后产生的电效应。

5.1.1　外光电效应

在光线作用下,物体内的电子逸出物体表面向外发射的现象称为外光电效应。向外发射的电子叫作光电子。光子是具有能量的基本粒子,光照射物体时,可以看成具有一定能量的光子束轰击这些物体。每个光子具有的能量可由下式确定:

$$E = h\nu \tag{5.1}$$

式中　h——普朗克常量,$h = 6.626 \times 10^{-34}$ J · s;

ν——光的频率。

根据爱因斯坦假设:一个光子的能量只能给一个电子,要使电子逸出物体表面,需对其做功以克服对电子的约束。设电子质量为 m,电子逸出物体表面时的速度为 v_0,一个光电子逸出物体表面时具有的初始动能为 $mv_0{}^2/2$。根据能量守恒定律,光子能量与电子的动能有如下关系:

$$E = h\nu = \frac{1}{2}mv^2 + A_0 \tag{5.2}$$

式中　A_0——电子的逸出功。

如果光子的能量 E 大于电子的逸出功 A_0，超出的能量部分则表现为电子逸出的动能。电子逸出物体表面时产生光电子发射，并且光的波长越短，频率越高，能量越大。光电子能否逸出物体表面产生光电效应，取决于光子的能量是否大于该物体表面的电子逸出功。

不同的物质具有不同的电子逸出功，这表示每一种物质都有一个对应的光频阈值，称为红限频率或长波限。入射光频率如果低于红限频率，其能量不足以使电子逸出，光强再大也不会产生光电子发射；反之，入射光频率如果高于红限频率，即使光强很微弱也会有光电子射出。当入射光的频谱成分不变时，产生的光电流与光强成正比，光强越强，入射光子的数目越多，逸出的电子数目也就越多。由于光电子逸出物体表面具有初始动能，因此光电管（外光电元件）在不加阳极电压时也会有光电流产生，这时，为使光电流为零，必须给器件加反向的或负的截止电压。

5.1.2 内光电效应

光在半导体中传播时具有衰减现象，即产生光吸收。理想半导体在绝对温度时，价带完全被电子占满，价带的电子不能被激发到更高的能级导带，电子能级示意图如图 5.1 所示。当一定波长的光照射到半导体时，电子吸收足够能量的光子，从价带跃迁到导带形成电子 - 空穴对。

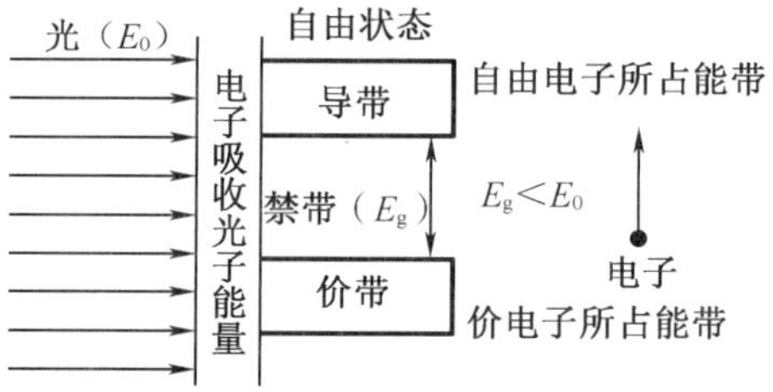

图 5.1　电子能级示意图

当光线照在物体上，使物体的电导率发生变化或产生光生电动势的现象叫作内光电效应，所以内光电效应又分为光电导效应和光生伏特效应。

1. 光电导效应

入射光强改变物质导电率的现象称为光电导效应。由于在入射光线作用下，电子吸收光子能量，电子从价带被激发到导带上，过渡到自由状态，同时价带也因此形成自由空穴，使导带的电子和价带的空穴浓度增大，电阻率减少。对于 PN 结来说，在入射光线作用下由于在 P 区和 N 区出现了电子 - 空穴对，增加了少数载流子的数量，使反向导电率提高。基于光电导效应的光电元件有光敏电阻、光敏二极管和光敏三极管。

2. 光生伏特效应

光照时物体中能产生一定方向电动势的现象称为光生伏特效应。光生伏特效应是半导体材料吸收光能后,在 PN 结上产生电动势的效应。基于光生伏特效应的器件有光电池。

5.2　光电元件及其测量电路

5.2.1　光敏电阻

1. 光敏电阻的工作原理

光敏电阻又称光导管,其结构及电路符号如图 5.2 所示。光敏电阻是在玻璃底板上涂一层对光敏感的半导体物质,两端装上金属电极与半导体层可靠接触,然后在半导体上覆盖一层漆膜或将半导体压入塑料封装体内,就制成了一只光敏电阻。

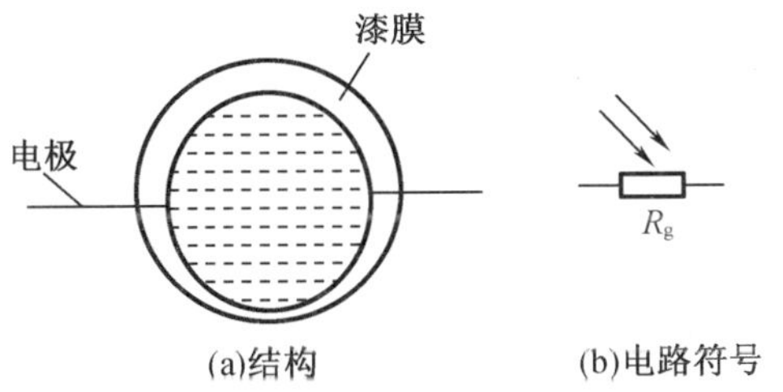

图 5.2　光敏电阻的结构及电路符号

光敏电阻的工作原理基于光电导效应。当无光照射时,光敏电阻具有很高的阻值;当光敏电阻受到一定波长范围的光照射时,光子的能量大于材料的禁带宽度,价带中的电子吸收光子能量后跃迁到导带,激发出可以导电的电子－空穴对,使电阻值减小;光照越强,激发出的电子－空穴对越多,电阻值越小;光照停止后,自由电子与空穴复合,导电性能下降,电阻恢复原值。

如果把光敏电阻 R_g 连接到图 5.3 所示电路中,在外加电压的作用下,回路中电流 I 随光敏电阻变化而变化,通过光照强弱可以改变电路中电流的大小。光敏电阻 R_g 在受到光照时,由于光电导效应使其导电性能增加,电阻值下降,流过负载电阻 R_L 的电流增加,引起输出电压变化。

2. 光敏电阻的主要参数和基本特性

(1)暗电阻、亮电阻与光电流

暗电阻、亮电阻与光电流是光敏电阻的主要参数。光敏电阻在未受到光照时的电阻为暗电阻，此时流过的电流为暗电流；在受到光照射时的电阻称为亮电阻，此时的电流称为亮电流。亮电流与暗电流之差称为光电流。

光敏电阻的暗电阻越大、亮电阻越小则性能越好。也就是说，暗电流小，亮电流大，光敏电阻的灵敏度就高。实际光敏电阻的暗电阻的阻值往往超过 1 MΩ，甚至超过 100 MΩ，而亮电阻的阻值即使在正常白昼条件下也可降到 1 kΩ 以下。暗电阻与亮电阻之比一般为 $10^2 \sim 10^6$，可见光敏电阻的灵敏度是相当高的。

(2)光敏电阻的光照特性

光敏电阻的光照特性用于描述光电流和光强度之间的关系，绝大多数光敏电阻光照特性曲线是非线性的，不同光敏电阻的光照特性是不同的。硫化镉光敏电阻的光照特性，即电流 I 和照度 Φ 之间的关系如图 5.4 所示。光敏电阻一般在自动控制系统中用作开关量光电信号器件，而不宜用作线性测量元件。

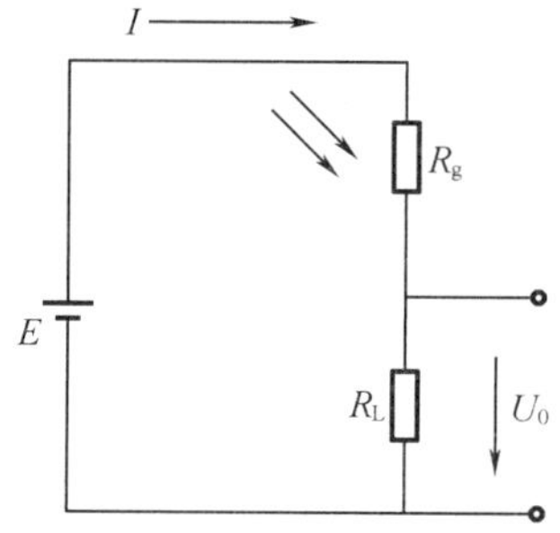

图 5.3　光敏电阻基本电路

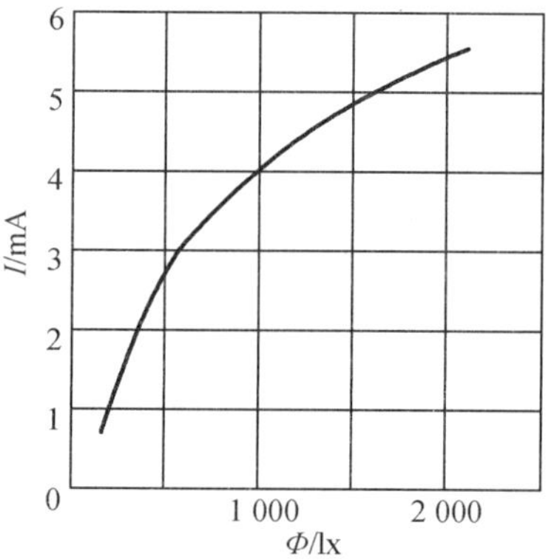

图5.4　硫化镉光敏电阻的光照特性曲线

(3)光敏电阻的伏安特性

在一定照度下，光敏电阻两端所加的电压与光电流之间的关系称为伏安特性。光敏电阻的伏安特性如图 5.5 所示。光敏电阻在照度一定的情况下，电压 U 越大光电流 I 越大。光敏电阻的伏安特性曲线不弯曲，无饱和趋势，但光敏电阻正常使用时也有最大额定功耗、最大工作电压和最大额定电流限制，使用时不能超过这些额定值。

(4)光敏电阻的光谱特性

光敏电阻的相对灵敏度(光谱灵敏度与最大光谱灵敏度之比)与入射波长的关系称为光谱特性。光敏电阻相对灵敏度与入射波长有关，对于不同的波长，光敏电阻的相对灵敏度是不同的。光敏电阻的光谱特性如图 5.6 所示。光敏电阻灵敏度与半导体掺杂的材料有关，不同材料的光敏电阻相对灵敏度峰值位置波长不同。几种材料的光敏电阻相对灵敏度如表 5.1 所示。

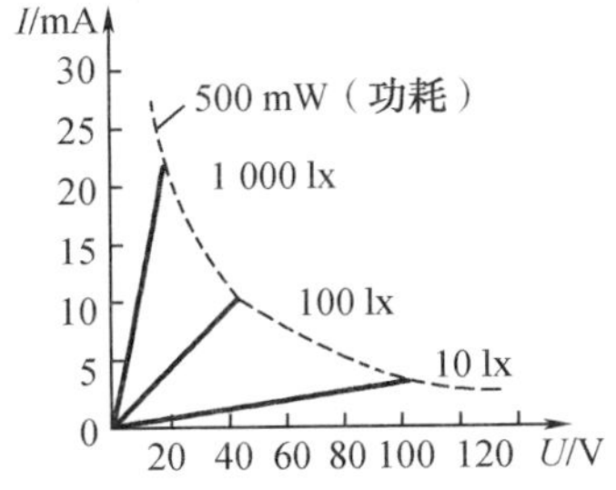

图 5.5　光敏电阻的伏安特性

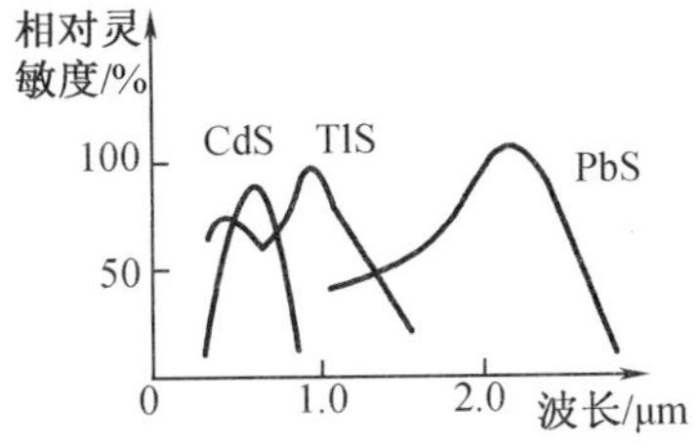

图 5.6　光敏电阻的光谱特性

表 5.1　不同材料的光敏电阻相对灵敏度

光敏电阻掺杂材料	相对灵敏度峰值位置波长/μm
硫化镉（CdS）	0.3 ~ 0.8
硫化铊（TlS）	0.8 ~ 1.2
硫化铅（PbS）	1.0 ~ 3.5
锑化铟（InSb）	1.0 ~ 7.3

（5）光敏电阻的温度特性

光敏电阻的温度特性与光电导材料有密切关系，不同材料的光敏电阻有不同的温度特性。温度变化将影响光敏电阻的灵敏度、暗电流和光谱响应。硫化铅光敏电阻的温度特性曲线如图 5.7 所示。随着温度的上升，其光谱响应曲线向左（即短波的方向）移动。因此，要求硫化铅光敏电阻在低温、恒温的条件下使用。

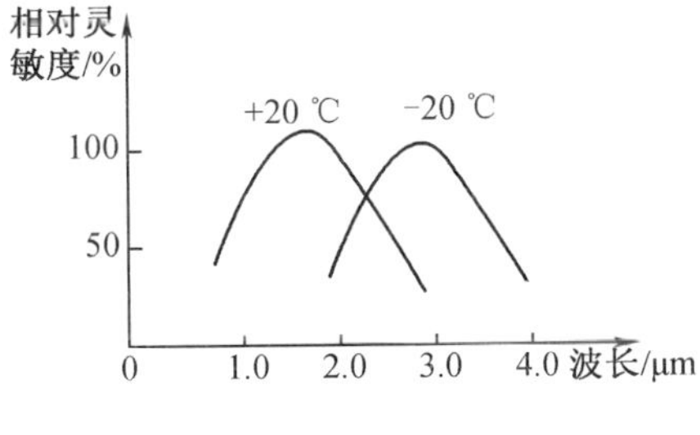

图 5.7　硫化铅光敏电阻的温度特性曲线

5.2.2　光敏二极管和光敏三极管

光敏晶体管工作原理主要基于光电导效应。光敏晶体管是重要的光敏器件，与光敏电阻相比有许多优点，尤其是光敏二极管，其响应速度快、灵敏度高、可靠性高，广泛应用于可见光和远红外探测及自动控制、自动报警、自动计数装置等。

1. 光敏二极管和光敏三极管的工作原理

(1)光敏二极管的工作原理

光敏二极管的结构与普通半导体二极管在结构上是类似的。图5.8所示是光敏二极管的结构图。在光敏二极管管壳上有一个能射入光线的玻璃透镜,入射光通过玻璃透镜正好照射在管芯上。光敏二极管的管芯是一个具有光敏特性的PN结,它被封装在管壳内。光敏二极管管芯的光敏面是通过扩散工艺在N型单晶硅上形成的一层薄膜。光敏二极管的管芯以及管芯上的PN结面积做得较大,而管芯上的电极面积做得较小,PN结的结深比普通半导体二极管做得浅,这些结构上的特点都是为了提高光电转换的能力。另外,与普通的硅半导体二极管一样,光敏二极管在硅片上也有一层SiO_2保护层,它把PN结的边缘保护起来,从而提高了管子的稳定性,减小了暗电流。

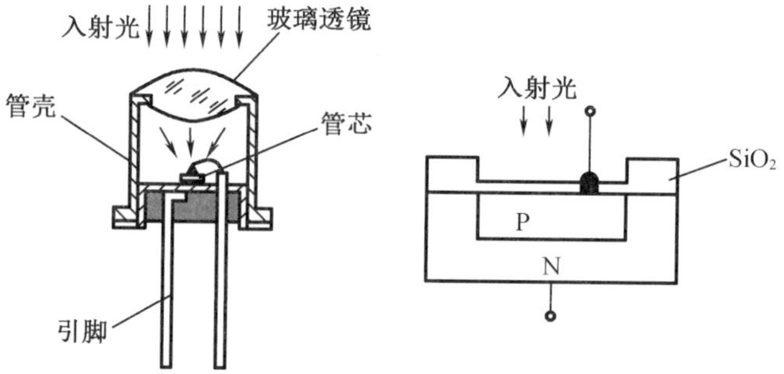

图5.8 光敏二极管的结构

光敏二极管和普通半导体二极管一样,它的PN结具有单向导电性,因此光敏二极管工作时应加上反向电压,如图5.9所示。当无光照时,处于反向偏压的光敏二极管工作在截止状态,这时只有少数载流子在反向偏压的作用下,越过阻挡层形成微小的反向电流,即暗电流,如图5.10所示。反向电流小的原因是:在PN结中,P型中的电子和N型中的空穴很少。

当光照射在PN结上时,PN结附近受光子轰击,吸收其能量而产生电子-空穴对,使得P区和N区的少数载流子浓度增加,在外加反向偏压和内电场的作用下,P区的少数载流子越过阻挡层进入N区,N区的少数载流子越过阻挡层进入P区,从而使通过PN结的反向电流增加,形成光电流I_{Φ}。光电流流过负载电阻R_L时,在电阻两端得到随入射光变化的电压信号U_o。

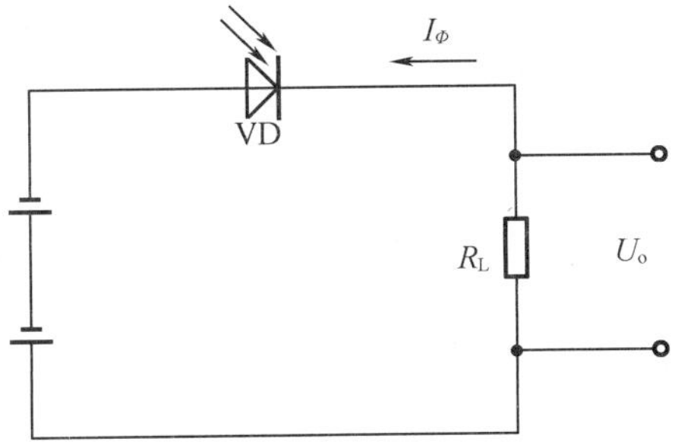

图 5.9　光敏二极管电路(1)

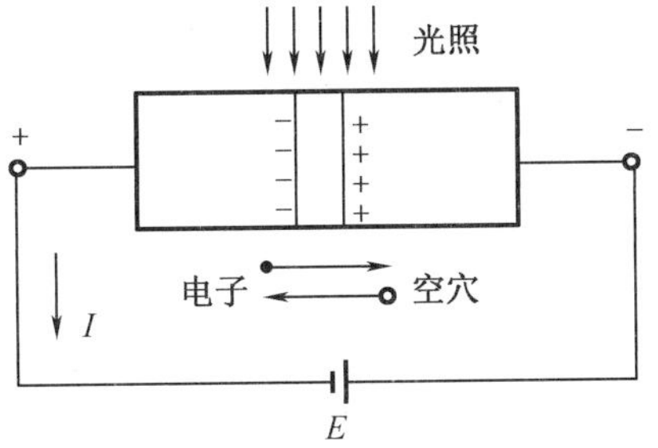

图 5.10　光敏二极管电路(2)

(2)光敏三极管的工作原理

光敏三极管是具有 NPN 或 PNP 结构的半导体管,它在结构上与普通半导体三极管类似,光敏三极管的结构如图 5.11 所示。为适应光电转换的要求,它的基区面积做得较大,发射区面积做得较小,入射光主要被基区吸收。和光敏二极管一样,光敏三极管的芯片被装在带有玻璃透镜的金属管壳内,当光照射时,光线通过透镜集中照射在芯片上。

将光敏三极管接在如图 5.12 所示的电路中,光敏三极管的集电极 c 接正电压,其发射极 e 接负电压。当无光照射时,流过光敏三极管的电流,就是正常情况下光敏三极管集电极与发射极之间的穿透电流,它也是光敏三极管的暗电流。

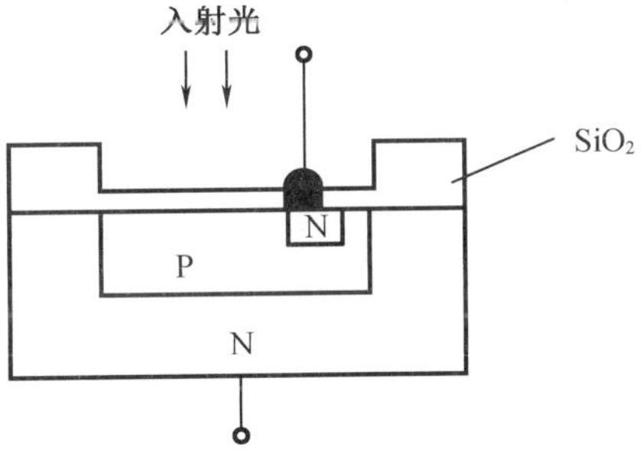

图 5.11　光敏三极管的结构

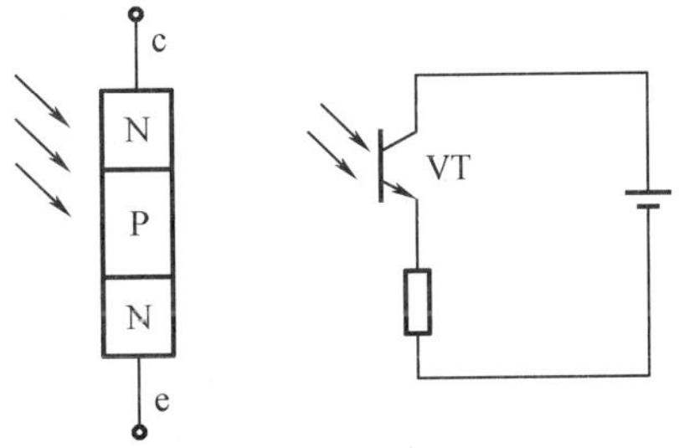

图 5.12　光敏三极管电路

当光线通过透明窗口照射集电结时,产生电子－空穴对,在外加反偏电压和内电场的作用下,基区的少数载流子(电子)越过阻挡层进入集电区,集电区的少数载流子(空穴)越过阻挡层进入基区,形成集电结光电流,这部分电流的产生原理与光敏二极管相同。与此同时,由于基区中空穴的积累,使得发射结的势垒降低,相当于基极与发射极间的电压升高,这时发射区的多数载流子(电子)将大量注入基区,由于基区很薄，只有一小部分从发射区注入的电子与基区的空穴复合，而大部分电子在集电结反向电场的作用下流向集电区，形成集电极电流 I_c，这个集电极电流 I_c 与集电结光电流之和即是光敏三极管在某一照度下的输出电流，即光敏三极管的光电流。

2. 光敏二极管和光敏三极管的基本特性

(1) 光照特性

光照特性是指光敏管的输出光电流与照度的对应关系。

图 5.13 所示是硅光敏二极管在小负载电阻下的光照特性。可见，光敏二极管的光电流 I 与照度 Φ 呈线性关系。

光敏三极管的光照特性如图 5.14 所示，从图中可以看出光照度 Φ 越大，产生的光电流 I_o 越强。

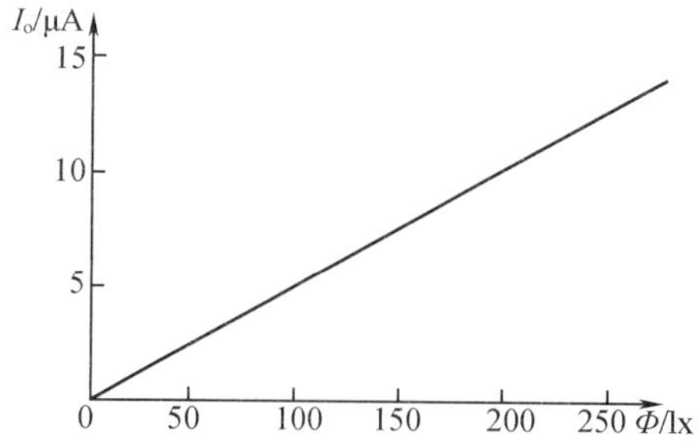

图 5.13　硅光敏二极管的光照特性

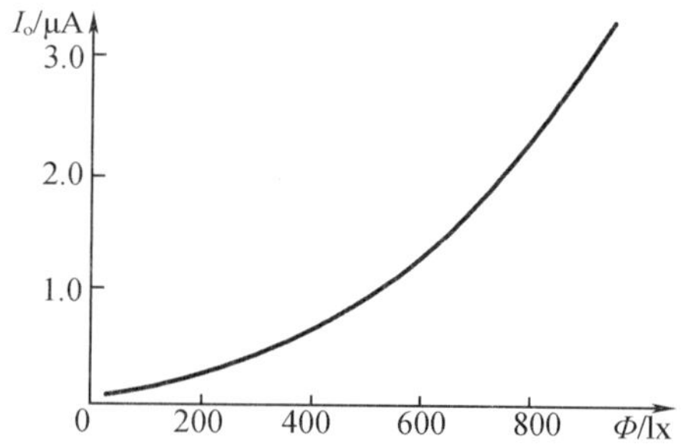

图 5.14　光敏三极管的光照特性

(2) 光谱特性

图 5.15 所示为硅光敏二极管的光谱特性。硅光敏二极管峰值波长在 910 nm（可见光）附近时相对灵敏度最大，当入射波长 $\lambda > 910$ nm 时，因波长变长，光子能量减小，产生的电子－空穴对减少，灵敏度响应下降。对于相同材料，由于波长短的光穿透深度小，使光电流减小，因此当入射波长 $\lambda < 910$ nm 时，响应也逐渐下降。

光敏三极管的光谱特性如图 5.16 所示。由曲线可以看出，硅材料的光敏管峰值波长在 0.91 μm（可见光）附近时灵敏度最大，锗材料的光敏管峰值波长在 1.5 μm（红外光）附近时灵敏度最大，当入射光的波长增加或减少时，相对灵敏度下降。一般情况下，锗管的暗电流较大，因此性能较差，所以在可见光或探测赤热状物体时，大多都用硅管，但对红外光进行探测时用锗管较适宜。

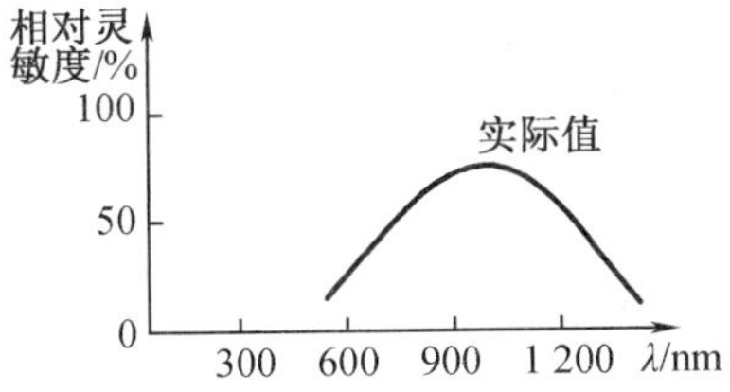

图 5.15　光敏二极管的光谱特性

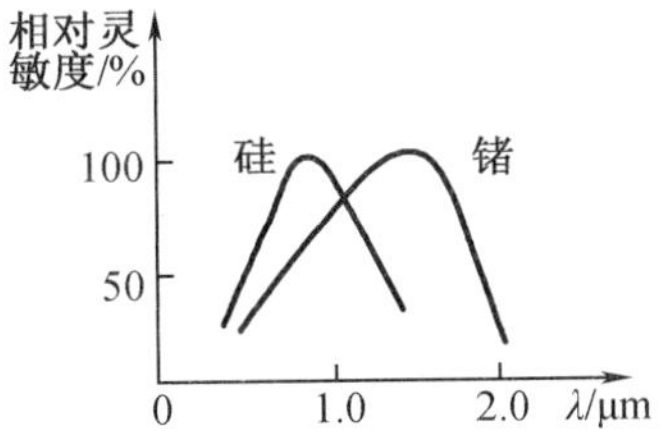

图5.16　光敏三极管的光谱特性

(3)伏安特性

伏安特性是指在照度一定的条件下,光敏管的光电流与外加电压之间的关系。

光敏二极管的反向偏压伏安特性如图 5.17 所示。当反向偏压较低时,光电流随电压变化比较敏感,这是由于反向偏压加大了耗尽层的宽度和电场强度。随着反向偏压的加大,对载流子的收集达到极限,光生电流趋于饱和,这时光生电流与所加偏压几乎无关,只取决于光照强度。

光敏三极管的伏安特性如图 5.18 所示。与二极管相比,由于光敏三极管的放大作用,在同样照度下,其光电流比相同管型光敏二极管的光电流大上百倍。

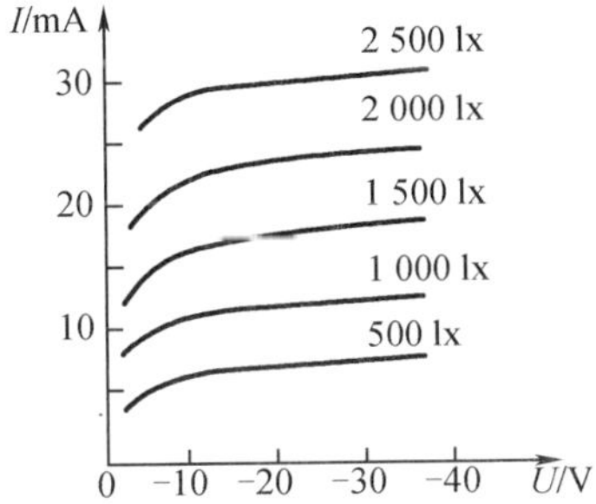

图 5.17　光敏二极管的反向偏压伏安特性

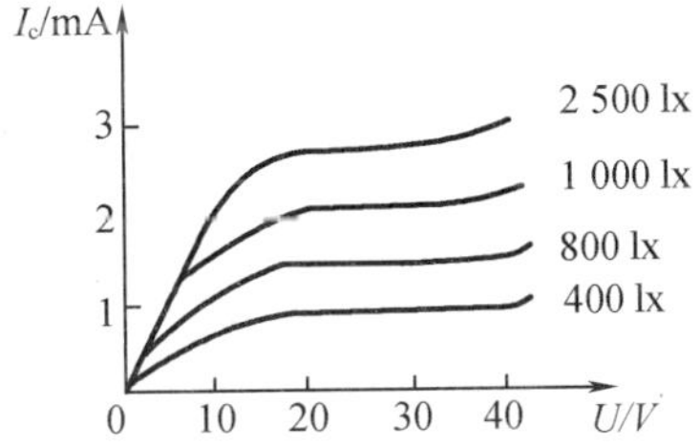

图 5.18　光敏三极管的伏安特性

(4)温度特性

光敏二极管温度特性是指暗电流、亮电流与温度的关系。温度变化对光敏二极管的暗电流影响十分明显,如图 5.19 所示。光敏二极管在高照度下工作时,由于亮电流比暗电流大得多,因此温度影响相对来说比较小。但是在低照度下工作时,因为亮电流较小,暗

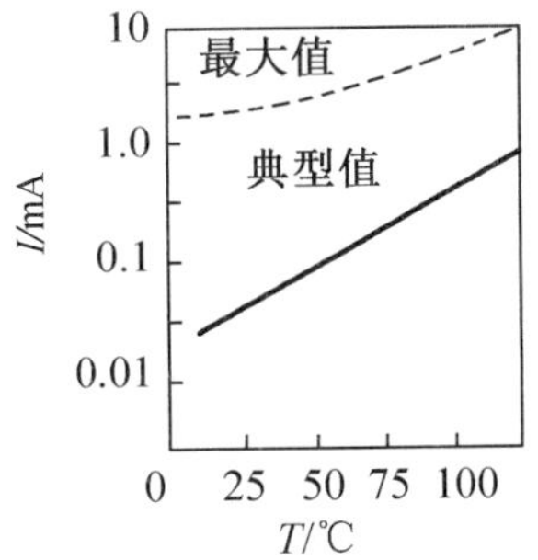

图 5.19　光敏二极管暗电流与温度的关系

电流随温度的变化就会严重影响输出信号的温度稳定性。因此,使用时在测量电路中应采取适当的补偿措施。另外由于硅光敏二极管的暗电流比锗管的小几个数量级,因此应尽可能选用硅光敏二极管。

光敏三极管的温度特性如图 5.20 所示。温度对亮电流影响较小,对暗电流(无光照)影响较大,在电路中应对暗电流进行温度补偿。

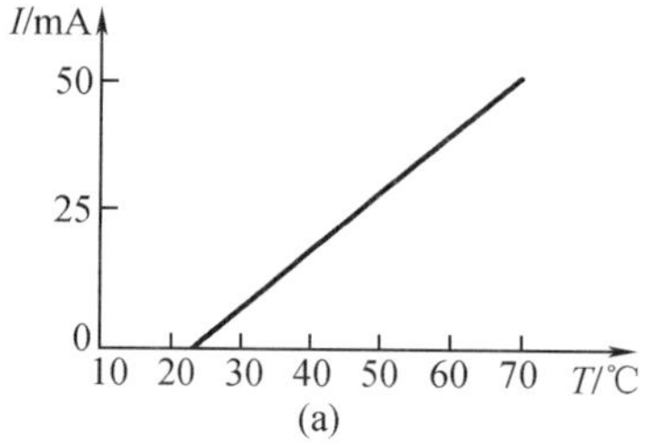

图 5.20　光敏三极管的温度特性

(5)频率响应

光敏管的频率响应是指在一定频率的调制光照射时,光敏管输出的光电流随频率的变化关系。

光敏二极管的频率特性是半导体光电元件中最好的一种,普通光敏二极管频率响应时间达 10 μs,光敏二极管的频率响应曲线如图 5.21 所示。光敏三极管的频率响应特性受负载电阻的影响,图 5.22 所示为光敏三极管的频率响应曲线,减小负载电阻 R_L 可以提高频率响应范围,但输出电压响应也随之减小。

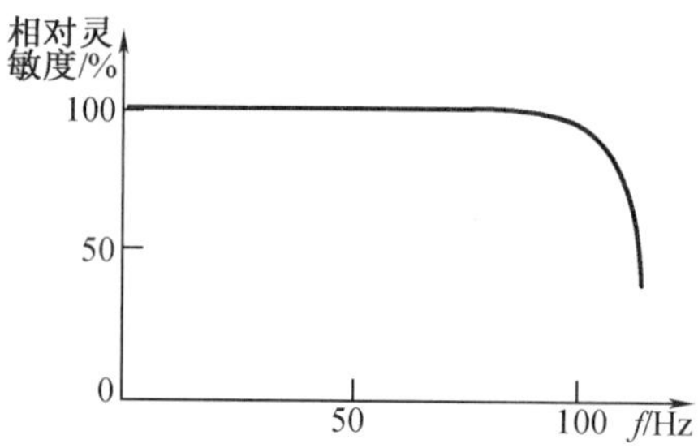

图 5.21　光敏二极管的频率响应曲线

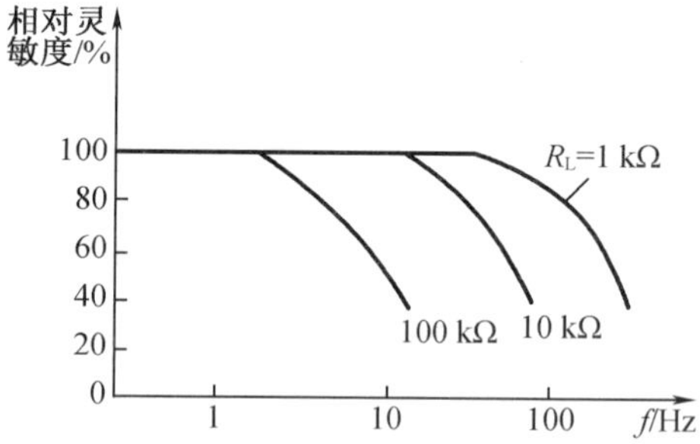

图 5.22　光敏三极管的频率响应曲线

5.2.3　光电池

光电池工作原理也是基于光生伏特效应,光电池是可直接将光能转换成电能的器件,是典型的有源器件,在有光线作用时就是电源。由于光电池常用于将太阳能转换为电能,因此又称为太阳能电池,广泛用于宇航电源。另外,还有一类应用于检测和自动控制等设备中。

1. 光电池的工作原理

光电池种类很多,有硒光电池、锗光电池、硅光电池、硫化砣光电池、砷化镓光电池、氧化铜光电池等。其中硅光电池的转换效率高、价格低廉、寿命长,是使用最广泛的一种光电池。另外,硒光电池虽然转换效率低、寿命短,但光谱响应与人眼的视觉范围相符,适于接收可见光,所以是很多分析仪器和测量仪表的常用器件。砷化镓光电池光谱响应与太阳光谱吻合,耐高温、耐宇宙射线,是宇航光电池首选材料。

2. 光电池的结构及原理

光电池是在光线照射下,直接将光能量转换为电动势的光电元件,实质上它就是电压源,基于光生伏特效应原理制成。硅光电池是在一块 N 型硅片上,用扩散的方法掺入一些 P 型杂质(如硼)形成 PN 结,如图 5.23 所示。

入射光照射在 PN 结上时,若光子能量大于半导体材料的禁带宽度,则在 PN 结内产生电子 - 空穴对,在内电场的作用下,空穴移向 P 型区,电子移向 N 型区,使 P 型区带正电,N 型区带负电,因而 PN 结产生电动势。如果在两级间串接负载电阻 R_L,则在电路中便产生电流,如图 5.24 所示。

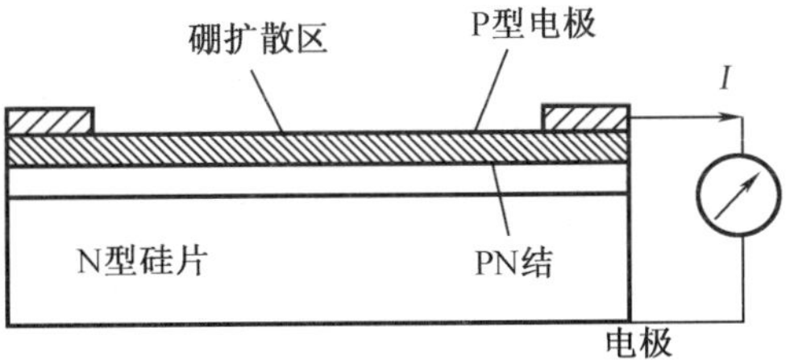

图 5.23　硅光电池结构示意图

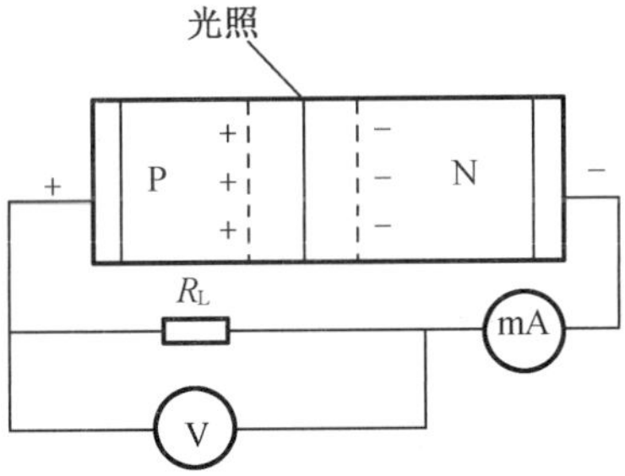

图 5.24　硅光电池原理

3. 光电池的基本特性

(1)光照特性

光电池的光照特性如图 5.25 所示,该特性主要由短路电流 I_{sc}、开路电压两个特征描述。从特性曲线可以看出，短路电流与光照度 Φ 成正比，有较好的线性关系，而开路电压随光照度的变化是非线性的。

短路电流 I_{sc} 是指外接负载电阻 R_L 相对于光电池内阻很小时的光电流值。短路电流 I_{sc} 与照度 Φ 之间的关系称为短路电流曲线，短路电流曲线在很大范围内与光照度呈线性关系，因此光电池作为测量元件使用时，一般不作电压源使用，而作为电流源使用。

光生电动势 U_{oc} 与照度 Φ 之间的关系为开路电压曲线，开路电压与光照度关系呈非线性关系，在照度为 2 000 lx 以上趋于饱和，但曲线上升部分灵敏度高，此时光电池适于作开关元件。

实验证明，负载电阻 R_L 越小，曲线线性越好，线性范围越宽，图 5.26 所示为光电池在不同负载时的光照特性曲线。通常情况下选择负载电阻在 100 Ω 以下为好，此时光电池可作为线性检测元件。

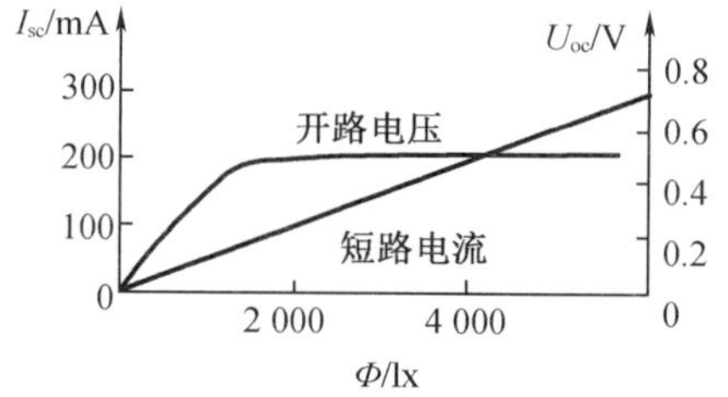

图 5.25　光电池的光照特性

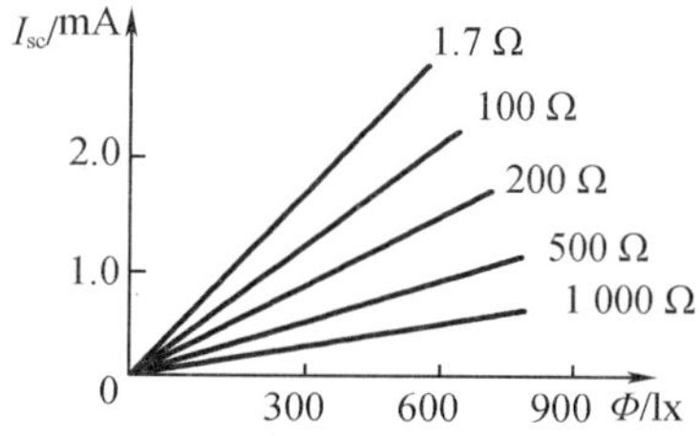

图 5.26　光电池在不同负载时的光照特性曲线

(2)光谱特性

光电池对不同波长的光灵敏度也是不同的，图 5.27 所示分别为硅光电池、硒光电池的光谱特性曲线。由图可见，不同材料的光电池光谱响应的最大灵敏度峰值所对应的入射波长不同，硅光电池的光谱响应峰值在 0.81 μm 附近，波长范围在 0.4 ~1.2 μm，硒光电池光谱响应峰值在 0.5 μm 附近，波长范围 0.38 ~0.75 μm。其中硅光电池适于接收红外光，可以在较宽的波长范围内应用。

(3)频率特性

光电池频率特性是指相对灵敏度(或相对输出电流)与光的调制频率之间的关系。从图 5.28 可见，硅、硒光电池的频率特性大不相同，硅光电池有较好的频率响应特性，这是它最为突出的优点。在一些测量系统中，光电池常作为接收器件，测量调制光(明暗变化)的输入信号，所以高速计数器的转换一般采用硅光电池作为传感器元件。

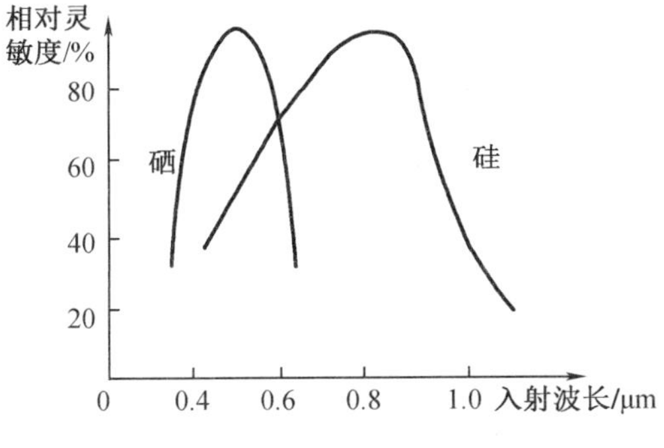

图 5.27　光电池的光谱特性曲线

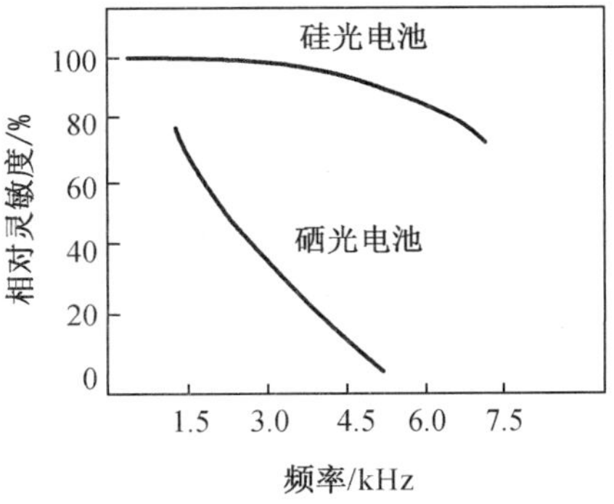

图 5.28　光电池频率特性

5.2.4　光电元件的测量电路

由光源、光学通路和光电元件组成的光电传感器在用于光电检测时,还必须配备适当的测量电路。测量电路能够把光电元件的输出信号转换成所需要的电压或电流。不同的光电元件,所要求的测量电路也不相同。下面介绍几种半导体光电元件常用的测量电路。

半导体光敏电阻可以通过较大的电流,所以在一般情况下,无需配备放大器。在要求较大的输出功率时,可用图 5.29 所示的电路。

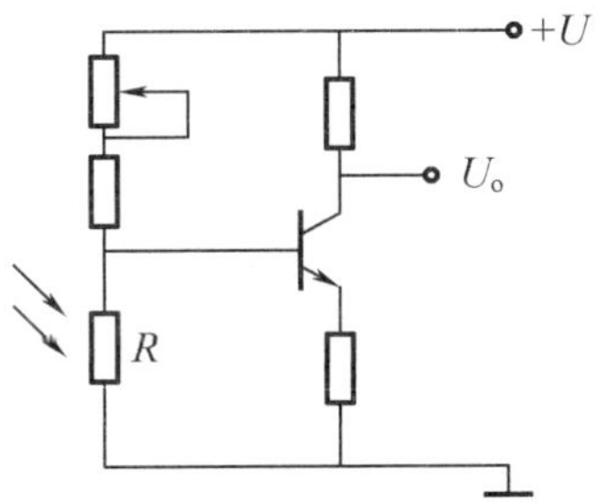

图 5.29　光敏电阻测量电路

图 5.30(a)给出了带有温度补偿的光敏二极管桥式测量电路。由于温度的变化将造成电桥输出电压的漂移,必须进行补偿。图中一个光敏二极管作为检测元件,另一个装在暗盒里,置于相邻桥臂中,温度的变化对两只光敏二极管的影响相同,因此,可消除桥路输出随温度的漂移。

光敏三极管在低照度入射光下工作时,或者希望得到较大的输出功率时,可以配备放大电路,如图 5.30(b)所示。

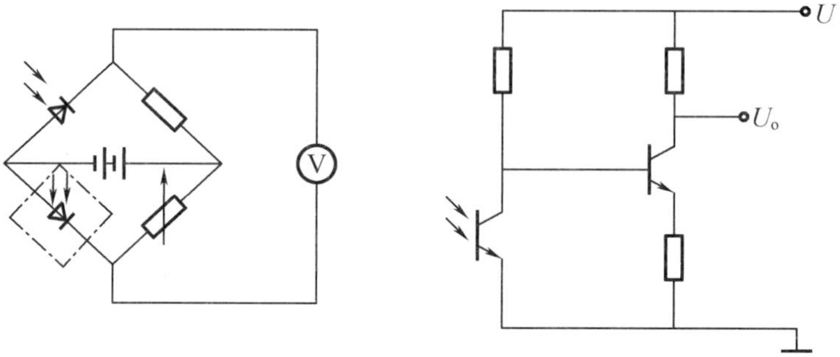

(a)光敏二极管桥式测量电路　　(b)光敏三极管测量电路

图 5.30　光敏晶体管测量电路

由于光电池即使在强光照射下,最大输出电压也仅有 0.6 V,还不能使下一级晶体管有较大的电流输出,故必须加正向偏压,如图 5.31(a)所示。或者像图 5.31(b)所示的那样利用锗二极管产生的正向压降和光电池受到光照时产生的电压叠加,使硅管 e、b 极间电压大于 0.7 V,而导通工作。这种情况下也可以使用硅光电池组,如图 5.31(c)所示。

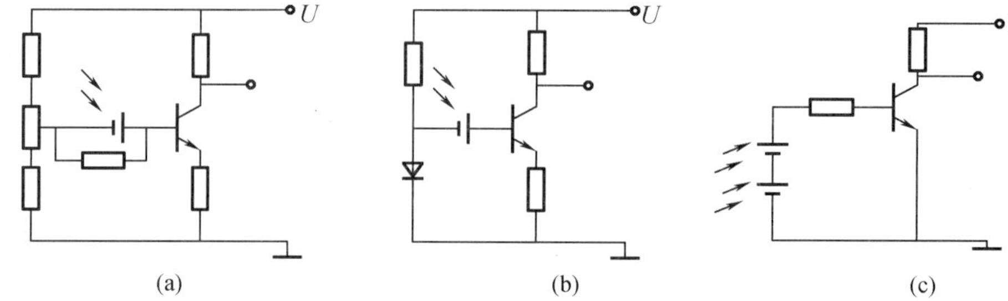

(a)　　(b)　　(c)

图 5.31　光电池测量电路

半导体光电元件的光电转换电路也可以使用集成运算放大器。硅光敏二极管通过集成运放可得到较大输出幅度,如图 5.32(a)所示。当光照产生的光电流为 I_Φ 时,输出电压 $U_o = I_\Phi R_f$(R_f 为反馈电阻)。为了保证光敏二极管处于反向偏置,在它的正极要加一个负电压。图 5.32(b)给出了硅光电池的光电转换电路,由于光电池的短路电流和光照呈线性关系,因此将它接在运放的正、反相输入端之间,利用这两端电位差接近于零的特点,可以得到较好的效果。在图中所示条件下,输出电压 $U_o = 2I_\Phi R_f$。

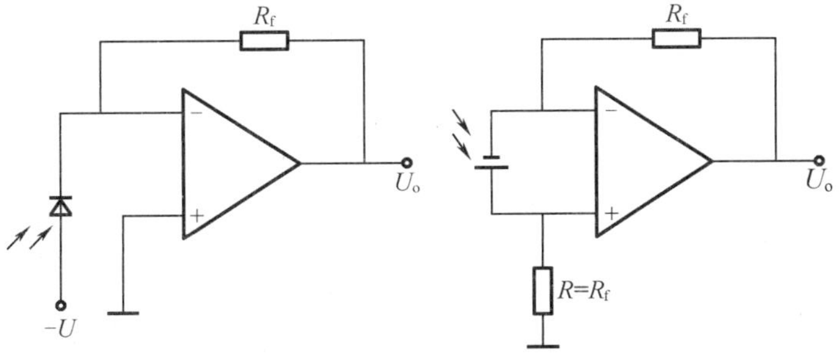

(a)硅光敏二极管放大电路　　(b)硅光电池放大电路

图 5.32　使用集成运算放大器的光敏元件放大电路

5.3　机载应用案例

5.3.1　座舱仪表照明自动控制器

图 5.33 所示为座舱仪表照明自动控制器原理图,VD 为光敏二极管。当座舱光线变暗时,流过光敏二极管 VD 的电流逐渐变小,三极管基极电位抬高。当光线暗到一定程度,就会使 V_1 饱和导通,V_2 截止,继电器 K 线圈失电,其常闭触点 K_1 闭合,仪表照明灯点亮。当座舱光线变亮时,流过光敏二极管 VD 的电流逐渐增大,三极管基极电位降低。当光线亮到一定程度,就会使 V_1 截止,V_2 饱和导通,继电器 K 线圈带电,其常闭触点 K_1 断开,仪表照明灯熄灭,这样便实现了座舱仪表照明的自动控制。

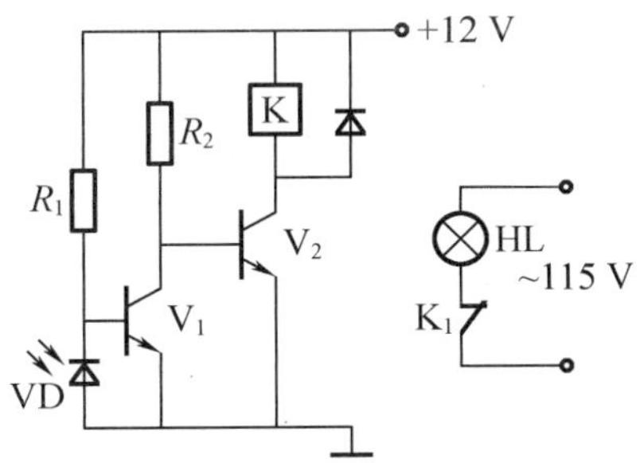

图 5.33　座舱仪表照明自动控制器原理图

5.3.2 光电式数字转速表

在航空上,转速信号是衡量发动机工作状态的一个重要参数。图5.34所示是光电式数字转速表的工作原理图。在电动机的转轴上安装一个具有均匀分布齿轮的调制盘,当电动机转轴转动时,将带动调制盘转动,发光二极管发出的恒定光被调制成随时间变化的调制光,透光与不透光交替出现,光敏管将间断地接收透射光信号,输出电脉冲。脉冲信号经放大以后,再经计数器,即可得到转速。

光电式数字转速表的优点是精度高、稳定性高;其缺点是输出带宽窄,若要测量发动机全频带转速有些困难。

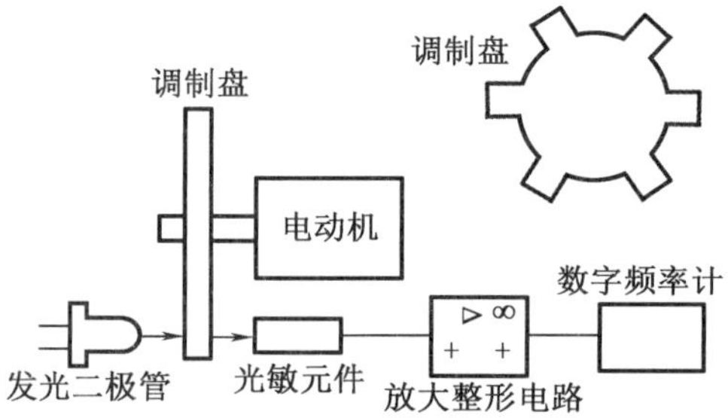

图5.34 光电式数字转速表工作原理图

5.3.3 航向陀螺水平修正器

航向陀螺可以测量并输出飞机的航向信号,在航空上应用非常广泛,为保证其正常工作,陀螺自转轴应处于水平方向,此工作由水平修正器来完成。基于光电敏感元件的水平修正器原理如图5.35所示。光电敏感元件由光电池、小灯泡和环状光栅组成,两个光电池反向串联。小灯泡和光电池均固装在外框上,而环状光栅固装在内环上,环状光栅的圆环壁处在小灯泡和光电池之间的位置。

假设航向陀螺外框轴始终处于地垂方向。若自转轴与外框轴垂直(自转轴水平),则光源透过光栅正照在两个光电池上的照射面积相等,两个光电池上产生的电压相等,因反向串联,输出端无电势信号输出,水平修正电机不产生修正力矩,自转轴保持水平位置。

若自转轴偏离外框轴的垂直位置(偏离水平),则光源透过光栅正照在两个光电池上的照射面积不等,两个光电池上产生的电压不等,输出端有电势信号输出,水平修正电机产生修正力矩,自转轴将进动回水平位置。

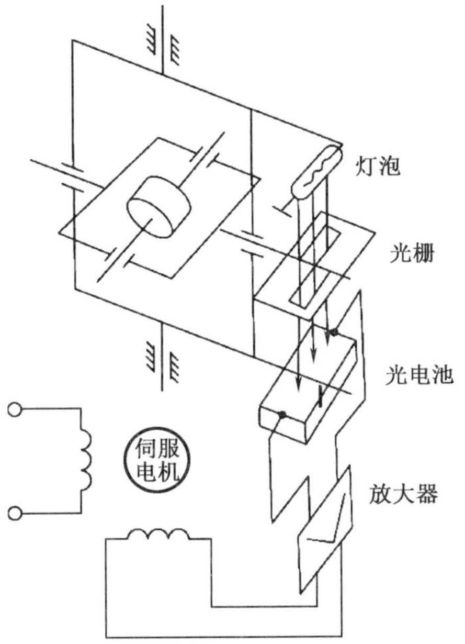

图5.35 水平修正器原理

基于光敏元件的航向陀螺水平修正器,其优点是精度高、工作稳定、不受飞机机动影响;其缺点是它实质是垂直修正,陀螺外框轴必须保持地垂,若陀螺外框轴偏离地垂方向,经水平修正后,航向信号输出将产生误差。

第 6 章　电阻式传感器

电阻式传感器是一种应用较早的电参数传感器，它的种类繁多，应用十分广泛。其基本原理是将被测物理量的变化转换成与之有对应关系的电阻值的变化，再经过相应的测量电路后，反映出被测量的变化。电阻式传感器结构简单、线性和稳定性较好，与相应的测量电路可组成测力、测压、称重、测位移、测加速度、测扭矩等检测系统，已成为生产过程检测及实现生产自动化不可或缺的手段之一。电阻式传感器按其工作原理可分为压阻式传感器、电位器式传感器和应变式传感器三种，这里主要介绍航空上应用比较广泛的压阻式传感器和电位器式传感器。

6.1　压阻式传感器

金属丝式和箔式电阻应变片的性能稳定、精度较高，至今仍在不断地改进和发展中，并在一些高精度应变式传感器中得到了广泛的应用。这类传感器的主要缺点是应变丝的灵敏度系数小，为了改进这一不足，在 20 世纪 50 年代末出现了半导体应变片。应用半导体应变片制成的传感器称为压阻式传感器。

压阻式传感器具有高灵敏度、高分辨率、体积小、工作频带宽及测量电路与传感器一体化等优点。测量压力时，对于一两毫米水柱①的微压，压阻式传感器也能反应，可见其分辨力之高。同时，频率响应高也是压阻式传感器的一个突出优点。

6.1.1　压阻式传感器的工作原理

固体受到作用力后，电阻率就要发生变化，这种现象称为压阻效应。所有材料在某种程度都呈现压阻效应，但在半导体材料中，这种效应特别显著。

金属应变片发生应变以后，使导体的几何尺寸发生改变，因而阻值发生变化，对半导体来说，它的电阻值取决于有限数目的载流子 - 空穴和电子的迁移。加在

---

① 1 毫米水柱（mmH_2O）=9.806 65 Pa。

一定晶向上的外界应力，引起半导体能带的变化，使载流子的迁移率产生变化，从而使半导体电阻率产生相应的变化。

根据欧姆定律，对于导体或半导体材料，其电阻值 R 可表示为

$$R = \rho L/A \tag{6.1}$$

微分后得

$$\frac{dR}{R} = \frac{d\rho}{\rho} + (1 + 2\mu)\frac{dL}{L} \tag{6.2}$$

引用 $\frac{d\rho}{\rho} = \pi\sigma$，则式(6.2)可写成

$$\frac{dR}{R} = \pi\sigma + (1 + 2\mu)\frac{dL}{L} = (\pi E + 1 + 2\mu)\varepsilon = K\varepsilon \tag{6.3}$$

式中　K——灵敏度系数，$K = \pi E + 1 + 2\mu$。

对于金属来说，πE 很小，可以忽略不计，而泊松比 $\mu = 0.25 \sim 0.5$，故金属丝的灵敏度系数可近似为

$$K_0 = 1 + 2\mu \approx 1.5 \sim 2$$

对于半导体材料而言，πE 比 $(1 + 2\mu)$ 大得多，故 $(1 + 2\mu)$ 可以忽略不计，而压阻系数 $\pi = (40 \sim 80) \times 10^{-11}\ \mathrm{m^2/N}$，弹性模量 $E = 1.67 \times 10^{11}\ \mathrm{Pa}$，故灵敏度系数为

$$K_s = \pi E \approx 50 \sim 100$$

由此可见，硅压阻式传感器灵敏度系数 K_s 要远远大于金属应变计灵敏度系数 K_0。

由于半导体材料 $\pi\sigma$ 比 $(1 + 2\mu)$ 大很多，其电阻相对变化可写为

$$\Delta R/R = \Delta\rho/\rho = \pi\sigma \tag{6.4}$$

式中　π——压阻系数；

σ——应力；

ρ——半导体材料的电阻率。

式(6.4)说明，半导体材料电阻的变化率 $\Delta R/R$ 主要是由 $\Delta\rho/\rho$ 引起的，这就是半导体的压阻效应。

在弹性变形限度内，硅的压阻效应是可逆的，即在应力作用下硅的电阻发生变化，而当应力除去时，硅的电阻又恢复到原来的数值。应力作用在硅晶体，使它的电阻发生变化，这是压阻效应的物理解释。

6.1.2　压阻式传感器的测量电路

通常将压阻式传感器硅芯片上扩散出的 4 个电阻连接成惠斯通电桥形式。为使电桥的灵敏度最高，将一对阻值增加的电阻对接，另一对阻值减小的电阻对接。

供电常采用两种方式:恒压源供电和恒流源供电。

1. 恒压源供电时电桥的输出

假设4个扩散电阻的起始阻值都相等且为 R_0,当有应力作用时,两个电阻的阻值增加,增加量为 ΔR,两个电阻的阻值减小,减小量为 $-\Delta R$;另外由于温度影响,使每个电阻阻值都有 ΔR_T 的变化量。根据图6.1,电桥的输出为

$$U_{sc}=\frac{U_o(R+\Delta R+\Delta R_T)}{R-\Delta R+\Delta R_T+R+\Delta R+\Delta R_T}-\frac{U_o(R-\Delta R+\Delta R_T)}{R+\Delta R+\Delta R_T+R-\Delta R+\Delta R_T}$$

整理后得

$$U_{sc}=U_o\frac{\Delta R}{R+\Delta R_T} \tag{6.5}$$

式(6.5)说明,电桥输出一方面与 $\Delta R/(R+\Delta R_T)$ 成正比,另一方面又与电桥电压 U_o成正比,即电桥的输出电压除了与被测量成正比外,同时与电桥电压 U_o的大小和精度有关。当温度改变时,输出电压 U_{sc}还与温度有关,即 U_{sc}与 ΔR_T 呈非线性关系,所以用恒压源供电时,不能消除温度的影响。

2. 恒流源供电时电桥的输出

恒流源供电时,电桥如图6.2所示。在图6.2中,假设电桥两个支路的电阻相等,即 $R_{ABC}=R_{ADC}=2(R+\Delta R_T)$,那么,通过每条支路的电流也相等,都等于总电流 I_o的1/2。因此电桥的输出为

$$U_{sc}=\frac{1}{2}I_o(R+\Delta R+\Delta R_T)-\frac{1}{2}I_o(R-\Delta R+\Delta R_T)$$

经整理后得

$$U_{sc}=I_o\Delta R \tag{6.6}$$

式(6.6)说明,电桥的输出与电阻值的变化量 ΔR 成正比,也与电源电流成正比,即输出与恒流源供给的电流大小和精度有关。但是电桥的输出与温度无关,不受温度的影响,这是恒流源供电的优点。

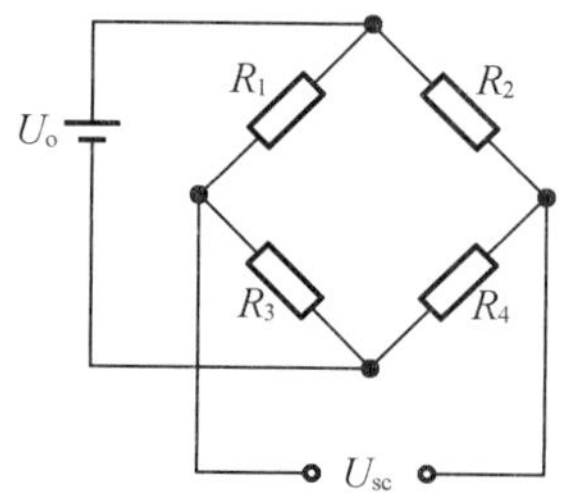

图6.1 恒压源供电

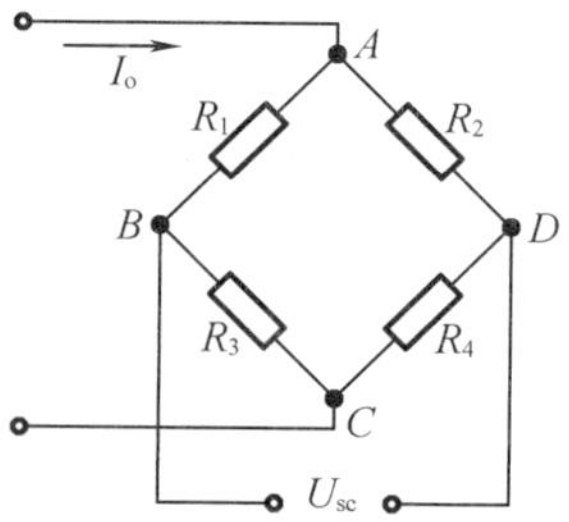

图6.2 恒流源供电

3. 压阻式传感器的放大电路

压阻式传感器的常用放大电路如图 6.3 所示。

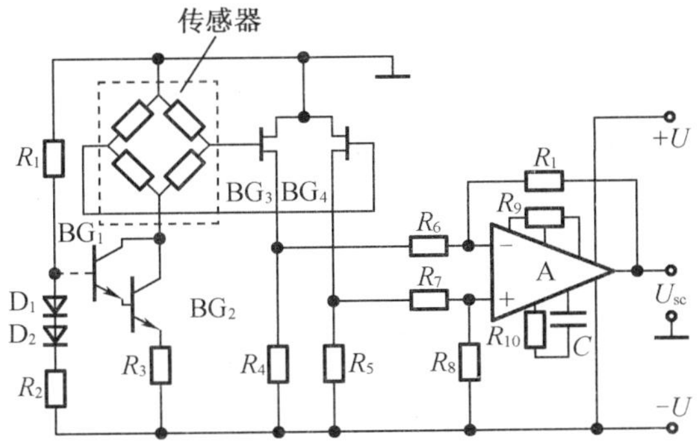

图 6.3　压阻式传感器的常用放大电路

三极管 BG_1 和 BG_2 组成复合管与二极管 D_1 和 D_2 以及电阻 R_1、R_2、R_3 构成恒流源电路，供给传感器恒定电流，使传感器输出不受温度变化的影响。结型场效应管 BG_3 和 BG_4 与电阻 R_4 和 R_5 构成源极跟随器，将传感器与运算放大器 A 隔离开，使放大器的闭环放大倍数不受传感器输出阻抗的影响。

6.2　电位器式传感器

电位器是一种人们熟知的机电元件，广泛用于各种电气和电子设备中。在仪表与传感器中，它主要是作为一种把机械位移输入转换为与它成一定函数关系的电阻或电压输出的传感元件来使用的。利用电位器作为传感元件可制成各种电位器式传感器，用以测定线位移或角位移，以及一切可能转换为位移的其他被测物理量参数，如压力、加速度等。此外，在伺服式仪表中，它还可用作反馈元件及解算元件，制成各种伺服式仪表。

电位器的优点是结构简单、尺寸和质量小、输出特性精度高（可达 0.1% 或更高）且稳定性好，可以实现线性及任意函数特性；受环境因素（温度、湿度、电磁干涉、放射性）影响较小；输出信号较大，一般不需要放大。因此，它是最早获得工业应用的传感器之一。但它也存在一些缺点，主要是存在摩擦和磨损。由于有摩擦，因此，要求敏感元件有较大的输出功率，否则会降低传感器的精度，又由于有滑动触点及磨损，使电位器的可靠性和寿命受到影响。另外，线绕电位器分辨率较低也是一个主要缺点。目前,电位器围绕着减小或消除摩擦、提高使用寿命和可靠性、提高精度和分辨率等而不断得到发展,电位器虽然在不少应用场合已被更可靠的无接触式的传感元件所代替,但其某些独特的性能仍然不能被完全取代,在同类传感元件中仍然占有一定的地位。

电位器的种类繁多,按其结构形式不同,可分为绕线式、薄膜式、光电式、磁敏式等。绕线电位器又可分为单圈式和多圈式两种。按其特性曲线不同,还可分为线性电位器和非线性(函数)电位器两种。图 6.4 所示为常用电位器式传感器。

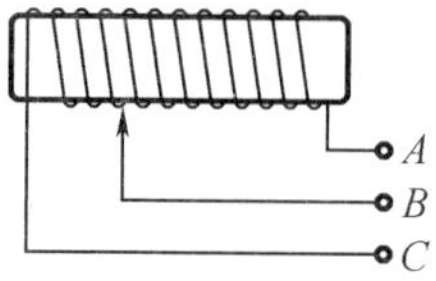

(a)直线位移型

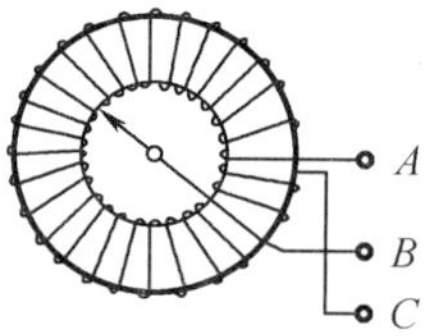
(b)角位移型

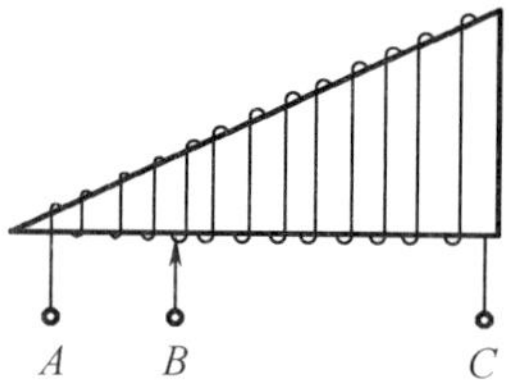
(c)非线性型

图 6.4　电位器式传感器

6.2.1　绕线式线性电位器

图 6.5 所示为电位器式位移传感器。如果把它作为变阻器使用,且假设全长为 x_{max} 的电位器,总电阻值为 R_{max},电阻值沿长度的分布是均匀的,则当滑臂由 0 向 B 移动 x 后,0 到滑臂间的电阻值为

$$R_x = \frac{x}{x_{max}} R_{max} \tag{6.7}$$

若把它作为分压器使用,且假设加在电位器 0、B 之间的电压为 U_{max},则输出电压为

$$U_x = \frac{x}{x_{max}} U_{max} \tag{6.8}$$

图 6.6 所示为电位器式角度传感器。若作为变阻器使用,则电阻值与角度的关系为

$$R_\alpha = \frac{\alpha}{\alpha_{max}} R_{max} \tag{6.9}$$

若作为分压器使用,则有

$$U_\alpha = \frac{\alpha}{\alpha_{max}} U_{max} \tag{6.10}$$

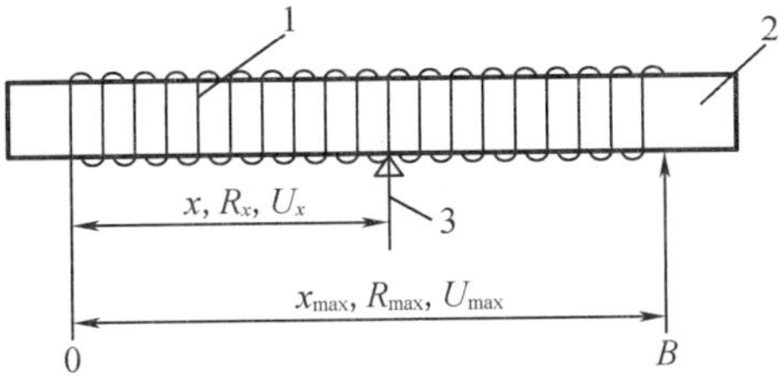

1—金属电阻丝;2—骨架;3—电刷。

图 6.5　电位器式位移传感器

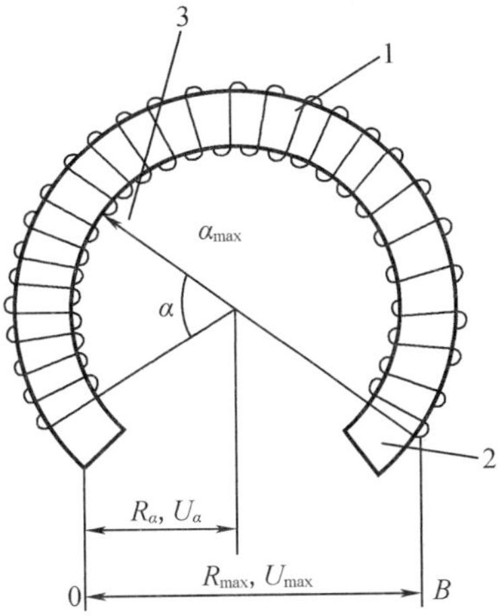

1—金属电阻丝;2—骨架;3—电刷。

图 6.6　电位器式角度传感器

6.2.2　绕线式非线性电位器

非线性电位器是指在空载时其输出电压(或电阻)与电刷行程之间具有非线性函数关系的一种电位器,也称函数电位器。它可以实现指数函数、对数函数、三角函数及其他任意函数。非线性电位器的主要功用如下:

(1)用非线性电位器使传感器获得非线性输出,以满足控制系统的各种特殊要求。

(2)使传感器获得线性输出特性。当传感器中有些环节出现非线性时,可把电位器设计成非线性的,而使传感器最后获得线性输出。

(3)在解算式传感器中,如导航仪、大气数据系统中,可采用非线性电位器来实现各种特定的函数运算。

(4)用非线性电位器消除电位器的负载误差,即在负载情况下,用非线性电位器来实现线性特性。

按照实现非线性的原理不同,常用的绕线式非线性电位器可分为变骨架式、变节距式、分路电阻式及电位给定式四种。

现以变骨架式非线性电位器为例说明其空载特性。变骨架式非线性电位器如图 6.7 所示。其骨架高度 h 呈曲线变化,输出电阻 $R_x = f(x)$,求骨架高度 h 的变化规律。当电刷移动微小位移 $\mathrm{d}x$ 时,引起电阻变化 $\mathrm{d}R_x$,则

$$\frac{\mathrm{d}R_x}{\mathrm{d}x} = \frac{2\rho(b+h)}{qt} \tag{6.11}$$

式中 b——骨架的宽度；

h——骨架的高度；

q——导线的导电截面积；

t——导线节距，即相邻两导线间的距离；

ρ——导线电阻率。

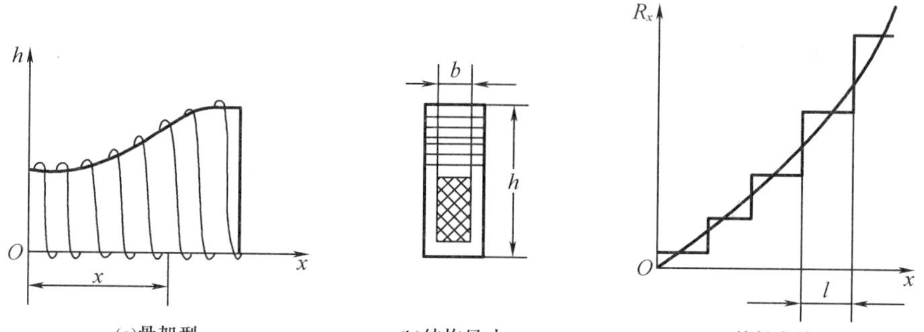

(a)骨架型 (b)结构尺寸 (c)特性曲线

图 6.7 变骨架式非线性电位器

由式(6.11)可求得

$$h = \frac{qt}{2\rho}\left(\frac{\mathrm{d}R_x}{\mathrm{d}x}\right) - b \tag{6.12}$$

由于 q、t、ρ、b 均为常数，而 $\mathrm{d}R_x/\mathrm{d}x$ 是 x 的函数，所以 h 是电刷位移 x 的函数，且与特性曲线的导数 $\mathrm{d}R_x/\mathrm{d}x$ 有关。$\mathrm{d}R_x/\mathrm{d}x$ 越大，则骨架高度越高。需要注意的是，若骨架高度太高，绕线容易打滑，但 $\mathrm{d}R_x/\mathrm{d}x$ 也不能太小，更不能为零。因此，为了保证足够的强度及工艺性，必须使骨架最小高度 $h_{\min} = 3 \sim 4$ mm。

设非线性电位器输出空载电压为 U_x，流过电位器的电流为 $I = U/R$，U 为电源电压，R 为电位器总电阻。则式(6.37)还可表示为 h 与输出电压 U_x 之间的关系，即

$$h = \frac{qt}{2I\rho}\left(\frac{\mathrm{d}U_x}{\mathrm{d}x}\right) - b \tag{6.13}$$

非线性电位器输出电阻(或电压)与电刷行程之间是非线性函数关系，因此空载特性是一条曲线，其灵敏度与电刷位置有关，是变量。电阻灵敏度为

$$K_R = \frac{\mathrm{d}R_x}{\mathrm{d}x} \tag{6.14}$$

电压灵敏度为

$$K_U = \frac{\mathrm{d}U_x}{\mathrm{d}x} \tag{6.15}$$

另外,还可以采用阶梯骨架来近似代替曲线骨架。将非线性电位器的输入/输出特性曲线分成若干段,每一段都近似为一直线,只要取的段数足够多,就可以使折线与原定曲线的误差在允许的范围内。当用折线代替曲线后,特性曲线的每一段均为直线,因此每一段都可以做成一个小线性电位器,只是每一段的斜率不同。工艺上,为了便于在相邻两段过渡,骨架结构在过渡处做成斜角,伸出尖端 2 ~3 mm,以免导线滑落,如图 6.8 所示。

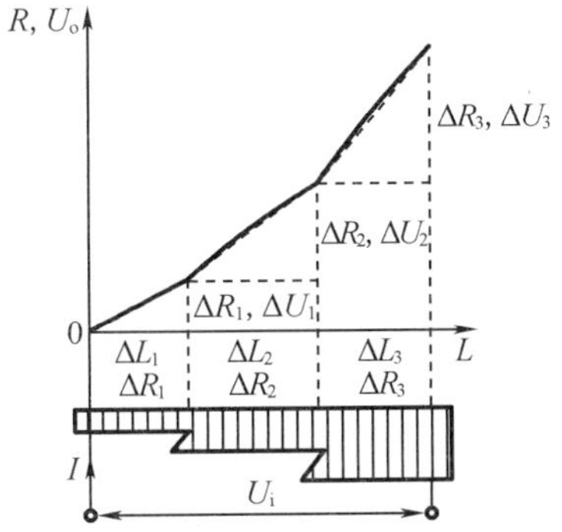

图 6.8　阶梯骨架式非线性电位器特性曲线

由阶梯骨架式非线性电位器原理可知,当用折线代替曲线后,实现折线特性的关键是要使电位器各段特性的斜率不等。对于一个线绕式线性电位器,在其上分成若干段,在每一分段处引出一些抽头,然后在各段上并联一定阻值的电阻,使各段上的等效电阻下降,就可以改变该段上的电阻斜率。适当选择各段的并联电阻,就能够实现各段的斜率,满足预定的折线特性。

基于这一思路,利用分路电阻法实现非线性电位器,如图 6.9 所示。分路电阻非线性电位将电位器的制造变为一个带若干抽头线性电位器的制造,因而大大降低了工艺实现的难度。同时,它不像变骨架方式那样受特性曲线斜率变化范围的限制,而可以实现有较大的斜率变化的特性曲线。它既可以实现单调函数,也可以实现非单调函数,只要适当改变并联电阻的阻值和电路的连接方式即可。

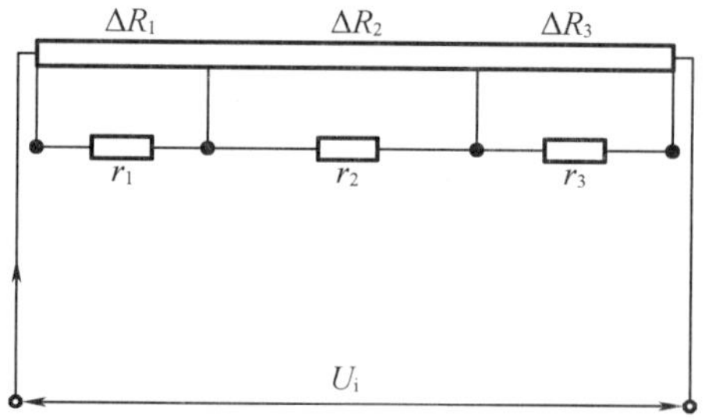

图6.9　分路电阻式非线性电位器电路

6.2.3　非绕线式电位器

绕线式电位器具有精度高、性能稳定、易于实现线性变化等优点，但也存在很多不足，如分辨率低、耐磨性差、寿命较短等。因此，人们研制了一些性能优良的非绕线式电位器。

1. 薄膜电位器

薄膜电位器通常有两种：一种是碳膜电位器；另一种为金属膜电位器。

(1)碳膜电位器

在绝缘骨架表面喷涂一层均匀的电阻液，经烘干聚合后而制成电阻。电阻液由石墨、碳墨、树脂材料配制而成。这种电位器的优点是分辨率高、耐磨性较好、工艺简单、成本较低、线性度较好，但有接触电阻大、噪声大等缺点。

(2)金属膜电位器

这种电位器在玻璃或胶木基体上，用高温蒸镀或电镀方法，涂覆一层金属膜而制成。用于制作金属膜的合金为锗铑、铂铜、铂铑、铂铑锰等。这种电位器的温度系数小，可在高温环境下工作，但仍然存在耐磨性差、功率小、电阻值不高(1 ~2 kΩ)等缺点。薄膜电位器的电刷通常采用多指电刷，以减小接触电阻，提高工作的稳定性。

2. 导电塑料电位器

导电塑料电位器由塑料粉及导电材料粉(合金、石墨、炭黑等)压制而成，它又称实心电位器。其优点是耐磨性较好、寿命较长、电刷允许的接触压力较大，适用于振动、冲击等恶劣条件下工作，且电阻值范围大，能承受较大的功率。其缺点是温度影响较大、接触电阻大、精度不高。

3. 光电电位器

上述几种电位器均为接触式电位器，其共同的缺点是耐磨性较差、寿命较短。光电电位器是一种非接触式电位器，它以光束代替了常规的电刷，有效克服了上述几种电位器的缺点。

光电电位器的结构如图 6.10 所示。其结构原理是在基体 2(常用材料为氧化铝)上沉积一层硫化镉(CdS)或硒化镉(CdSe)光电导层 1,然后在它的上面沉积一条金属(金或银)导电条作为导电电极,在它的下面沉积一条薄膜电阻带 3,在薄膜电阻带和导电电极 5 之间形成一很窄的间隙。在无光束照射时,因光电导材料的暗电阻极大(暗电阻与亮电阻之比可达 105 ~ 108),可视为电阻带与导电电极之间为断路。而当电刷的窄光束 4 照射在此窄间隙上时,就相当于把电阻带和导电电极接通,这样在外电源 E 的作用下,负载电阻 R_L 上便有电压输出,且随着光束位置的移动而变化,如同电刷移动一样。

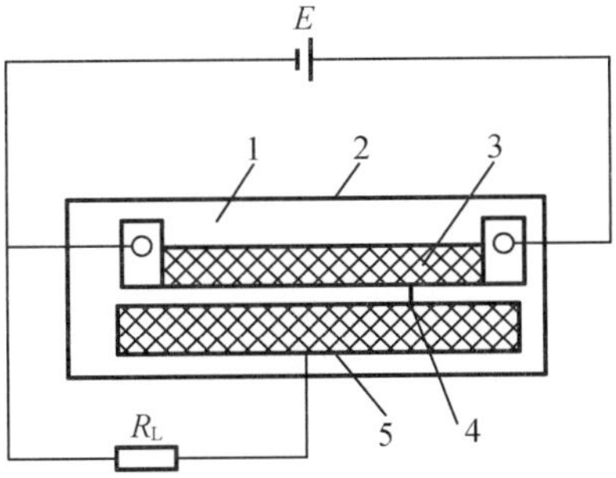

1—光电导层;2—基体;3—薄膜电阻带;4—电刷的窄光束;5—导电电极。

图 6.10　光电电位器的结构

光电电位器优点很多,耐磨性好,精度、分辨率高,寿命长(可达亿万次循环),可靠性好,电阻值范围(15 ~ 500 MΩ)宽等。但也存在不足之处:光电导层虽经窄光束照射而导通,但照射处的电阻还是相当高,因此光电电位器输出电流较小,需配备高输入阻抗放大器工作,工作温度的范围比较窄(目前最高达 150 ℃),线性度也不高。此外,光电电位器需要照明光源和光学系统,其结构较复杂,体积和质量较大。但随着集成光路器件的发展,可以将有源和无源的光学器件集成在一个光路芯片上,制成集成光路芯片,使光学系统的体积和质量大大减小,这就是集成光电子技术。这样,光电电位器结构复杂的缺点就得以克服,应用就不再受到限制。

6.3 机载应用案例

6.3.1 压阻式压力传感器

在新一代战机上,广泛采用压阻式压力传感器来测量燃油压力、滑油压力、刹车压力等。压阻式压力传感器是将单晶硅膜片和电阻条采用集成电路工艺结合在一起,构成硅压阻芯片,并将此芯片封装在传感器的外壳内,连接出电极引线制成。典型的压阻式压力传感器结构示意图如图 6.11 所示。在一个圆形的 N 型硅膜片上,扩散了四个阻值相等的 P 型电阻,将四个电阻连成惠斯登电桥。四个电阻的配置位置按膜片上径向应力和切向应力的分布情况确定。硅膜片周边用硅环固定,其下部是与被测系统相连的高压腔,上部是低压腔,通常和大气相通。

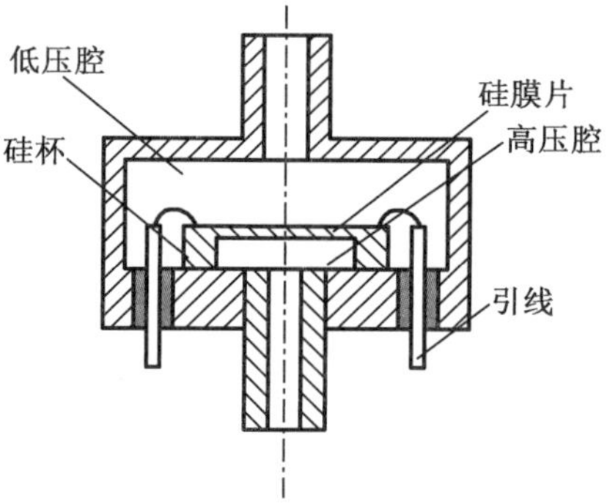

图 6.11 压阻式压力传感器结构示意图

当膜片两边存在压力差时,膜片上各点存在应力。膜片上 4 个电阻在应力作用下,阻值发生变化,电桥失去平衡,其输出的电压与膜片两边压力差成正比。

6.3.2 电位器式压力传感器

在早期的飞机上,常用电位器式压力传感器来测量发动机燃油压力、滑油压力、刹车压力等,如图 6.12 所示。被测压力作用在膜片上,使膜片中心产生位移,经传动机构带动电刷在电位计上滑动。当电位计两端加有直流电源电压时,则可从电位计电刷与电源地端间得到相应的输出电压,该输出电压的大小即可反映出被测压力的大小。

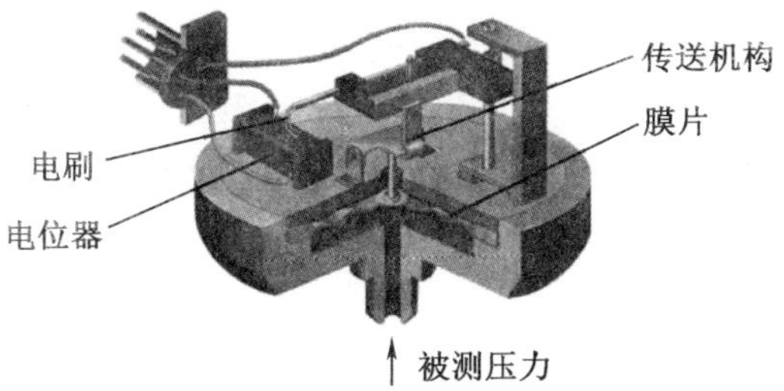

图 6.12　电位器式压力传感器

电位器式压力传感器的优点是输出信号较大(可达 V 级),使用时不需专门的信号放大电路;缺点是精度不太高,寿命短,工作频带窄,功耗高。

6.3.3　浮子式油量表传感器

在早期的飞机上,常用浮子式油量表传感器来测量燃油油量和滑油油量。浮子式油量表传感器由浮子、传送机构和电位器组成,如图 6.13 所示。

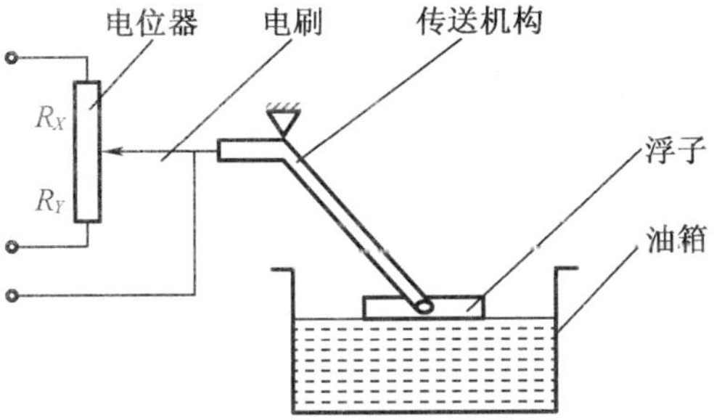

图 6.13　浮子式油量表传感器

当油量变化时,油面高低发生变化,经传送机构使传感器内的电位器电刷在电阻上滑动。经测量电路,指示器即可指示出变化后的油量。

当飞机机动飞行时,由于油面相对油箱倾斜,浮子式油量表传感器的测量将要出现误差。这种误差的数值往往很大,在飞行中一般应在飞机保持平飞时认读浮子式油量表的指示。

第 7 章　电感式传感器

电感式传感器是利用电磁感应原理，将被测的物理量（如位移、压力、流量、振动等）转换成线圈的自感系数 L 或互感系数 M 的变化，再由测量电路转化为电压或电流的变化量输出，实现非电量到电量转换。电感式传感器具有结构简单、工作可靠、分辨率高、输出功率大及测试精度好等优点。但同时它也存在频率响应较低、不宜用于快速动态测量等缺点。

7.1　自感式传感器

7.1.1　工作原理

自感式传感器的结构如图 7.1 所示。它由线圈、铁芯和衔铁组成。铁芯和衔铁由导磁材料（如硅钢片或坡莫合金）制成，铁芯上绕有线圈。在铁芯和衔铁之间保持一定的空气隙，被测体与衔铁相连。当被测体产生位移时，衔铁随着移动，引起磁路中的磁阻变化，从而使线圈的电感值发生变化。当传感器线圈接入测量电路后，电感的变化进一步转换成电压、电流的变化，实现非电量到电量的转换。

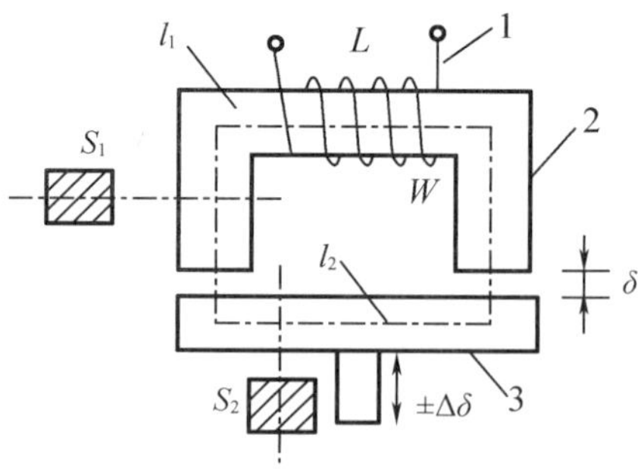

1—线圈；2—铁芯；3—衔铁。

图 7.1　自感式传感器结构

自感式传感器主要有变气隙式和变面积式两种类型。

根据电感定义,线圈中电感量为

$$L=\frac{\psi}{I}=\frac{W\Phi}{I} \tag{7.1}$$

式中　Ψ——线圈总磁链;

I——通过线圈的电流;

W——线圈的匝数;

Φ——通过线圈的磁通。

由磁路欧姆定律得

$$\Phi=\frac{IW}{R_m} \tag{7.2}$$

式中　R_m——磁路总磁阻。

对于变气隙式自感传感器,因为气隙较小(一般为 0.1 ~ 1 mm),所以可认为气隙磁场是均匀的。若忽略磁路磁损,则磁路总磁阻为

$$R_m=\frac{l_1}{\mu_1 S_1}+\frac{l_2}{\mu_2 S_2}+\frac{2\delta}{\mu_0 S_0} \tag{7.3}$$

式中　μ_1——铁芯材料的磁导率;

μ_2——衔铁材料的磁导率;

l_1——磁通通过铁芯的长度;

l_2——磁通通过衔铁的长度;

S_1——铁芯的截面积;

S_2——衔铁的截面积;

μ_0——空气的磁导率;

S_0——气隙的截面积;

δ——气隙的厚度。

由于电感式传感器的铁芯和衔铁为铁磁材料,且一般工作于非饱和状态,其磁导率远大于空气的磁导率,因此铁芯磁阻远小于气隙磁阻,即

$$\begin{cases}\dfrac{2\delta}{\mu_0 S_0}\gg\dfrac{l_1}{\mu_1 S_1}\\[2ex]\dfrac{2\delta}{\mu_0 S_0}\gg\dfrac{l_2}{\mu_2 S_2}\end{cases} \tag{7.4}$$

则式(7.3)可写为

$$R_m=\frac{2\delta}{\mu_0 S_0} \tag{7.5}$$

联立式(7.1)、式(7.2)及式(7.5),可得

$$L=\frac{W^2}{R_m}=\frac{W^2\mu_0 S_0}{2\delta} \tag{7.6}$$

式(7.6)表明,电感式传感器的电感量 L 是气隙长度 δ 和截面积 S_0 的函数,即 $L=f(\delta,S_0)$。如果 S_0 保持不变,则 L 是 δ 的单值函数,据此可构成变气隙式自感传感器,如图 7.2 所示;若保持 δ 不变,使 S_0 随位移变化,则可构成变面积式自感传感器,如图 7.3 所示。

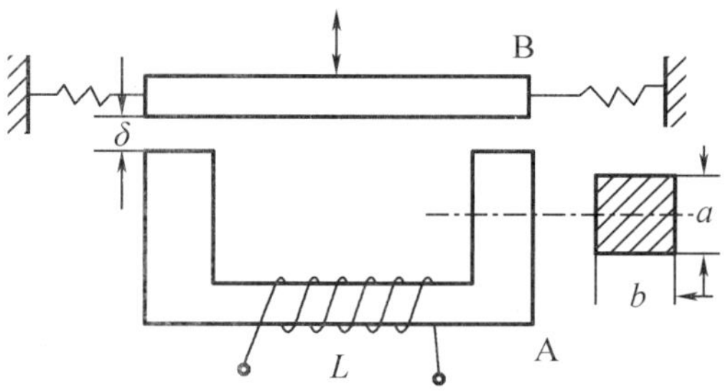

图 7.2　变气隙式自感传感器结构

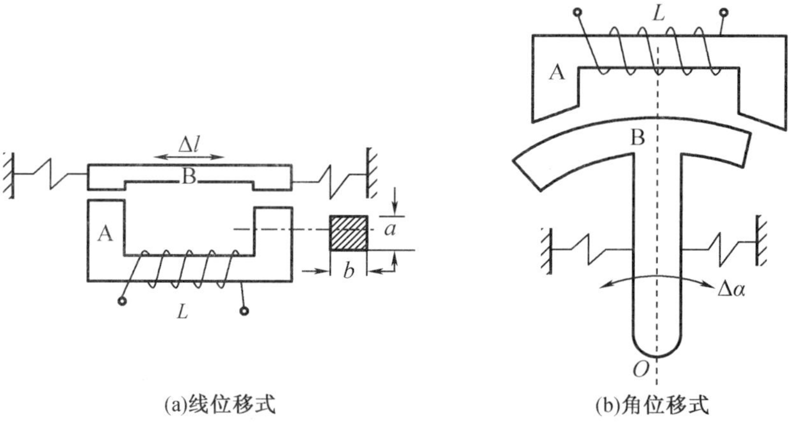

图 7.3　变面积式自感传感器结构

7.1.2　特性分析

变面积式自感传感器如将 δ 固定,变化空气隙导磁截面积 S_0 时,自感 L 与 S_0 呈线性关系。对于变气隙式自感传感器,由式(7.6)可知 L 与 δ 之间是非线性关系,其 $L-\delta$ 特性曲线如图 7.4 所示。

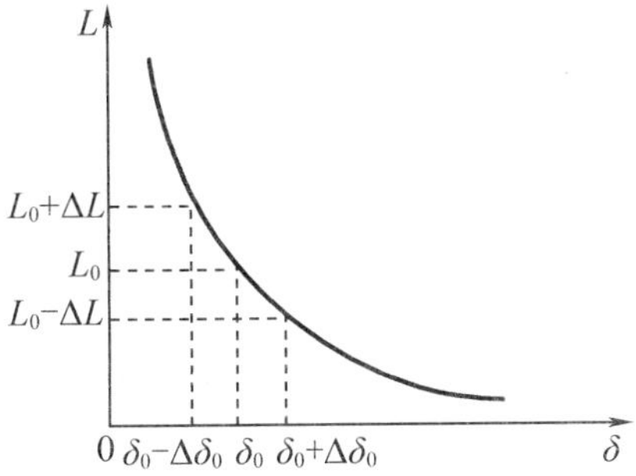

图 7.4　变气隙式自感传感器的 $L-\delta$ 特性曲线

变气隙式自感传感器的主要特性是灵敏度和线性度。设电感式传感器初始气隙为 δ_0，初始电感量为 L_0，衔铁位移引起的气隙变化量为 $\Delta\delta$，当衔铁处于初始位置时，初始电感量为

$$L_0 = \frac{\mu_0 S_0 W^2}{2\delta_0} \tag{7.7}$$

当衔铁上移 $\Delta\delta$ 时，传感器气隙减小 $\Delta\delta$，即 $\delta = \delta_0 - \Delta\delta$，则此时输出电感量为 $L = L_0 + \Delta L$，代入式(7.6)并整理，得

$$L = L_0 + \Delta L = \frac{W^2\mu_0 S_0}{2(\delta_0 - \Delta\delta)} = \frac{L_0}{1 - \dfrac{\Delta\delta}{\delta_0}} \tag{7.8}$$

当$\dfrac{\Delta\delta}{\delta_0} \leqslant 1$ 时，可将式 (7.8)用泰勒级数展开成如下的级数形式：

$$L = L_0 + \Delta L = L_0\left[1 + \frac{\Delta\delta}{\delta_0} + \left(\frac{\Delta\delta}{\delta_0}\right)^2 + \left(\frac{\Delta\delta}{\delta_0}\right)^3 + L\right] \tag{7.9}$$

由式(7.9)可求得电感增量 ΔL 和相对增量$\dfrac{\Delta L}{L_0}$的表达式，即

$$\Delta L = L_0\frac{\Delta\delta}{\delta_0}\left[1 + \frac{\Delta\delta}{\delta_0} + \left(\frac{\Delta\delta}{\delta_0}\right)^2 + L\right] \tag{7.10}$$

$$\frac{\Delta L}{L_0} = \frac{\Delta\delta}{\delta_0}\left[1 + \frac{\Delta\delta}{\delta_0} + \left(\frac{\Delta\delta}{\delta_0}\right)^2 + L\right] \tag{7.11}$$

同理，当衔铁随被测体的初始位置向下移动 $\Delta\delta$ 时，有

$$\Delta L = L_0\frac{\Delta\delta}{\delta_0}\left[1 - \frac{\Delta\delta}{\delta_0} + \left(\frac{\Delta\delta}{\delta_0}\right)^2 - \left(\frac{\Delta\delta}{\delta_0}\right)^3 + L\right]$$

$$\frac{\Delta L}{L_0} = \frac{\Delta\delta}{\delta_0}\left[1 - \frac{\Delta\delta}{\delta_0} + \left(\frac{\Delta\delta}{\delta_0}\right)^2 - \left(\frac{\Delta\delta}{\delta_0}\right)^3 + L\right] \tag{7.12}$$

若忽略高次项后，则电感式传感器的灵敏度和非线性误差分别为

$$K_L=\frac{\Delta L/L_0}{\Delta\delta}=\frac{1}{\delta_0} \tag{7.13}$$

$$\gamma_L=\frac{\Delta\delta}{\delta_0}\times 100\% \tag{7.14}$$

由式(7.13)可见,欲提高变气隙式自感传感器的灵敏度,需减小初始气隙厚度。但由式(7.14)分析可知,减小气隙厚度会增加非线性误差,而且受到工艺和结构的限制。可见,变气隙式自感传感器的测量范围与灵敏度及线性度相矛盾。因此,变气隙式自感传感器适用于测量微小位移的场合。

为了改善自感式传感器的灵敏度和线性度,通常采用差动式结构。图7.5所示为差动变气隙式自感传感器的结构图。其中,图7.5(a)为变面积式、图7.5(b)为变间隙式、图7.5(c)为螺管式。由图可知,差动变气隙式自感传感器由两个相同的电感线圈和相应磁路组成。测量时,衔铁通过导杆与被测量相连,当被测体移动时,导杆带动衔铁也相应移动,使两个磁回路中磁阻发生大小相等、方向相反的变化,导致一个线圈的电感量增加,另一个线圈的电感量减小,形成差动形式。

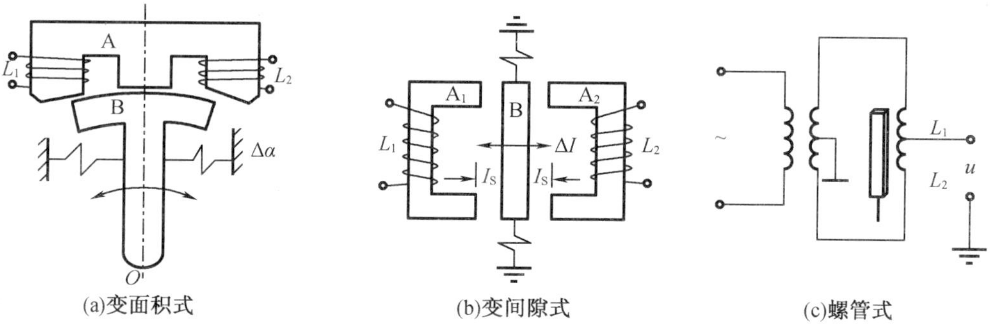

图7.5　差动变气隙式自感传感器结构

在图7.5(b)所示的差动变气隙式自感传感器结构示意图中,当衔铁往左移动$\Delta\delta$时,根据式(7.8)及式(7.10)可分别表示出两个线圈的电感变化量ΔL_1、ΔL_2,则差动变气隙式自感传感器电感的总变化量$\Delta L=\Delta L_1+\Delta L_2$,具体表达式为

$$\Delta L=\Delta L_1+\Delta L_2=2L_0\frac{\Delta\delta}{\delta_0}\left[1+\left(\frac{\Delta\delta}{\delta_0}\right)^2+\left(\frac{\Delta\delta}{\delta_0}\right)^4+L\right] \tag{7.15}$$

式(7.15)忽略高次项,得

$$\frac{\Delta L}{L_0}=2\frac{\Delta\delta}{\delta_0} \tag{7.16}$$

传感器的灵敏度为

$$K_0 = \frac{\Delta L / L_0}{\Delta \delta} = \frac{2}{\delta_0} \tag{7.17}$$

对于单线圈和差动式两种变气隙式自感传感器的灵敏度特性，通过比较式(7.13)与式(7.17)可以得到如下结论：

(1)差动变气隙式自感传感器的灵敏度是单线圈式的 2 倍，即在相同的衔铁位移下，输出信号范围提高了 1 倍。

(2)差动式的非线性项阶次比单线圈非线性项阶次高。由于 $\Delta\delta/\delta_0 \ll 1$，因此差动式的线性度得到明显改善。

7.1.3　自感式传感器的测量电路

自感式传感器将被测非电量的变化转换为电感量的变化，接入不同的测量电路，则将电感量变化转换为电压(或电流)的幅值、频率或相位的变化。实际中，经常使用的有交流电桥测量电路、变压器式交流电桥测量电路和谐振式测量电路三种。

从电路角度看，电感式传感器的线圈并非纯电感，该电感由有功分量和无功分量两部分组成。有功分量主要来源于涡流损耗电阻和磁滞损耗电阻，统称为有功电阻，可用 R 来表示；无功分量包括线圈的自感量 L、绕线间分布电容和引线电缆的分布电容，为简便起见可视为集中参数，用 C 来表示。因此，电感式传感器的等效电路如图 7.6 所示。

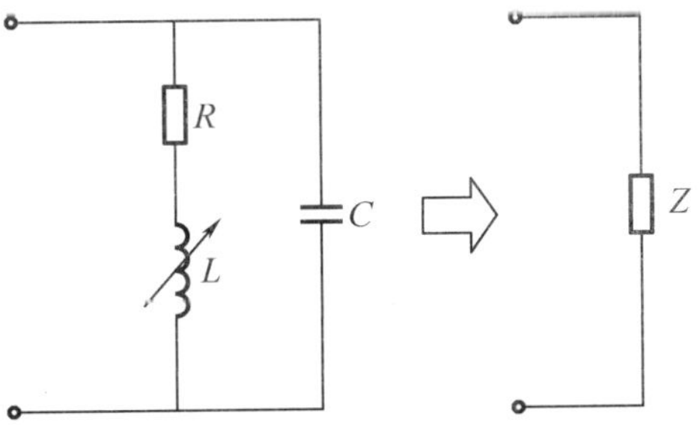

图 7.6　电感式传感器的等效电路

对于有并联电容 C 的线圈，阻抗为

$$Z = \frac{(R + j\omega L)\frac{1}{j\omega C}}{R + j\omega L + \frac{1}{j\omega C}} = \frac{R}{(1 - \omega^2 LC)^2 + (\frac{\omega^2 LC}{Q})^2} + \frac{j\omega L(1 - \omega^2 LC - \frac{\omega^2 LC}{Q^2})}{(1 - \omega^2 LC)^2 + (\frac{\omega^2 LC}{Q})^2} \tag{7.18}$$

式中 R——折合有功电阻的总电阻；

C——并联寄生电容；

L——线圈的自感；

Q——品质因数，$Q=\dfrac{\omega L}{R}$。

当线圈品质因数 Q 较高时，$Q^2 \gg 1$，则式(7.18)可写为

$$Z=\frac{R}{(1-\omega^2 LC)^2}+\mathrm{j}\omega\frac{L}{(1-\omega^2 LC)^2}=R_\mathrm{p}+\mathrm{j}\omega L_\mathrm{p} \tag{7.19}$$

式中 R_p——为等效损耗电阻，$R_\mathrm{p}=\dfrac{R}{(1-\omega^2 LC)^2}$；

L_p——等效电感，$L_\mathrm{p}=\dfrac{L}{(1-\omega^2 LC)^2}$。

从以上分析可以看出，由于并联电容 C 的影响，使得自感式传感器的等效电感和等效灵敏度都增加。因此，在使用自感式传感器时，不能随便改变引线电缆的长度，否则会带来测量误差。如果在特殊情况下需要改变引线电缆长度，则在改变后必须重新校正传感器的灵敏度。

这里首先整体分析了等效电路，接下来在等效电路的基础上分析测量电路。

1. 交流电桥测量电路

交流电桥测量电路是自感式传感器的主要测量电路。为了提高灵敏度，改善线性度，电感线圈一般接成差动式，如图 7.7 所示。把传感器的两个线圈作为电桥的两个桥臂 Z_1 和 Z_2，另外两个相邻的桥臂用纯电阻 R 代替。设 $Z_1=Z+\Delta Z$，$Z_2=Z-\Delta Z$，Z 是衔铁在中间位置时单个线圈的复阻抗，ΔZ 为衔铁偏离中心位置时两线圈阻抗的变化量。当衔铁在中间位置时，$Z_1=Z_2$，电桥输出电压等于零。当衔铁向上偏离中间位置时，Z_1 增大，Z_2 减小，电桥产生输出电压，并且衔铁偏离中间位置的距离越大，输出电压越大。因此，可以根据电桥输出电压有效值的大小来确定衔铁位移的大小。同理，当衔铁向下偏离中间位置时，电桥也要产生输出电压，只是输出交流电压的相位同衔铁上移时相反，即相差 180°。电桥的输出电压为

$$\dot{U}_\mathrm{o}=\frac{Z_2}{Z_1+Z_2}\dot{U}-\frac{1}{2}\dot{U}=\frac{Z_2-Z_1}{Z_1+Z_2}\frac{\dot{U}}{2}=-\frac{\Delta Z}{Z}\frac{\dot{U}}{2} \tag{7.20}$$

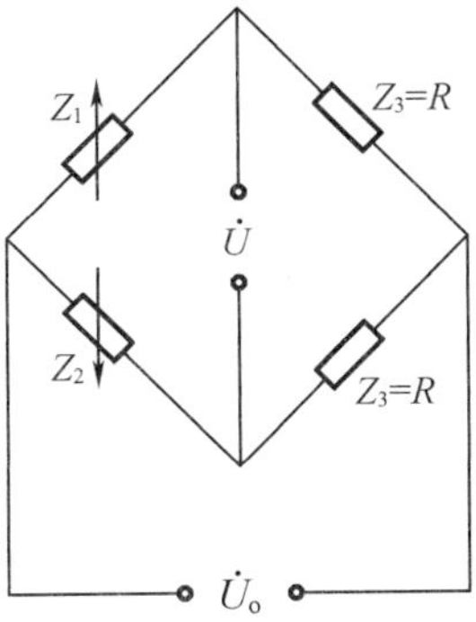

图 7.7　交流电桥测量电路

2. 相敏整流式交流电桥测量电路

图 7.8 是一种带相敏整流的电桥电路。电桥由差动电感传感器 Z_1 和 Z_2 及平衡电阻 R_1、R_2（$R_1=R_2$）组成，$VD_1 \sim VD_4$ 构成了相敏整流器，桥的一条对角线接有交流电源 U，另一条对角线接有电压表 V，当差动衔铁处于中间位置时，$Z_1=Z_2=Z$，输出电压 U_o 为零。

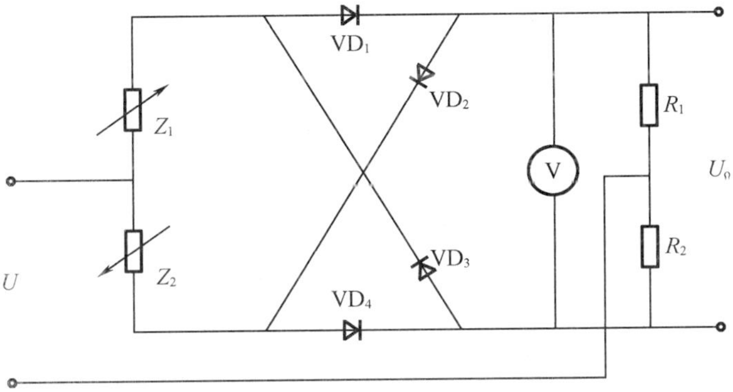

图 7.8　相敏整流式交流电桥测量电路

当衔铁偏离中间位置而使 $Z_1=Z+\Delta Z$ 增加，则 $Z_2=Z-\Delta Z$ 减少。这时，当电源 U 上端为正、下端为负，电阻 R_2 上的电压降大于 R_1 上的电压降；当电源 U 下端为正、上端为负，电阻 R_1 上的电压降大于 R_2 上的电压降，则电压表 V 指示的输出电压为下端为正、上端为负。

当衔铁偏离中间位置而使 $Z_2=Z+\Delta Z$ 增加，则 $Z_1=Z-\Delta Z$ 减少。这时，当电源 U 上端为正、下端为负，电阻 R_1 上的电压降大于 R_2 上的电压降；当电源 U 上端为负、下端为正，电阻 R_2 上的电压降大于 R_1 上的电压降，电压表 V 指示的输出电压为上端为正、下端为负。

比较上述两种情况,可知输出电压幅值相等,极性相反。

3. 变压器式交流电桥测量电路

变压器式交流电桥测量电路如图 7.9 所示,图中 Z_1、Z_2 为差动变气隙式自感传感器的两线圈阻抗,另两臂为交流变压器次级线圈的 1/2 阻抗。当负载阻抗为无穷大时,桥路输出电压为

$$\dot{U}_o = \frac{Z_2}{Z_1 + Z_2}\dot{U} - \frac{1}{2}\dot{U} = \frac{Z_2 - Z_1}{Z_1 + Z_2}\frac{\dot{U}}{2} \tag{7.21}$$

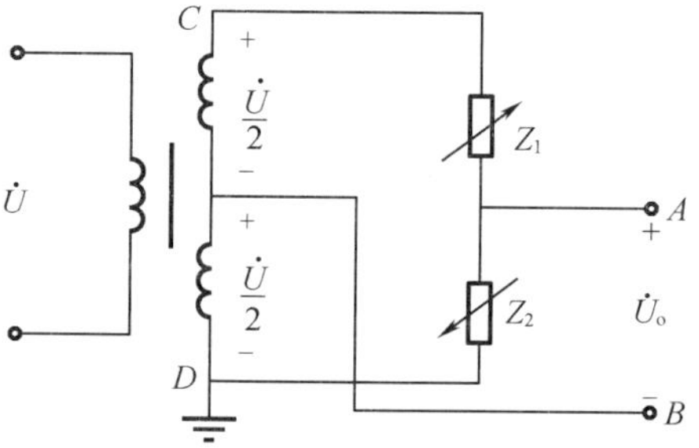

图 7.9　变压器式交流电桥电路

初始时,传感器的衔铁处于中间位置,电桥处于平衡状态,即 $Z_1 = Z_2 = Z$,此时有 $\dot{U}_o = 0$ V。双臂工作时,传感器衔铁偏离中间零点,向一边偏移,如 $Z_1 = Z + \Delta Z$,$Z_2 = Z - \Delta Z$ 时,有

$$\dot{U}_o = -\frac{\Delta Z}{Z}\frac{\dot{U}}{2} = -\frac{\Delta L}{L}\frac{\dot{U}}{2} \tag{7.22}$$

同理,如果衔铁向反方向移动时,如 $Z_1 = Z - \Delta Z$,$Z_2 = Z + \Delta Z$,此时有

$$\dot{U}_o = \frac{\Delta Z}{Z}\frac{\dot{U}}{2} = \frac{\Delta L}{L}\frac{\dot{U}}{2} \tag{7.23}$$

由式(7.22)和式(7.23)可知,当衔铁向不同的方向移动相同的距离时,产生的输出电压大小相等,但相位相反,即相差 180°。这说明变压器电桥电路输出电压不仅能反映衔铁移动大小,而且能反映衔铁移动方向。由于 U_o 是交流电压,输出指示无法判断位移方向,必须配合相敏检波电路来解决。

4. 谐振式测量电路

谐振式测量电路有谐振式调幅电路和谐振式调频电路两种。谐振式调幅电路如图 7.10(a)所示,在此调幅电路中,传感器电感 L 与电容 C、变压器原边串联在一

起,接入交流电源 $\dot{U}$,组成振荡回路,则变压器副边将有电压 $\dot{U}_o$ 输出,输出电压的频率与电源频率相同,而幅值随着电感值 L 而变化。图 7.10(b)所示为输出电压 $\dot{U}_o$ 与电感值 L 的关系曲线,其中 L_0 为谐振点的电感值。此电路的特点是灵敏度很高,但线性较差,适用于线性度要求不高的场合。

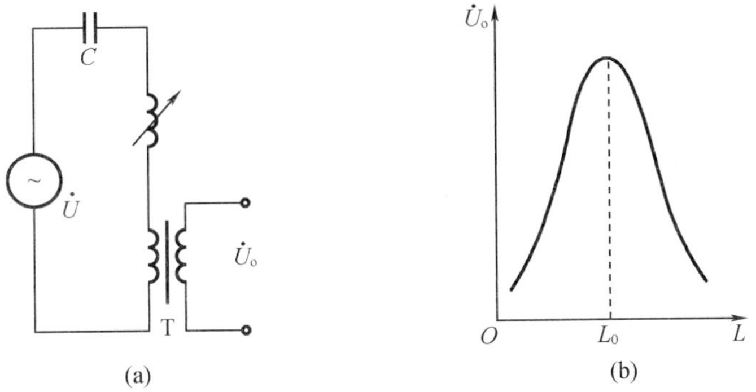

图 7.10 谐振式调幅电路及其特性曲线

调频电路的基本原理:传感器电感的电感值变化将引起输出电压频率的变化。谐振式调频电路如图 7.11(a)所示,通常把传感器电感 L 和电容 C 接入一个振荡回路中,其振荡频率 $f=\dfrac{1}{2\pi\sqrt{LC}}$。当 L 的电感值变化时,振荡频率随之变化,根据 f 的大小即可测出被测量的值。图 7.11(b)表示频率 f 与电感值 L 的关系曲线,为非线性关系。

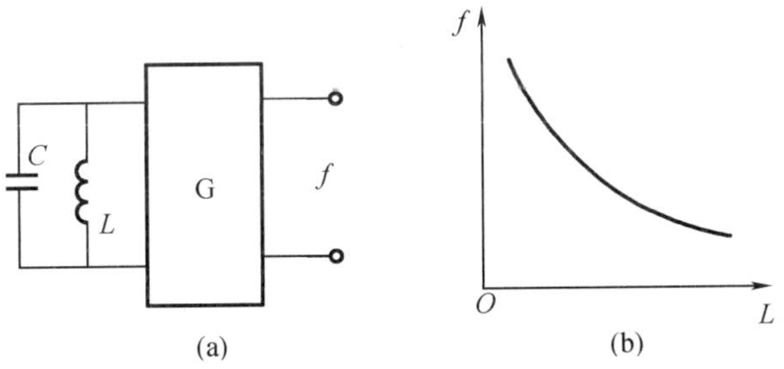

图 7.11 谐振式调频电路及其特性曲线

7.2 差动变压器式传感器

把被测的非电量变化转换为线圈互感变化的传感器称为互感式传感器。这种传感器是根据变压器的基本原理制成的，并且次级绕组用差动形式连接，故称差动变压器式传感器。

差动变压器结构形式较多，有螺线管式、变气隙式和变面积式等，图 7.12 为差动变压器式传感器的结构示意图。在非电量测量中，应用最多的是螺线管式差动变压器，它可以测量 1 ~ 100 mm 机械位移，并具有测量精度高、灵敏度高、结构简单、性能可靠等优点。

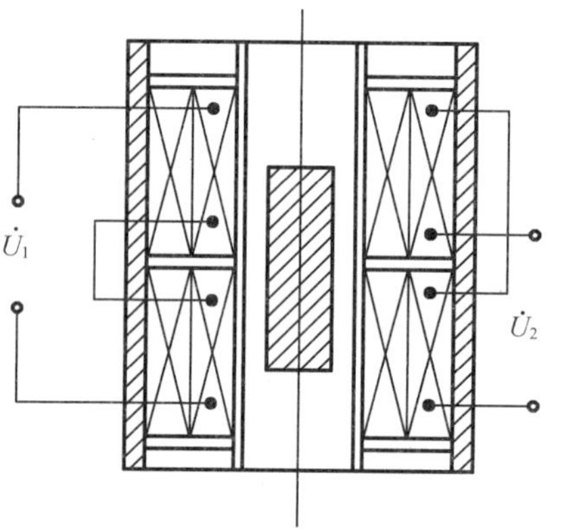

(a)螺线管式差动变压器

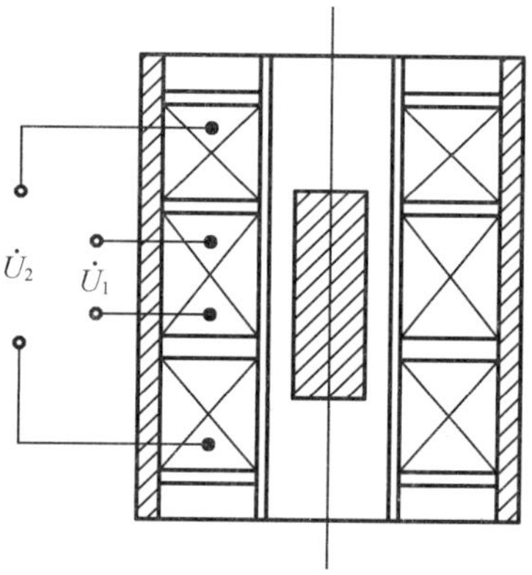

(b)螺线管式差动变压器

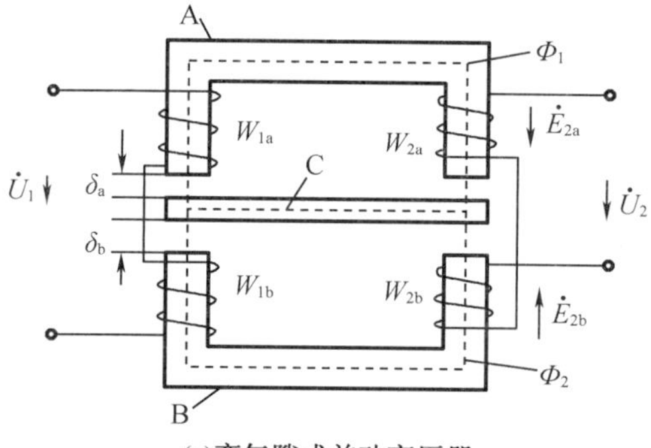

(c)变气隙式差动变压器

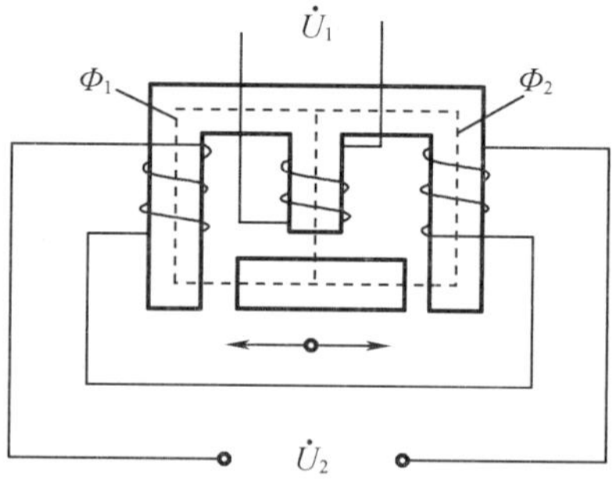

(d)变气隙式差动变压器

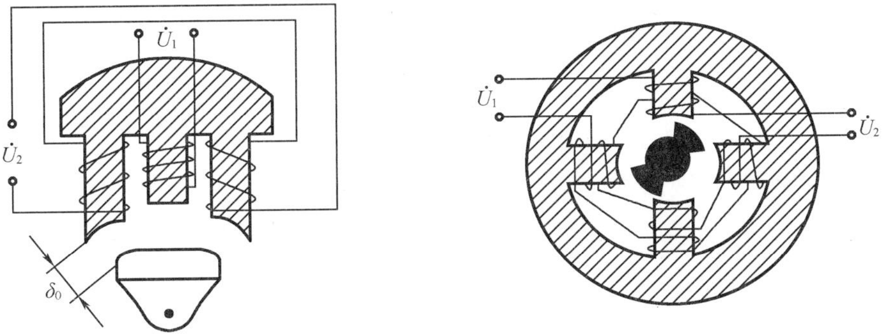

(e)变面积式差动变压器　　(f)变面积式差动变压器

图7.12　差动变压器式传感器的结构示意图

7.2.1　差动变压器式传感器的工作原理及输出特性

1. 螺线管式差动变压器

(1)工作原理

螺线管式差动变压器的结构如图7.12(a)、图7.12(b)所示,它由初级线圈,两个次级线圈和插入线圈中央的圆柱形铁芯等组成,其中两个次级线圈反向串联,构成差动式结构。在忽略铁损(即涡流与磁滞损耗忽略不计)、导磁体磁阻和线圈分布电容的理想条件下,其等效电路如图7.13所示。设该差动变压器中初级线圈的匝数为 W_1,两个次级线圈的匝数分别为 W_{2a}、W_{2b}。当初级绕组加以激励电压 $\dot{U}_1$ 时,根据变压器的工作原理,在两个次级绕组 W_{2a} 和 W_{2b} 中便会产生感应电势 $\dot{E}_{2a}$ 和 $\dot{E}_{2b}$。如果工艺上保证变压器结构完全对称,则当活动衔铁处于初始平衡位置时,必然会使两互感系数 $M_a = M_b$。根据电磁感应原理,将有 $\dot{E}_{2a} = \dot{E}_{2b}$。由于变压器两次级绕组反向串联,因而 $\dot{U}_2 = \dot{E}_{2a} - \dot{E}_{2b} - 0$,即该差动变压器的输出电压为零。

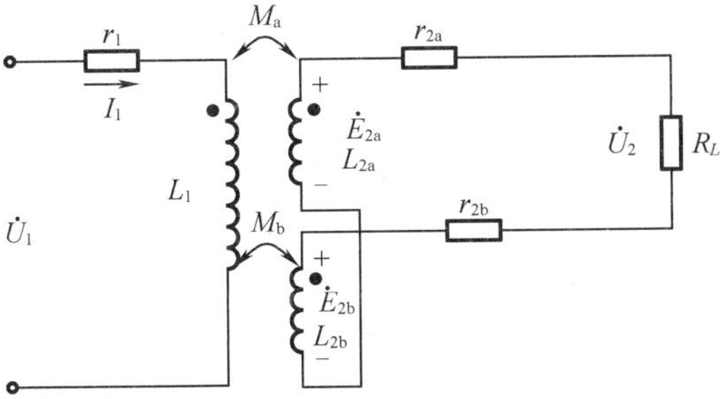

图7.13　螺线管式差动变压器的等效电路

当活动衔铁向上移动时，使互感量 $M_a > M_b$，因而 $\dot{E}_{2a}$增加，而 $\dot{E}_{2b}$减小。反之，$\dot{E}_{2b}$增加，$\dot{E}_{2a}$减小。因为 $\dot{U}_2 = \dot{E}_{2a} - \dot{E}_{2b}$，所以当 $\dot{E}_{2a}$、$\dot{E}_{2b}$随着衔铁位移 x 变化时，$\dot{U}_2$ 也必将随 x 变化。图 7.14 给出了差动变压器输出电压 $\dot{U}_2$ 与活动衔铁位移 x 的关系曲线，图中实线为理论特性曲线，虚线为实际特性曲线。从图 7.14 可以看出，该差动变压器式传感器与自感式传感器相似，也存在零点残余电压，使得传感器的特性曲线不通过原点，实际特性曲线不同于理想特性曲线。

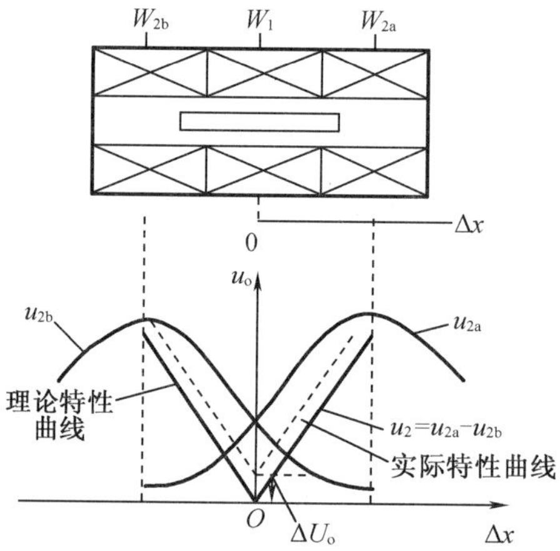

图 7.14　螺线管式差动变压器输出电压的特性曲线

(2)输出特性

螺线管式差动变压器等效电路如图 7.13 所示。当次级开路时有

$$I_1 = \frac{\dot{U}_1}{r_1 + j\omega L_1} \tag{7.24}$$

式中　$\dot{U}_1$——初级线圈激励电压；

ω——激励电压 $\dot{U}$ 的角频率；

I_1——初级线圈激励电流；

r_1——初级线圈直流电阻；

L_1——初级线圈电感。

根据电磁感应定律，次级绕组中感应电势的表达式分别为

$$\dot{E}_{2a} = -j\omega M_a \dot{I}_1 \tag{7.25}$$

$$\dot{E}_{2b} = -j\omega M_b \dot{I}_1 \tag{7.26}$$

式中 M_a、M_b——初级绕组与两次级绕组的互感。

由于次级两绕组反相串联，且考虑到次级开路，则由以上关系可得

$$\dot{U}_2=\dot{E}_{2a}-\dot{E}_{2b}=\frac{-j\omega(M_a-M_b)\dot{U}_1}{r_1+j\omega L_1} \tag{7.27}$$

输出电压的有效值为

$$U_2=\frac{\omega(M_a-M_b)U_1}{\sqrt{r_1^2+(\omega L_1)^2}} \tag{7.28}$$

式(7.28)说明，当激磁电压的幅值 U_1、角频率 ω、初级绕组的直流电阻 r_1 及电感 L_1 为定值时，差动变压器输出电压仅仅是初级绕组与两个次级绕组之间互感之差的函数。因此，只要求出互感 M_a 和 M_b 对活动衔铁位移 x 的关系式，再代入式(7.27)即可得到螺线管式差动变压器的基本特性表达式。对此，下面分三种情况进行分析。

①活动衔铁处于中间位置时

$$M_a=M_b=M$$

故

$$U_2=0$$

②活动衔铁向上移动时

$$M_a=M+\Delta M$$
$$M_b=M-\Delta M$$

故

$$U_2=\frac{2\omega\Delta MU_1}{\sqrt{r_1^2+(\omega L_1)^2}}$$

此时输出电压与 $\dot{E}_{2a}$ 同极性。

③活动衔铁向下移动时

$$M_a=M-\Delta M$$
$$M_b=M+\Delta M$$

故

$$U_2=-\frac{2\omega\Delta MU_1}{\sqrt{r_1^2+(\omega L_1)^2}}$$

此时输出电压与 $\dot{E}_{2b}$ 同极性。

2. 变气隙式差动变压器

(1)工作原理

假设闭磁路变气隙式差动变压器的结构如图 7.12(c)所示，在 A、B 两个铁芯

上绕有匝数分别为 $W_{1a}=W_{1b}=W_1$ 的两个初级绕组和 $W_{2a}=W_{2b}=W_2$ 的两个次级绕组。两个初级绕组的同名端顺向串联，两个次级绕组的同名端反相串联。

当没有位移时，衔铁 C 处于初始平衡位置，它与两个铁芯的间隙有 $\delta_{a0}=\delta_{b0}=\delta_a$，则绕组 W_{1a} 和 W_{2a} 间的互感 M_a 与绕组 W_{1b} 和 W_{2b} 的互感 M_b 相等，致使两个次级绕组的互感电势相等，即 $\dot{E}_{2a}=\dot{E}_{2b}$。由于次级绕组反相串联，因此该差动变压器输出电压 $\dot{U}_2=\dot{E}_{2a}-\dot{E}_{2b}=0$。

当被测体有位移时，与被测体相连的衔铁的位置将发生相应的变化，使 $\delta_a\neq\delta_b$，互感 $M_a\neq M_b$，两次级绕组的互感电势 $\dot{E}_{2a}\neq\dot{E}_{2b}$，输出电压 $\dot{U}_2=\dot{E}_{2a}-\dot{E}_{2b}\neq0$，即该差动变压器有电压输出，此电压的大小与极性反映被测体位移的大小和方向。

(2)输出特性

在忽略铁损、漏感及变压器次级开路(或负载阻抗足够大)的条件下，图 7.12(c)的等效电路可用图 7.15 表示。图中 r_{1a} 与 L_{1a}、r_{1b} 与 L_{1b}、r_{2a} 与 L_{2a}、r_{2b} 与 L_{2b} 分别为绕阻 W_{1a}、W_{1b}、W_{2a}、W_{2b} 的直流电阻与电感。

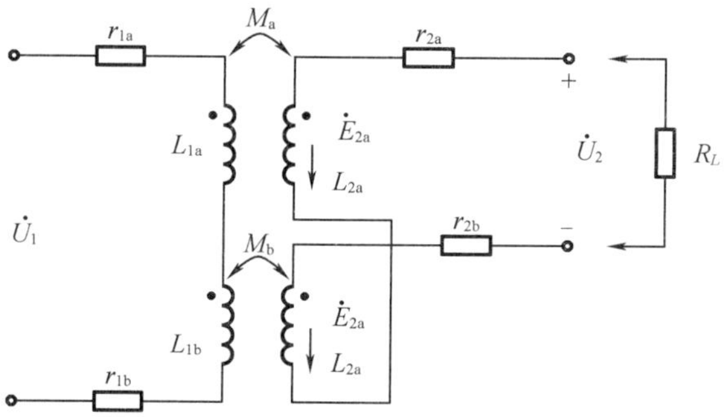

图 7.15　变气隙式差动变压器的等效电路

根据电磁感应定律和磁路欧姆定律，当 $r_{1a}\ll\omega L_{1a}$，$r_{1b}\ll\omega L_{1b}$ 时，如果不考虑铁芯与衔铁中的磁阻影响，对图 7.15 所示的等效电路进行分析，可得变气隙式差动变压器输出电压 U_2 的表达式，即

$$U_2=-\frac{\delta_b-\delta_a}{\delta_b+\delta_a}\frac{W_2}{W_1}U_1 \tag{7.29}$$

由上式可知，当衔铁处于初始平衡位置时，因 $\delta_a=\delta_b=\delta_0$，则 $\dot{U}_2=0$。但是，如果被测体带动衔铁移动，例如向上移动 δ(假设向上移动为正)时，则有 $\delta_a=\delta_0-\Delta\delta$，$\delta_b=\delta_0+\Delta\delta$，代入式(7.29)可得

$$\dot{U}_2 = -\frac{W_2}{W_1}\frac{\Delta\delta}{\delta_0}U_1 \tag{7.30}$$

式(7.30)即为闭磁路变气隙式差动变压器的输出特性。它表明变压器输出电压 $\dot{U}_2$ 与衔铁位移量 $\Delta\delta/\delta_0$ 成正比。式中负号的意义是当衔铁向上移动时，$\Delta\delta/\delta_0$ 定义为正，变压器输出电压 $\dot{U}_2$ 与输入电压 $\dot{U}_1$ 反相(相位差 180°)；而当衔铁向下移动时，$\Delta\delta/\delta_0$ 则为 $-|\Delta\delta/\delta_0|$，表明 $\dot{U}_2$ 与 $\dot{U}_1$ 同相。图 7.16 所示为变气隙式差动变压器输出电压 $\dot{U}_2$ 与位移 $\Delta\delta$ 的关系曲线。

$$K = \frac{\dot{U}_2}{\Delta\delta} = \frac{W_2}{W_1}\frac{\dot{U}_1}{\delta_0} \tag{7.31}$$

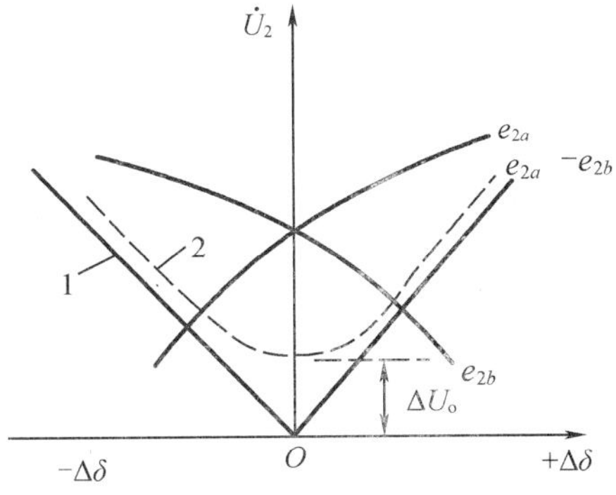

1—理想特性；2—实际特性。

图 7.16　变气隙式差动变压器的输出特性

由式(7.30)可得变气隙式差动变压器灵敏度 K 的表达式为

综合以上分析，可得到如下结论：

①首先，供电电源 $\dot{U}_1$ 要稳定，以便使传感器具有稳定的输出特性；其次，电源幅值的适当提高可以提高灵敏度 K 值，但要以变压器铁芯不饱和及允许温升为条件。

②增加 W_2/W_1 的比值和减小 δ_0 都能使灵敏度 K 值提高。然而，W_2/W_1 的比值与变压器的体积及零点残余电压有关，不论从灵敏度考虑，还是从忽略边缘磁通考虑，均要求变气隙式差动变压器的 δ_0 愈小愈好。为兼顾测量范围的需要，一般选择传感器的 δ_0 为 0.5 mm。

③以上分析的结果是在忽略铁损和线圈中的分布电容等条件下得到的，如果考虑这些影响，将会使传感器性能变差(灵敏度降低、非线性加大等)。但是，在一

般工程应用中是可以忽略的。

④上述推导的另一个条件是变压器副边开路。对由电子线路构成的测量电路来讲,这个要求很容易满足,但如果直接配接低输入阻抗电路,就必须考虑变压器副边电流对输出特性的影响。

7.2.2 差动变压器式传感器的测量电路

差动变压器的输出是交流电压,若用交流电压表测量,只能反映衔铁位移的大小,不能反映移动的方向。另外,其测量值中将包含零点残余电压。为了达到能辨别移动方向和消除零点残余电压的目的,在实际测量时,常常采用差动整流电路。

差动整流电路是把差动变压器的两个次级输出电压分别整流,然后将整流的电压差值作为输出,图 7.17(a)为半波差动整流电路,图 7.17(b)为全波差动整流电路,其中电阻 R_0用于调整零点残余电压。

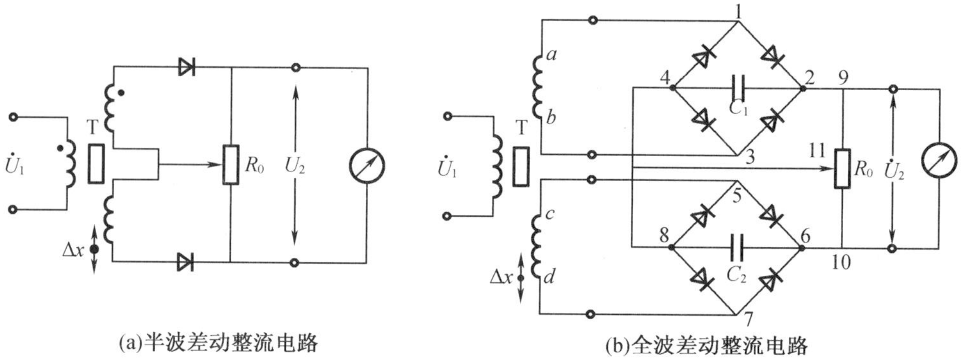

图 7.17 差动整流电路

下面结合图 7.17(b),分析差动整流工作原理。

从图 7.17(b)电路结构可知,两个次级线圈输出的交流电压经过全波整流后所得到的直流电压分为别为 U_{24}和 U_{68},故测量电路的输出电压为

$$U_2 = U_{24} - U_{68} \tag{7.32}$$

当衔铁在零位时,因为 $U_{24} = U_{68}$,所以 $U_2 = 0$;当衔铁在零位以上时,因为 $U_{24} > U_{68}$,则 $U_2 > 0$;而当衔铁在零位以下时,有 $U_{24} < U_{68}$,则 $U_2 < 0$;$\dot{U}_2$ 的正负表示衔铁位移的方向。

差动整流电路具有结构简单,不需要考虑相位调整和零点残余电压的影响,分布电容影响小和便于远距离传输等优点,因而获得了广泛应用。

7.3 机载应用案例

7.3.1 惯性导航系统中液浮陀螺仪的悬浮轴承

在应用液浮陀螺的惯性导航系统中，采用自感式传感器来实现对陀螺浮子组合件的磁力悬浮支撑。无源磁悬浮原理图如图7.18所示。

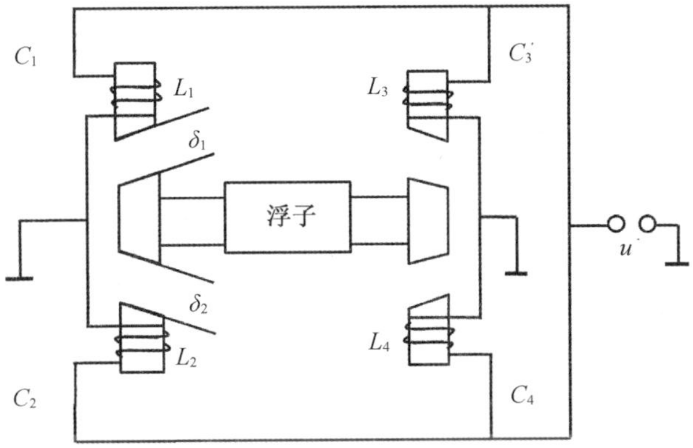

图7.18 无源磁悬浮原理图

当轴处于中心位置时，两电感相等，设枢轴向下偏移，上面回路气隙 δ_1 变大；下面回路气隙 δ_2 变小，即 $\delta_1 > \delta_2$，这时 $L_1 < L_2$，上面的磁拉力将大于下面的磁拉力，即 $F_1 > F_2$，结果产生向上的恢复力为 $\Delta F = F_1 - F_2$，它使枢轴上移回到零位。

这种支撑方法相对简单，稳定度较高。还有一种有源磁悬浮如图7.19所示，与无源磁悬浮原理类似，可使磁悬浮刚度大幅提升，但是缺点是需要一套电子设备，这使系统变得更加复杂。

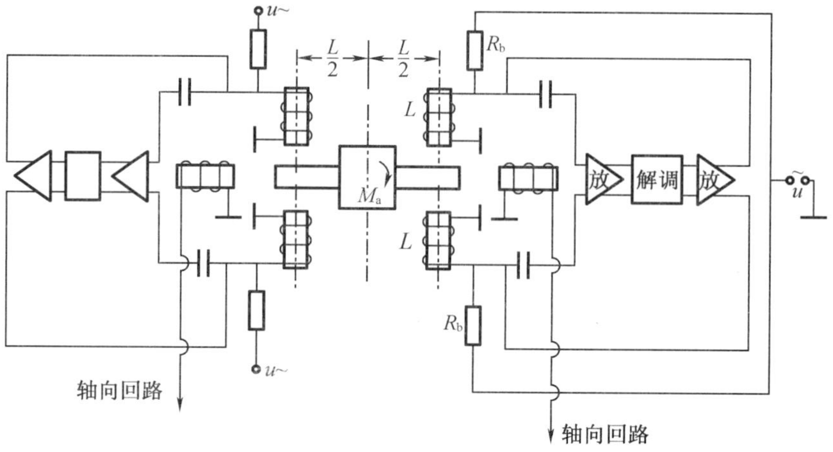

图 7.19　有源磁悬浮原理图

7.3.2　机载燃油消耗量表传感器

在新型战机上，一般采用自感式传感器来测量发动机的燃油消耗量。燃油消耗量传感器示意图如图 7.20 所示。

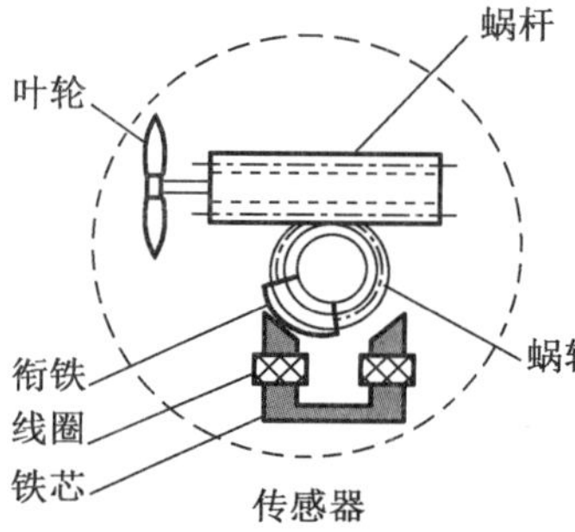

图 7.20　燃油消耗量传感器示意图

燃油消耗量表测量电路是由三个固定电感(L_1、L_3、L_4)和一个可变电感(L_2)组成的交流电桥，如图 7.21 所示。可变电感由线圈、铁心和衔铁组成。线圈绕在铁心上。衔铁由叶轮经蜗杆、蜗轮带动旋转。衔铁离铁心最远时，电桥的四个电感相等，电桥平衡。衔铁转动时，可变电感便发生周期性的变化，电桥也就继续产生不平衡信号，即交流脉冲信号。单位时间的脉冲次数与叶轮转速成一定比例，经放大后的脉冲电压信号，输送到电磁计数器(指示器)，每接收到一次脉冲，指针(或刻度盘)就转过一定的角度。指针转角表示燃料消耗量的大小。这种自感式传感器无接触部件,可靠性明显较高。

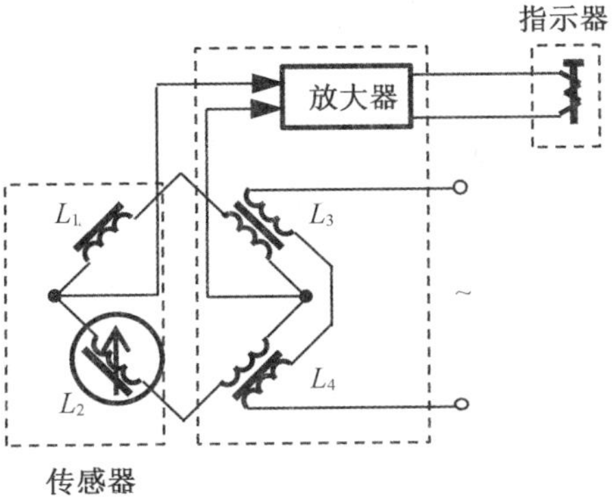

图 7.21　燃油消耗量表示意图

7.3.3　机载平台式惯导系统中挠性陀螺仪的信号器

在平台式惯导系统中,通常安装有两个挠性陀螺仪,作为平台稳定系统的敏感元件,测量平台相对其稳定位置的偏角。挠性陀螺仪的信号器即为差动变压器式传感器。

挠性陀螺仪的组成如图 7.22 所示。它主要包括五部分:陀螺转子、挠性接头、壳体、驱动轴、、磁滞马达信号器和力矩器。

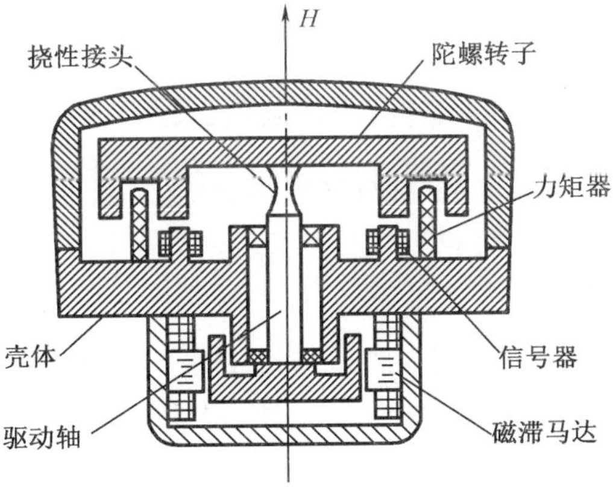

图 7.22　挠性陀螺仪组成

信号器由对称安装、反向串联的两个线圈及有关磁路构成。它的结构形式和连接线路如图 7.23 所示。

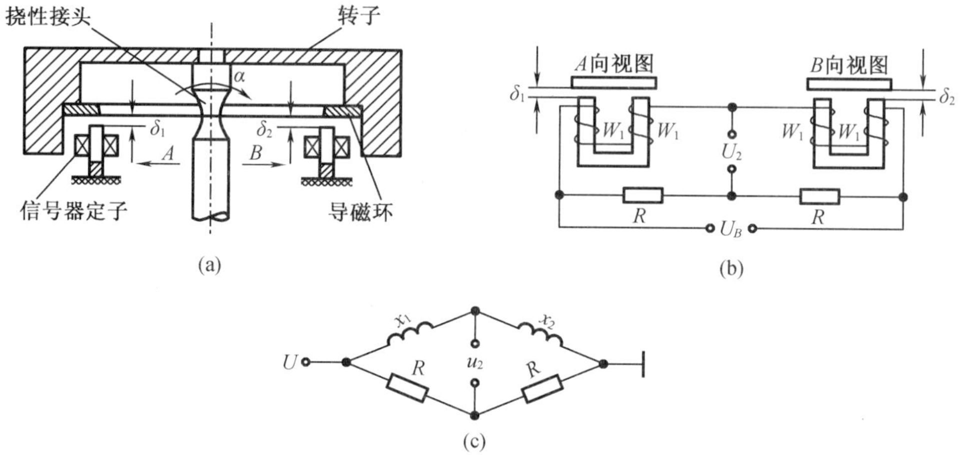

图 7.23　信号器

壳体上装有两对正交配置的信号器定子组合件，转子上有一个导磁环，它为每一个定子构成闭合磁路。图中一对信号器的 A 向和 B 向视图，如图 7.23(b)所示。电阻 R 为电桥平衡电阻。

若转子如图 7.23(a)所示偏转 α 角，则气隙长度 $\delta_1 > \delta_2$；左边的磁阻大于右边，右边定子线圈的阻抗 X_2 大于左边定子线圈的阻抗 X_1，因此激磁电压 u_B 在右边定子线圈上的电压降变大，左边的变小，破坏了电桥的平衡，结果产生了输出信号 u_2。

通过测量电压即可检测陀螺转子相对壳体两正交进动轴方向的角偏转。

7.3.4　机载远读地平仪托架伺服系统的传感器

在某型飞机上，装有远读地平仪托架随动如图 7.24 所示。为了保证在飞机倾斜时，地垂陀螺三轴互垂，采用了一套托架随动系统。其中，随动系统传感器就是变压器式角位移传感器。

变压器式角位移传感器在托架随动系统中，起到控制电门的作用，它可输出信号控制随动电机工作。它由扇形衔铁和“山”形铁心上绕的三个线圈组成，如图 7.25所示。扇形衔铁由内框轴稳定，定子线圈固定在外框上。中央的初级线圈通 36 V 400 Hz 的交流电，两边的次级线圈产生感应电势，并反相串联。扇形衔铁在定子中央时，转换器无信号输出。只有外框绕内框轴有角位移时，转换器才有信号输出。扇形衔铁顺转，角位移为正。输出线圈在前半周为正时，定为正信号，反之为负。因此,扇形衔铁顺转时,右线圈的信号增大,并为正信号;左线圈的信号减少,并为负信号。两信号抵消后,剩余电压信号即为输出信号,为正信号。

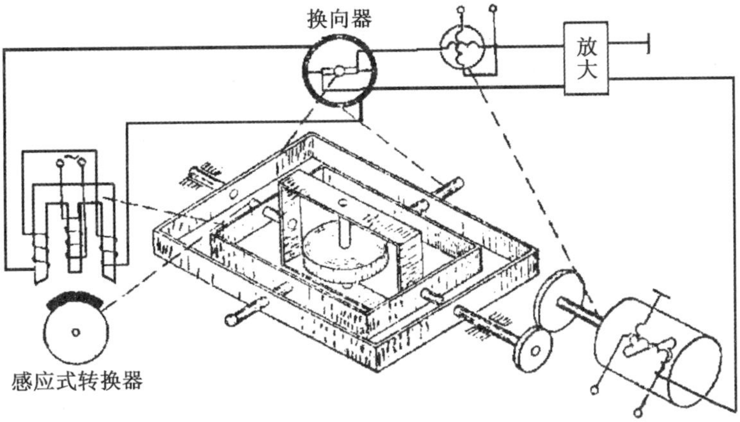

图 7.24　远读地平仪托架随动系统

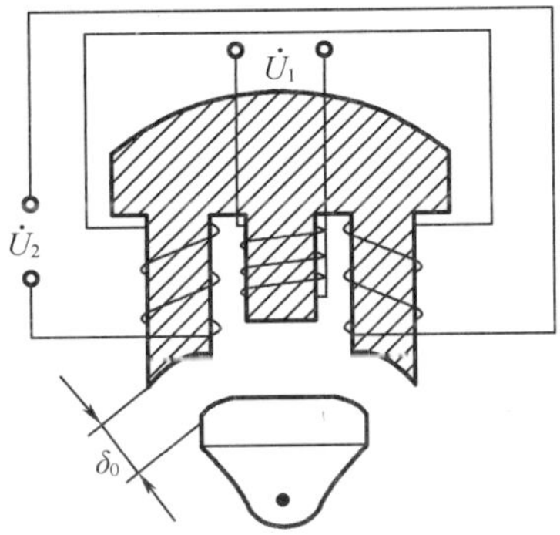

图 7.25　变压器式角位移转换器

采用了变压器式角位移传感器,因衔铁和定子线圈无接触,避免了接触式控制电门的摩擦力矩大、工作不可靠等缺点。由于转换器的输出电压与角位移呈线性关系,又可避免控制电门直接控制随动电机,使托架转动惯性太大而产生抖动的缺点。变压器式角位移转换器的缺点是结构复杂,还需用放大器等部件配合工作。

第8章　电容式传感器

电容式传感器是将被测量的变化转换为电容量变化的一种传感器。它具有结构简单、分辨率高、抗过载能力大、动态特性好、适应性强等优点，因此可以用来测量压力、力、位移、振动、加速度、液位等参数。但电容式传感器的泄露电阻和非线性等缺点也给它的应用带来一定的局限。随着电子技术的发展，特别是电容测量技术的不断提高，这些缺点逐渐得到了克服，使得电容式传感器得到了广泛的应用。

8.1　电容式传感器的分类及原理

8.1.1　基本工作原理及分类

电容器由两个平行极板组成，若忽略其边缘效应，其电容量可表示为

$$C=\frac{\varepsilon_0\varepsilon_r S}{d}=\frac{\varepsilon S}{d} \tag{8.1}$$

式中　S——极板相互遮盖面积，m^2；

d——两平行极板间的距离，m；

ε——极板间介质的介电常数；

ε_r——极板间介质的相对介电常数；

ε_0——真空的介电常数（$\varepsilon_0=8.85\times10^{-12}$ F/m）。

由式(8.1)可见，在ε、S、d三个参量中，只要保持其中两个不变，改变其中的一个均可使电容C改变，这就是电容传感器的工作原理。在应用中，一般分成变极板面积型电容式传感器、变极距型电容式传感器和变介质型电容式传感器。

8.1.2　变极板面积型电容式传感器

变极板面积型电容式传感器的工作原理如图8.1所示。

图8.1(a)是角位移式结构，当动片有一角位移θ时，两极板的遮盖面S改变，

因而改变了两极板间的电容量。

当 $\theta=0$ 时，

$$C_0=\frac{\varepsilon S}{d}$$

当 $\theta\neq0$ 时，

$$C_x=\frac{\varepsilon S(1-\theta/\pi)}{d}=C_0(1-\theta/\pi) \tag{8.2}$$

由式(8.2)可见，这种形式的传感器，电容 C_x 与角位移 θ 呈线性关系。

图 8.1(b)是直线位移式结构。设两极板遮盖面积为 S，当其中一块沿 x 方向移动时，S 值就发生变化，电容量 C 也随之改变，则

$$C_x=\frac{\varepsilon b(a-x)}{d}=C_0\left(1-\frac{x}{a}\right) \tag{8.3}$$

式中 C_0 也为$\frac{\varepsilon ba}{d}$。

此传感器的灵敏度可表示为

$$K=\frac{\mathrm{d}C_x}{\mathrm{d}x}=\frac{-\varepsilon b}{d} \tag{8.4}$$

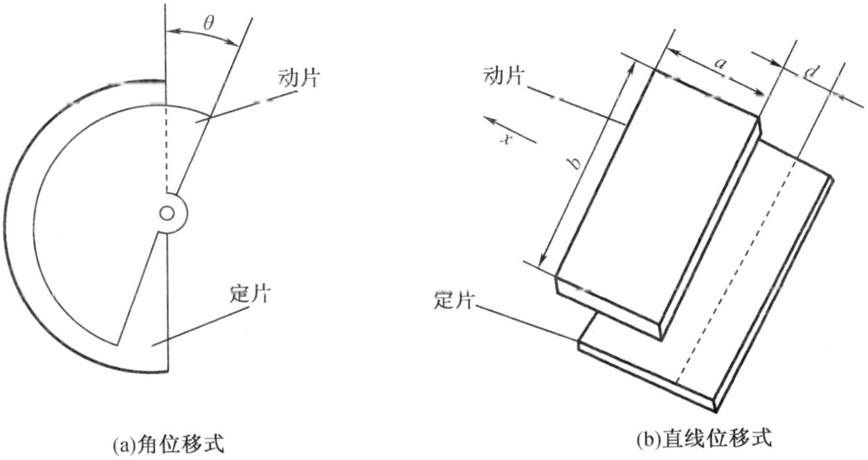

图 8.1　变极板面积型电容式传感器

由此可见，增加 b 值或减小 d 值皆可提高传感器的灵敏度，但是 b 值的增加受结构的限制，而 d 值的减小受电场强度的限制。这一类型的电容传感器多用来检测位移、尺寸等参量。

8.1.3 变极距型电容式传感器

变极距型电容式传感器的工作原理可用图 8.2 所示的原理图来说明。

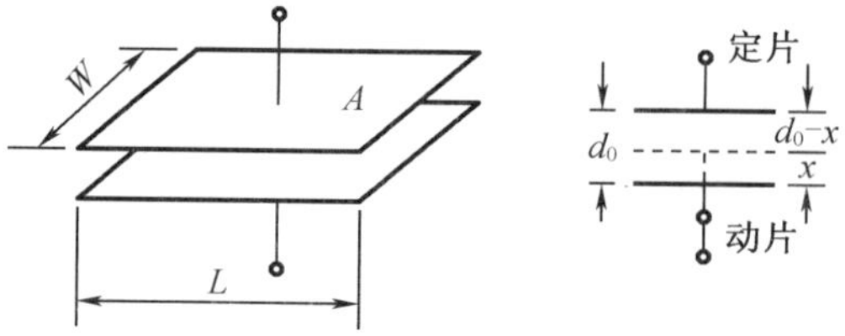

图 8.2 变极距型电容式传感器

其中,一个极板是固定不变的,一般称为定片;另一个极板是可动的,一般称为动片。当动片受被测量变化引起移动时,就改变了两极板间的距离 d,从而使电容量发生变化。设动片未动时的电容量为 C_0,当动片移动 x 距离后,其电容值为 C_x,它们分别为

$$C_0 = \frac{\varepsilon S}{d_0}, C_x = \frac{\varepsilon S}{d_0 - x} \tag{8.5}$$

由式(8.5)可见,电容量 C 与 x 不是线性关系。式(8.5)也可以写成

$$C_x = \frac{\varepsilon S}{d_0 - x} = \frac{\varepsilon S\left(1 + \frac{x}{d_0}\right)}{d_0\left(1 - \frac{x^2}{d_0^2}\right)} \tag{8.6}$$

当 $x \ll d_0$(即量程 x 远小于极板初始距离 d_0)时,$1 - (x^2/d_0^2) \approx 1$,则

$$C_x = \frac{\varepsilon S\left(1 + \frac{x}{d_0}\right)}{d_0} = C_0\left(1 + \frac{x}{d_0}\right) \tag{8.7}$$

此时 C 与 x 呈线性关系,但量程缩小很多。

8.1.4 变介质型电容式传感器

因为各种介质的介电常数不同,在两电极间加空气以外的其他介质时,它们之间的介电常数会发生变化,电容量也随之改变。这种传感器常用来检测容器中的液面高度、片状材料的厚度等。图 8.3 所示就是一只变介质型电容式传感器的原理图。在被测介质中放入两个同心圆柱状极板 1 和 2,若容器内介质的介电常数为 ε_1,容器介质上面的气体的介电常数为 ε_2,当容器内液面变化时,两极板间的电容量 C 就会发生变化。

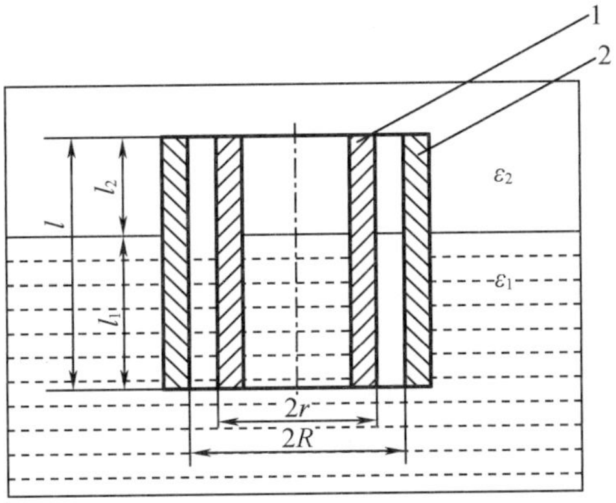

1—圆柱状极板;2—圆柱状极板。

图 8.3　变介质型电容式传感器

设容器中介质是非导电的(如果液体是导电的,则电极需要绝缘),容器中液体介质浸没电极 2 的高为 l_1,这时总的电容 C 等于气体介质间的电容量和液体介质间电容量之和。

气体介质间的电容量 C_2 和液体介质间的电容量 C_1 分别为

$$C_2=\frac{2\pi l_2\varepsilon_2}{\ln\dfrac{R}{r}}=\frac{2\pi(l-l_1)\varepsilon}{\ln\dfrac{R}{r}} \tag{8.8}$$

$$C_1=\frac{2\pi l_1\varepsilon_1}{\ln\dfrac{R}{r}} \tag{8.9}$$

式中　ε_1——容器中液体介质的介电常数;

ε_2——容器中气体介质的介电常数;

l——电极总长度($l=l_1+l_2$);

l_1、l_2——液体、气体介质高度;

R、r——两同心圆电极半径。

因此,总电容量为两电容并联,由式(8.8)、式(8.9)可得

$$C=C_2+C_1=\frac{2\pi(l-l_1)\varepsilon_2}{\ln\dfrac{R}{r}}+\frac{2\pi l_1\varepsilon_1}{\ln\dfrac{R}{r}}=\frac{2\pi l\varepsilon_2}{\ln\dfrac{R}{r}}+\frac{2\pi l_1(\varepsilon_1-\varepsilon_2)}{\ln\dfrac{R}{r}} \tag{8.10}$$

令

$$\frac{2\pi l\varepsilon_2}{\ln\dfrac{R}{r}}=A$$

$$\frac{2\pi(\varepsilon_1-\varepsilon_2)}{\ln\dfrac{R}{r}}=B$$

则式(8.10)可写为

$$C=A+Bl_1 \tag{8.11}$$

可见,电容量 C 与深度 l_1 成线性关系。

8.1.5 差动式电容式传感器

在实际应用中,为了提高传感器的灵敏度,常常做成差动式电容式传感器。一般来说,差动式电容式传感器中间的一片极板为动片,两边的两片极板为定片,当动片移动 x 距离后,一边的间隙变为 $d-x$,另一边的则变为 $d+x$。也可做成改变极板间遮盖面积的差动式电容式传感器,即上下两个圆筒是定极片,而中间圆筒为动片,当动片向上移动时,与上极片的遮盖面积增加,而与下极片的遮盖面积减小,两者变化的数值相等,反之亦然。

8.2 电容式传感器的测量电路

8.2.1 交流电桥

图 8.4 为由电容转换元件组成的交流电桥测量系统,电桥的两个臂为传感器电容,另外两个臂是变压器的次级绕组。单臂电桥连接时,传感器电容邻臂接一个固定电容 C_0 相匹配。按差动形式连接时,传感器电容 C_1、C_2 是电桥两个臂,当电容动极板在中间位置时,传感器电容相等,即 $C_1=C_2$,由于变压器次级绕组对称,有 $\dot{U}_1/2=\dot{U}_2/2=\dot{U}/2$,因此输出 $U_0=0$。

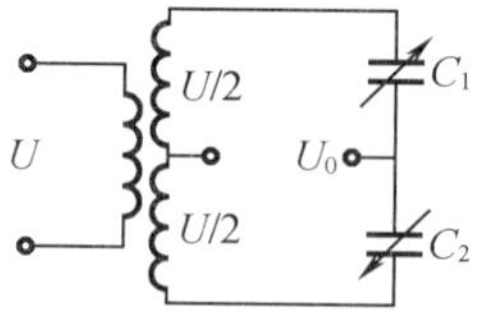

图 8.4　交流电桥测量系统

当交流电桥负载无穷大时,电桥输出为

$$\dot{U}_0=\frac{\dot{U}}{2}\cdot\frac{Z_1-Z_2}{Z_2+Z_1} \tag{8.12}$$

式(8.12)中,$Z_1=\frac{1}{\mathrm{j}\omega C_1}$,$Z_2=\frac{1}{\mathrm{j}\omega C_2}$,将其代入后电桥输出可表示为

$$\dot{U}_0=\frac{\dot{U}}{2}\cdot\frac{C_1-C_2}{C_2+C_1} \tag{8.13}$$

当电容动片上移,使两电容一个增大一个减小时,它们分别变化为

$$C_1=\frac{\varepsilon S}{\delta_0-\Delta\delta}$$

$$C_2=\frac{\varepsilon S}{\delta_0+\Delta\delta} \tag{8.14}$$

将 C_1、C_2代入式(8.13),两电容总的变化引起的电桥输出为

$$U_0=\frac{E}{2}\cdot\frac{\Delta\delta}{\delta_0} \tag{8.15}$$

可见,电桥输出电压与电容传感器的输入位移呈理想线性关系。

图8.5为电容式传感器交流电桥的多种电路形式,实际应用中可根据工程现场的具体情况采用不同的连接方式。

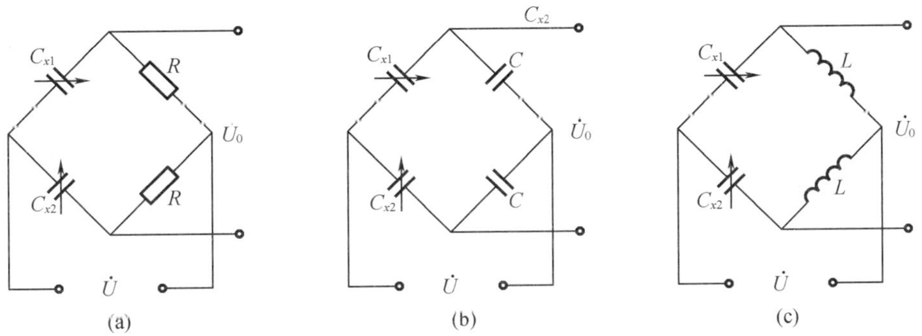

图8.5　电容式传感器交流电桥的多种电路形式

8.2.2　差动脉冲调宽电路

差动脉冲调宽电路原理如图8.6所示。A_1、A_2为比较器,FF为双稳态触发器,晶体二极管 VD_1、VD_2与电阻 R_1、R_2组成充放电回路,电容器 C_{x1}、C_{x2}为传感器差动电容,U_f 是直流参考电压,A、B 为双稳态两输出端,直接将检测信号送入低通滤波器获得直流输出电压。差动脉冲调宽电路各点波形如图8.7所示。

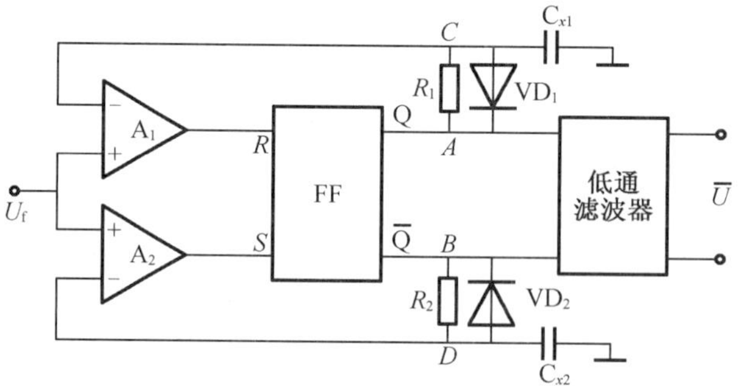

图 8.6　差动脉冲调宽电路原理

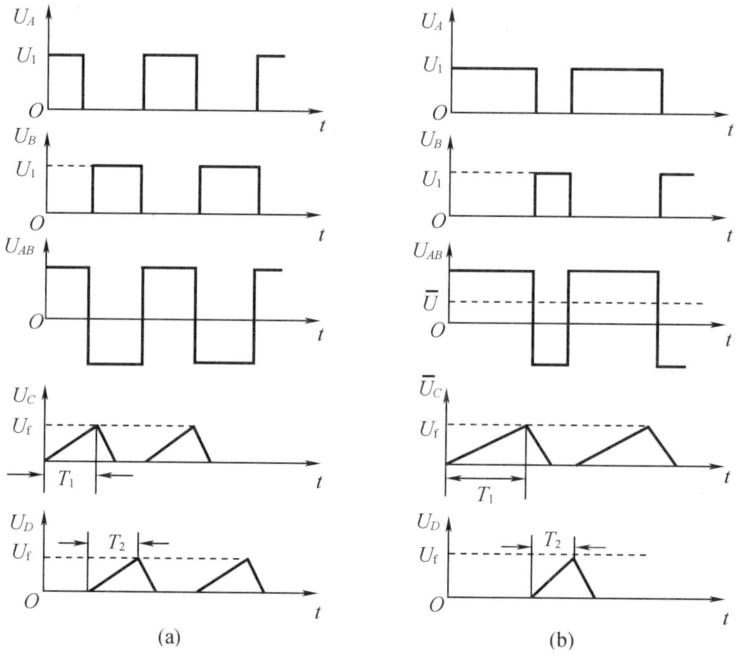

图 8.7　差动脉冲调宽电路各点波形

设电源接通时间 $t \geqslant 0$ 时，双稳态触发器 Q(A)端高电平，$\overline{\mathrm{Q}}$(B)端低电平，U_A 点高电位通过电阻 R_1 向 C_{x1} 充电，当 U_C 点电位升高至参考电压 U_f 时，比较器 A_1 输出的极性改变，双稳态触发器翻转，A 点变低，B 点变高，使二极管 VD_1 导通，C_{x1} 放电；同时由于 B 点电位升高，使 U_B 通过电阻 R_2 向 C_{x2} 充电，当 U_D 点的电位升高至参考电压 U_f 时，比较器 A_2 使触发器再一次翻转。

双稳态的两个输出端各产生一个调制脉冲，脉冲宽度受 C_{x1}、C_{x2} 调制；当传感器电容 $C_{x1}=C_{x2}$ 时，U_C 与 U_D 放电时间相同，A、B 两端平均电压 U_{AB} 为零，经滤波后无信号输出，此时电路各点输出波形如图 8.7(a) 所示；当传感器有信号输入时，若 $C_{x1} > C_{x2}$，则 U_C 与 U_D 分别对电容 C_{x1}、C_{x2} 的充放电时间不同，输出电压不再是零，此时电路各点输出波形如图 8.7(b) 所示，这时输出电压与 U_A 和 U_B 的差值有关，即

$$U_o = U_A - U_B = \frac{T_1}{T_1 + T_2}U_1 - \frac{T_2}{T_1 + T_2}U_1 = \frac{T_1 - T_2}{T_1 + T_2}U_1 \tag{8.16}$$

式中　U_1——触发器输出的高电平电压值；

T_1、T_2——C_{x1}、C_{x2} 电容充电到参考电压 U_f 所需的时间。

低通滤波器输出的直流电平与电容的差值有关，即

$$\overline{U} = \frac{C_1 - C_2}{C_1 + C_2}U_1 \tag{8.17}$$

如果是差动变极距型电容，输出可表示为

$$\overline{U} = \frac{\delta_2 - \delta_1}{\delta_1 + \delta_2}U_1 = \frac{\Delta\delta}{\delta}U_1 \tag{8.18}$$

若是差动变极板面积型电容式传感器，输出电压可表示为

$$\overline{U} = \frac{S_1 - S_2}{S_1 + S_2}U_1 = \frac{\Delta S}{S}U_1 \tag{8.19}$$

差动脉冲调制电路适用于任何差动电容传感器，并有理论线性度。该电路不需加解调、检波，由滤波器直接获得直流输出，而且对矩形波纯度要求不高，只需稳定的电源即可。

8.2.3　运算放大器式电路

运算放大器式电路原理如图 8.8 所示，图中 C_x 为传感器电容，C_o 是输入回路固定电容。由于运算放大器放大倍数非常大，且输入阻抗 Z_i 很高，故放大器输入电流 $\dot{I}_i = 0$。又由于运算放大器的 a 点为虚地，所以输入电压与电流可表示为

$$\dot{U}_i = \frac{\dot{I}_o}{j\omega C_o} = \dot{I}_o X_{C_o} \tag{8.20}$$

输出端电压为

$$\dot{U}_o = \frac{\dot{I}_x}{j\omega C_x} = \dot{I}_x X_{C_x} \tag{8.21}$$

由于 $\dot{I}_i = 0$，输入电流与反馈电容上电流大小相同方向相反，即 $\dot{I}_o = -\dot{I}_x$，则有

$$\dot{U}_o = -\dot{U}_i \frac{C_o}{C_x} \tag{8.22}$$

将单极板平板电容传感器 $C_x = \varepsilon_0 S/\delta$，代入式(8.12)得

$$\dot{U}_o = -\dot{U}_i \frac{C_o}{\varepsilon_0 S}\delta \tag{8.23}$$

由式(8.23)结果可见，运算放大器输出电压 U_o 与电容动极板的机械位移 δ 呈线性关系，因此解决了单电容非线性的问题。以上输出结果是在放大倍数 K 趋于无穷、输入阻抗 Z_i 趋于无穷的理想条件下得到的，实际应用时，K、Z_i 是个有限值，所以这种测量电路仍有一定的非线性误差，但只要 K、Z_i 足够大，这种误差会较小。这种电路结构不易采用差动测量。另外输出电压与固定电容 C_o 有关，因此要求 C_o 很稳定，另外信号源电压 U_i 也需采取稳压措施，减小输出误差。

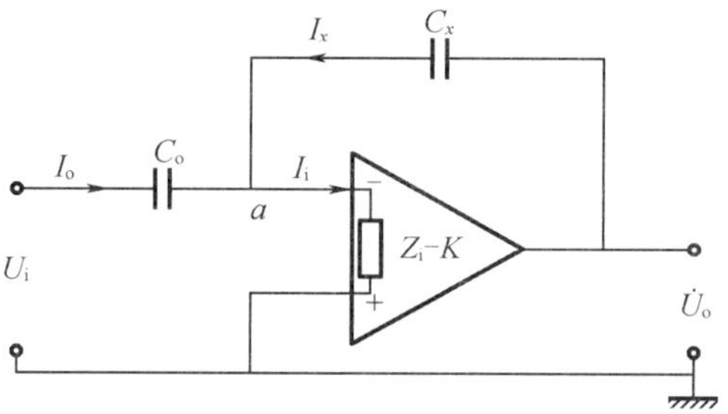

图 8.8　运算放大器式电路原理

8.3　机载应用案例

在航空中，电容式传感器主要应用在电容式油量表中，利用传感器把油面高度转换为电容，再利用测量转换电路指示出相应油量。根据测量转换电路不同，电容式油量表可分为模拟式和数字式两种。

模拟式电容式油量表，其传感器是由同心圆筒形极板组成的电容器。电容式传感器测量油箱液位油量的示意图如图 8.9 所示。

当油箱中无油时，电容式传感器的电容量为 C_{x0}，调节匹配电容使 $C_0 = C_{x0}$，并使电位器 R_P 滑动臂位于 0 点，即电阻值为零。此时，电桥满足平衡条件，其输出为零。伺服电动机不转动，油量表指针偏转角为零度。当油箱中注满油时，液位上升至 h 处，使电容量发生变化，即电容量 $C_x = C_{x0} + \Delta C$，而 ΔC 与 h 成正比，此时电桥

失去平衡，电桥的输出电压放大后驱动伺服电动机，经减速后带动指针偏转，同时带动电位器 R_P 的滑动臂移动，使 R_P 电阻值增大。当 R_P 电阻值达到一定值时，电桥又能达到新的平衡状态，此时 $U_x=0$，于是伺服电动机停转，指针停留在转角 θ 处。

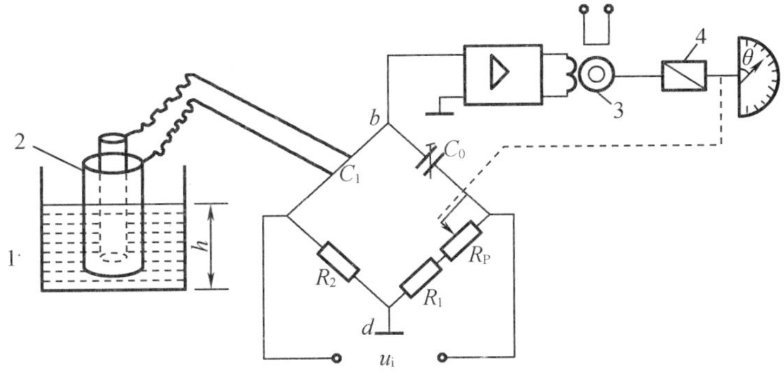

1—油箱；2—圆柱形电容器；3—伺服电动机；4—减速器。

图 8.9　电容式传感器测量油量示意图

由于伺服电动机同时带动指针及可变电阻的滑动臂，因此电位器 R_P 的电阻值与转角 θ 存在着确定的对应关系，即 θ 正比于 R_P 的电阻值，而 R_P 的电阻值又正比于液位高度 h。因此，可直接从刻度盘上读得液位高度 h。

第 9 章　谐振式传感器

在航空上,测量大气静压、全压的传感器主要有振动筒式压力传感器、振膜式压力传感器和硅微结构谐振式压力传感器三种,它们都属于谐振式传感器。

9.1　振筒式压力传感器

振筒式压力传感器是用振动筒的固有振动频率来测量有关参数,其固有频率取决于筒的形状、大小、材料和筒周围的介质等。应用均匀薄壁圆筒作敏感元件是近十多年来发展起来的一种新技术。这种传感器的优点是迟滞误差和漂移误差极小、稳定性好、分辨力高,以及轻便、成本低。它主要用于测量气体的压力和密度等。

9.1.1　结构与工作原理

振筒式压力传感器的结构原理如图 9.1 所示。振动筒是一个薄壁金属圆筒,它是传感器的敏感元件,壁厚为 0.07 ~ 0.12 mm,其一端固定,另一端密封可以自由运动。圆筒材料必须是能够构成闭合磁回路的磁性材料,并且弹性温度系数很低,并用冷挤压和热处理等工艺加工制成。外保护筒用来防止外磁场的干扰并起机械保护作用。振动筒和外保护筒之间为真空参考室,作为参考标准。

在振动筒内的骨架上,上下安装了两组线圈,上面的是激振线圈,下面的是拾振线圈。两线圈的中心线相互垂直。在激振线圈和拾振线圈中心分别有一根导磁棒和永磁棒。

激励线圈和拾振线圈通过振动筒相互耦合,用集成运放组成一个正反馈的振荡电路,如图 9.2 所示。电源未接通时,两线圈中都没有电流,振动筒处于静止状态。刚接通电源时,放大器通上了直流电,其固有噪声在激振线圈中产生微弱的随机脉冲,该脉冲信号产生一个脉动的磁场,这个脉动磁场对振动筒形成一个脉动力,从而使振动筒的筒壁变形,使其产生低幅低频谐振。而筒壁的位移使拾振线圈与筒壁之间的间隙发生变化,因此穿过拾振线圈的磁通量也发生变化。这样,拾振线圈就会产生相应的感应电势，该感应电势经放大器放大后，再反馈到激振线圈形成一个正反馈回路。随着时间的推移，激振线圈中的脉冲电流迅速增大，它所产生的脉动磁场也迅速增强，振动筒谐振运动的振幅也相应增大，拾振线圈的脉动感应电势也迅速增大，其结果会使激振线圈中的电流进一步增大。这一递增过程非常迅速，放大器很快达到饱和。此后，输出脉冲的峰值与线圈中脉冲电流的峰值基本不变，起振过程结束，进入稳定工作状态。

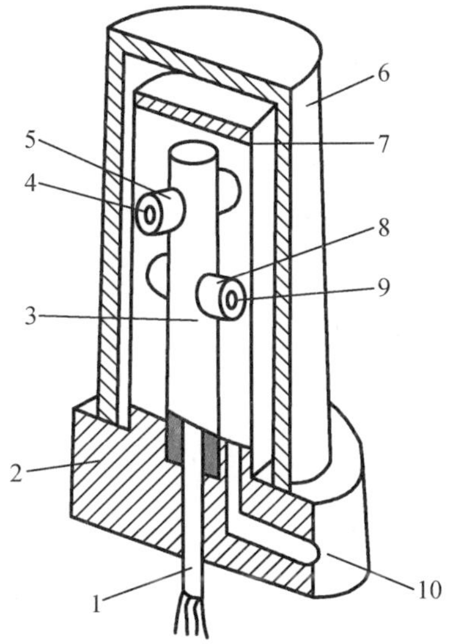

1—引线；2—底座；3—支柱；4—磁芯；5—激振线圈；
6—外保护筒；7—振动筒；8—拾振线圈；9—永磁棒；10—压力入口。

图 9.1　振筒式压力传感器的结构原理

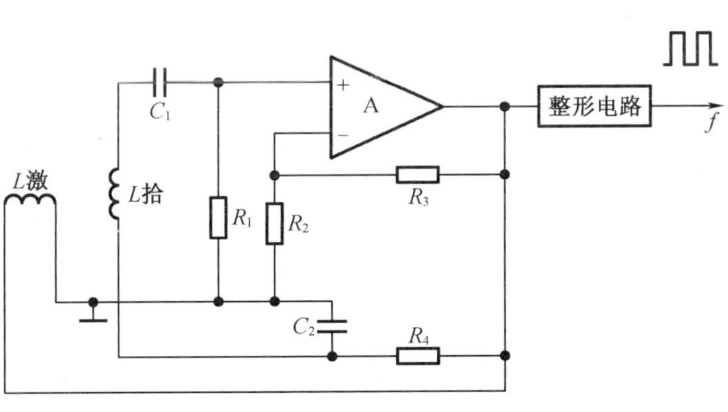

图 9.2　激励放大器原理图

测量电路进入稳定工作状态后，激振线圈中有一峰值一定的脉冲信号，在它所产生的变化磁场作用下，振动筒以一定的谐振频率做小幅低频振荡，其谐振频率与筒内气压成一定的函数关系。振动筒的振动，使穿过拾振线圈的磁通量变化，拾振线圈产生脉动的感应电势，该信号经放大和整形后，输出一定幅值的低频脉冲信号，其频率等于振动筒的谐振频率。也就是说，测量线路输出的脉冲电信号的频率，与振动筒内腔气压成一定的函数关系，当振动筒内腔气压变化时，在一定的温度下，振动筒的谐振频率发生变化，输出脉冲的频率也就发生变化。气压越大，振动筒的谐振频率越高，输出脉冲信号的频率也越高；气压越小，输出脉冲的频率也越低。

9.1.2 振动频率和压力的关系

因为在振筒式压力传感器中，振动筒内外压力之差引起筒壁应力的变化，筒的刚度发生变化，系统的振荡频率 f 随之改变，所以谐振频率与被测压力具有对应的函数关系。实验证明，在恒温条件下，振动频率与压力不是线性关系，而是近似抛物线关系。其谐振频率可表示为

$$f = F(E,\rho,\mu,m,n,R,h,L,P,T,\rho_0) \tag{9.1}$$

式中 E——圆筒的弹性模量；

ρ——圆筒的材料密度；

μ——泊松比；

m——轴向半波数；

n——周向全波数；

R——平均半径；

h——圆筒的壁厚；

L——圆筒的有效长度；

P——作用在筒壁内、外的压力差；

T——圆筒的温度；

ρ_0——圆筒内介质的密度。

在以上这些参数中，E、ρ、μ、m、n、R、h、L 这八个参数都与振动筒的材料和构造有关。当振动筒制成后，就可将这些参数看作常数。振动筒工作时，内部一般通大气，其密度 ρ_0 也是已知的。由此，振动筒的谐振频率公式可简化为

$$f = F'(P,T) \tag{9.2}$$

由于振动筒本身是良好的导热体，它的温度 T 与圆筒内大气的温度基本相同。在一定的温度下，振动筒的谐振频率 f 与筒内气压 P 的关系如图 9.3(a) 所示；而在

一定压力下，谐振频率 f 与温度 T 的关系如图 9.3(b)所示。

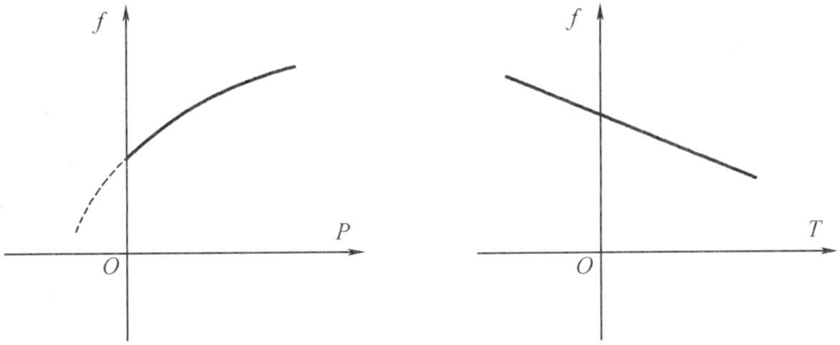

(a)压力-频率曲线　　(b)温度-频率曲线

图 9.3　振动筒工作时的特性曲线

由以上曲线可知，压力 - 频率曲线是非线性的。在温度一定的情况下，筒内气压 P 越大，振动筒的谐振频率就越高；筒内气压 P 越小，谐振频率 f 也越低。温度 - 频率曲线基本上是线性的，在压力一定的情况下，温度 T 越高，振动筒的谐振频率 f 越低。

9.1.3　振筒式压力传感器的温度误差

振动筒的谐振频率除与内腔气压有关外，还与振动筒的温度有关。为了消除在相同压力下，压力传感器输出脉冲的频率随振动筒温度改变而变化所造成的误差，必须进行温度补偿。为此，在压力传感器的底座内，紧贴着振动筒安装了一个感温元件。感温元件是一个感温二极管，大部分暴露在振动筒内腔气体中，用来感受振动筒的温度。感温二极管感受振动筒的温度，并将其转换为电压信号输出。这样，根据感温元件所测的温度值，按一定的规律即可消除温度误差。

9.2　振膜式压力传感器

振膜式压力传感器主体结构是一个带有很薄隔膜的膜囊，因此也称为固态膜囊式压力传感器。隔膜在输入压力作用下会发生弯曲变形，图 9.4 给出了其基本结构，可选材料主要有硅、石英、熔融石英或特种陶瓷等已加工原材料。这些材料的磁滞性可以忽略，且具有良好的力学特性，以及稳定的、高度线性化的压力/张力特性。其弹性模量随温度的变化也很稳定，并可通过测量传感器温度来进行补偿。

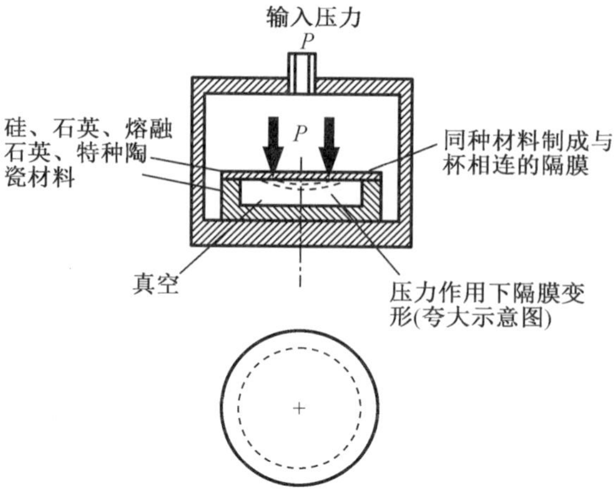

图 9.4 固态膜囊式压力传感器

隔膜的弯曲变形与输入压力呈线性关系，但变形值非常小。半导体技术已用于这些传感器的制造中，加上没有活动部件，因此可形容为“固态”传感器。由于半导体加工技术的使用，能够制造出有极高重复性的小型传感器。

在压力作用下，固态膜囊产生的偏移通常为 25～50 μm 或者更小。下面简要介绍测量此微小偏移的技术方法。

9.2.1 积分应变测量

压组网络（电桥）是植入硅制薄膜边缘的离子。压力作用使薄膜发生弯曲变形，硅晶格结构因而变形，引起压阻式元件的电阻发生变化。压阻元件连接到一个如图 9.5 所示的惠斯登电桥上。

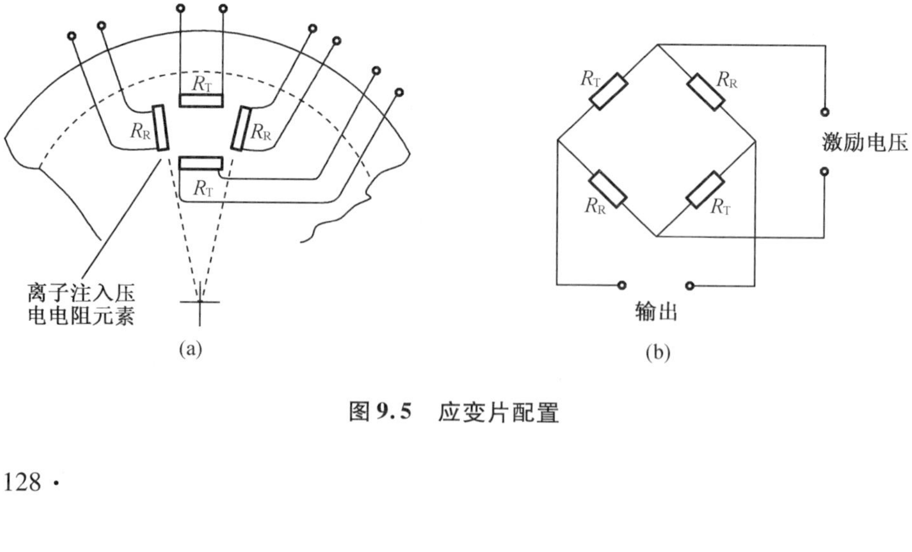

图 9.5 应变片配置

电桥有两个径向安装的对面电阻元件,另外两个安装在薄膜的切线方向上。输入压力使径向元件电阻减少而切向元件电阻增加或者相反,这取决于压力是增加还是减小,但都使惠斯登电桥不平衡。由于硅的弹性模量与温度有关,因此电桥的输出与压力和温度均成比例,且温度产生的误差可以在传感器输出信号的后续处理中得到修正(温度产生的误差是非常稳定的,可重复测量)。

利用精确的 A/D 转换电路可将输出的模拟电压信号转换为数字输出。支持的电子设备包括单轴的测量元件、A/D 转换器、与外部的数字接口,都能利用现代微电子技术整合到传感器内部。该技术被称为“智能传感器”技术。

9.2.2 电容感应

电容感应技术是在隔膜中央贴置一片金属薄膜,构成一个电容元件(或感应器),其电容随着隔膜因压力变形而变化,构成了电容电桥网络的一部分,电容感应器结构如图 9.6 所示。设计正确的电容感应电桥组合具有极高的精度,能够探测到微小隔膜变形产生的微小电容变化(值得注意的是,最高精度角位移或线位移传感器,除了光学测量技术数量级的,均采用的是电容感应技术)。

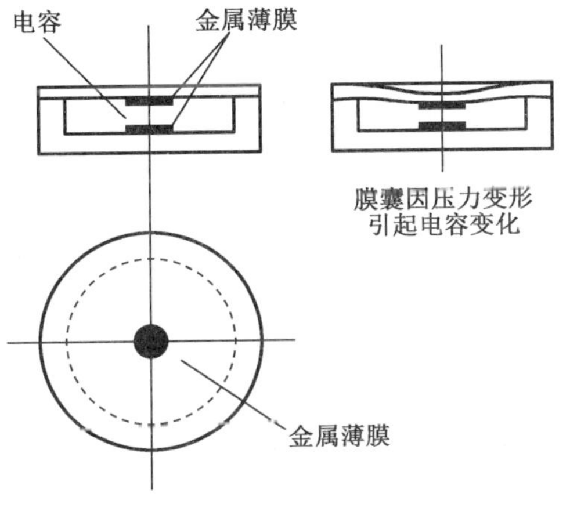

图 9.6 电容感应器结构

这种振膜式压力传感器用石英、熔融石英或特种陶瓷材料制造,这些材料的弹性模量随温度的变化率都比硅小。膜囊中也包含有一个积分温度传感器,补偿因温度产生的测量误差。

在电容感应桥的结构设计中,必须保证不受导线与屏蔽物等引出的、固有的寄生电容的影响。这些影响导致的电容变化往往相当于或超过输入压力所产生的微小电容变化，需要一个精确的 A/D 转换器实现数字输出。

必须注意到，由于隔膜的质量，振膜式压力传感器本身对加速度比较敏感。但这种敏感度是比较小的，当压力传感器以垂直加速度适量轴的方式安装时，通常可以忽略。

9.3 硅微结构谐振式压力传感器

硅微结构谐振式压力传感器的敏感结构如图 9.7 所示。它由方膜片、梁谐振子和边界隔离部分构成。其工作原理为：以方形硅膜片作为一次敏感元件，直接感受被测压力，将被测压力转化为硅膜片上的应力，在膜片的上表面制作浅槽和硅梁，以硅梁作为二次敏感元件，直接感受膜片上的应力，即间接感受被测压力。外部被测压力 P 使梁谐振子的刚度发生了变化，梁谐振子固有频率将随压力的变化而变化。通过检测梁谐振子的固有频率的变化，即可间接测出压力的变化。

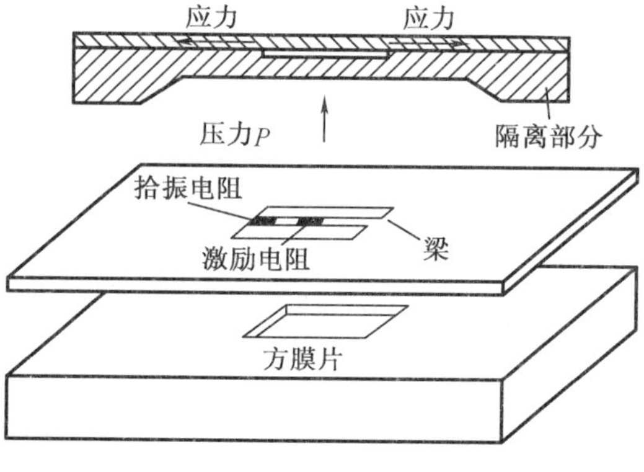

图 9.7 硅谐振式压力微传感器的敏感结构

为了使梁谐振子持续不断振动，必须采用适当的激励方式。在硅微结构传感器中，激振方式一般有：电磁激励、电容激励、压电激励、电热激励和光热激励等。同时，必须实时检测谐振子的振动。在硅微结构传感器中，拾振方式一般有压电拾振、静电拾振、电磁拾振和压敏电阻拾振等。考虑到加工工艺及激、拾振效果等因素，通常采用电热激励和压敏电阻拾振方式。在硅梁谐振子的中部设置一电阻，作为热激励单元，激励热电阻产生热应力，驱动梁谐振子振动。同时在梁一端的根部设置一压敏电阻，作为拾振单元，利用压阻效应检测梁谐振子的振动。梁谐振子上激励电阻、拾振电阻的设置如图 9.8 所示。

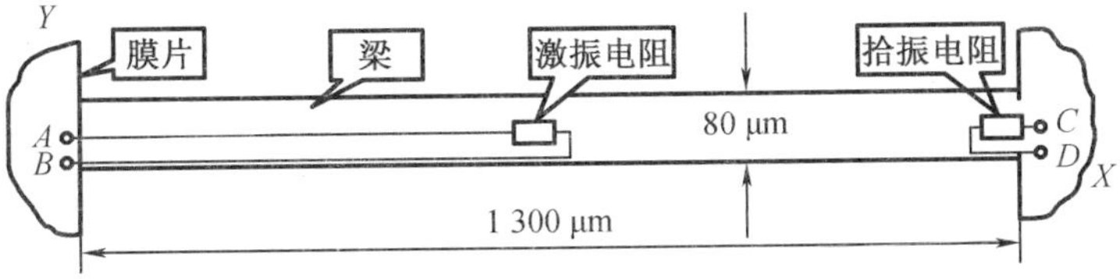

图 9.8　梁谐振子上激励电阻、拾振电阻的设置示意图

基于硅微传感器敏感结构、工作机理及激励、拾振方式，当在激励电阻上加载交变的正弦电压 $U_{ac}\cos\omega t$ 和直流电压 U_{dc} 时，激振电阻 R 上将产生热量

$$P(t)=(U_{dc}^2+0.5U_{ac}^2+2U_{dc}U_{ac}\cos\omega t+0.5U_{ac}^2\cos 2\omega t)/R \tag{9.3}$$

$P(t)$ 常被分解为常值分量和交变分量，其中常值分量为

$$P_s=(U_{dc}^2+0.5U_{ac}^2)/R \tag{9.4}$$

交变分量为

$$P_{d1}(t)=2U_{dc}U_{ac}\cos\omega t/R \tag{9.5}$$

$$P_{d2}(t)=0.5U_{ac}^2\cos 2\omega t/R \tag{9.6}$$

常值分量 P_s 将使梁谐振子产生恒定的温度差分布场 ΔT_{av}，并将在梁谐振子上引起初始热应力，从而对梁谐振子的谐振频率产生一定的影响。

二倍频交变分量 $P_{d2}(t)$ 是热激方式特有的，属于干扰信号。可选择适当方式消除影响或在调理电路中进行滤波处理。

交变分量 $P_{d1}(t)$ 将使梁谐振子产生交变的热应力，当其频率 ω 与梁谐振子的固有频率一定时，梁谐振子将产生谐振。通过拾振桥路将得到一个以频率 ω 变化的交变信号，由此可确定梁谐振子的谐振频率。因此 $P_{d1}(t)$ 是所需要的交变信号，由它实现了“电－热－机”转换。

所以，通过测量谐振频率可以知道待测压力，其压力与频率的关系与其他谐振传感器一样，也是非线性的。

例如，采用 Druck RPT 200 型硅微结构谐振式压力传感器测量压力，将全压与静压传感器的压力感受接口通入大气静压与全压。由传感器感受压力值的大小，并将压力值转换为数字信号传输给微处理器。Druck RPT 200 感受压力值范围为 3.5 ~350 kPa，压力介质为任何与硅、玻璃、不锈钢兼容的气体，使用温度范围为 −55 ~80 ℃，过载压力为 1.25 倍压力值，工作电压为 11 ~ 13 V，电流消耗小于 6 mA，高稳定性小于 1×10^{-4}/年，接口为 RS232 总线接口，可直接与计算机上的串口进行连接。

传感器测量的压力值 P 的计算公式为

$$\begin{aligned} P &= \sum_i \sum_j k_{ij} \cdot x^i \cdot y^j \\ &= \sum_i (k_{i0} \cdot x^0 \cdot y^0 + k_{i1} \cdot x^i \cdot y^1 + k_{i2} \cdot x^i \cdot y^2 + k_{i3} \cdot x^i \cdot y^3) \\ &= k_{00} \cdot x^0 \cdot y^0 + k_{01} \cdot x^0 \cdot y^1 + k_{02} \cdot x^0 \cdot y^2 + k_{03} \cdot x^0 \cdot y^3 + \cdots + \\ &\quad k_{50} \cdot x^5 \cdot y^3 + k_{51} \cdot x^5 \cdot y^3 + k_{52} \cdot x^5 \cdot y^3 + k_{53} \cdot x^5 \cdot y^3 \end{aligned} \tag{9.7}$$

式中，$i=0\sim5$，$j=1\sim3$。压力的单位为毫巴（mbar）①，x = 频率输出值 $-X$，y = 温度信号输出值 $-Y$。频率输出单位是 Hz，温度输出单位是 mV。参数 X、Y 和 k_{00} 到 k_{53} 的值存储在 Druck RPT 200 型传感器内的 EEPROM 只读存储器中。

9.4　机载应用案例

在二三代战机上，通常安装有集中式大气数据系统，集中式大气数据系统基本组成框图如图 9.9 所示，利用振筒式压力传感器测量大气压力，并输出频率与压力成一定函数关系的低频脉冲信号。在集中式大气数据系统，通常包含两个大气压力传感器，即静压传感器和全压传感器，二者原理、结构完全相似。振筒式压力传感器一般安装在大气数据计算机内部。振动筒的谐振频率除与内腔气压有关外，还与振动筒的温度有关。因此在实际测量的时候，同时需要利用感温二极管测出传感器附近的温度，它输出的是直流模拟量，经 A/D 转换后输入到计算机中央处理器 CPU。这样，大气数据计算机根据测得的频率信号和温度信号，通过寻址的方法，就可以在存储器当中找到对应的气压值。

此类传感器结构简单、功耗低、可靠性高，应用非常广泛。由于没有活动部件，可以经受很高的加速度环境。

① 1 毫巴（mbar）= 100 帕（Pa）。

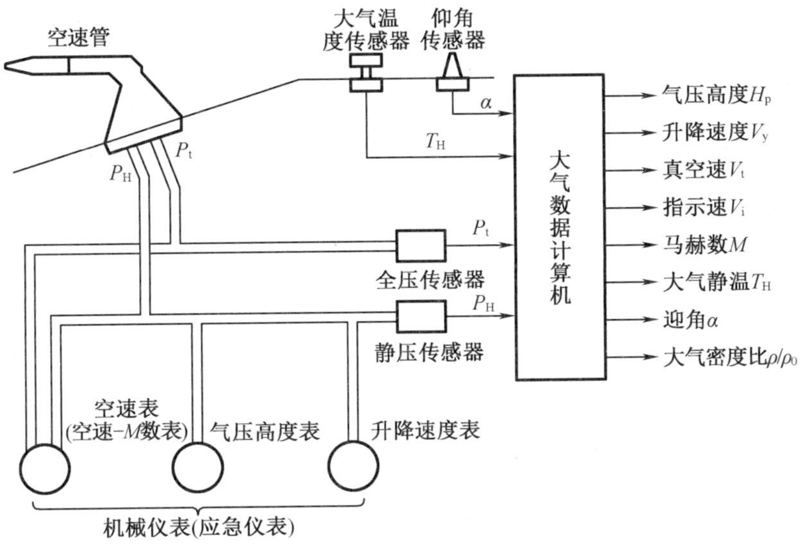

图 9.9　集中式大气数据系统基本组成框图

第 10 章　检测装置的信号处理技术

在检测系统中，被测的非电信号经传感器后可变换为电信号，如电压、电流、电阻等。但传感器输出的电信号往往很微弱且输出阻抗高，输出信号在包含被测信号的同时，又不可避免地被噪声所污染。因此，检测装置的信号处理技术是比较复杂的，它包括微弱信号的放大、滤波、隔离、标准化输出、线性化处理、温度补偿、误差修正、量程切换等。本章主要介绍信号的放大与隔离、信号在传输过程中变换技术、信号的非线性补偿技术等比较重要的处理技术。

10.1　信号的放大与隔离

随着半导体技术的发展，目前的放大电路几乎都采用运算放大器，由于其输入阻抗高、增益大、可靠性高、价格低廉、使用方便，因而得到广泛应用。随着半导体工艺的不断改进和完善，运算放大器的精度越来越高，品种也越来越多，现在已经生产出各种专用或通用运算放大器以满足高精度检测系统的需要，有测量放大器（亦称数据放大器）、可编程增益放大器（programmable cain amplifier，PGA）、隔离放大器等。信号放大，特别是微弱信号放大技术是电子学的专门研究领域，这方面的书籍很多，所以有关运算放大器的原理等不再赘述。考虑到系统设计的需要，本节重点讨论测量放大器、隔离放大器、可编程增益放大器。实际应用中，一次测量仪表的安装环境和输出特性千差万别，也很复杂，因此选用哪种类型的放大器应取决于应用场合和系统要求。

10.1.1　运算放大器

各种非电学量的测量，通常由传感器将非电量转换成电压（或电流）信号，此电压（或电流）信号一般情况下属于微弱信号。对一个单纯的微弱信号，可采用运算放大器进行放大。

1. 反相放大器

用运算放大器构成的反相放大器电路如图 10.1（a）所示。根据“虚地”原理，

即 $U_{\Sigma} \approx 0$，反相放大器的传递函数为

$$G(s)=\frac{U_o(s)}{U_i(s)}=-\frac{Z_1}{Z_2} \tag{10.1}$$

由拉氏变换终值定理，当 $s \to 0$ 时，反相放大器的放大倍数为

$$G=\frac{U_o}{U_i}=-\frac{R_1}{R_2} \tag{10.2}$$

当 $R_1=R_2$ 时，则为反相跟随器，$U_o=-U_i$。

2. 同相放大器

反相放大器存在输入阻抗 R_i 较低的问题，$R_i=R_2$，通常 R_2 为几千欧。采用图 10.1(b) 同相放大器电路，可以得到较高的输入阻抗。根据“虚地”原理同相放大器的放大倍数为

$$G=\frac{U_o}{U_i}=\left(\frac{R_1}{R_2}+1\right) \tag{10.3}$$

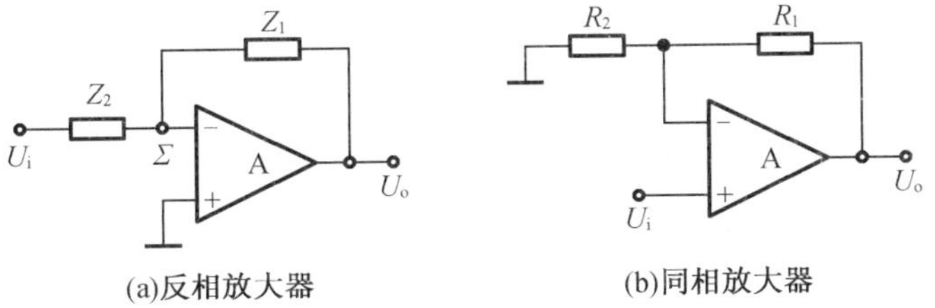

图 10.1　运算放大器应用

10.1.2　测量放大器

1. 测量放大器的特点

运算放大器对微弱信号的放大，仅适用于信号回路不受干扰的情况。然而，传感器的工作环境往往比较恶劣，在传感器的两个输出端上经常产生较大的干扰信号，有时是完全相同的，完全相同的干扰信号称为共模干扰。虽然运算放大器对直接输入到差动端的共模信号有较强的抑制能力，但对简单的反相输入或同相输入接法，由于电路结构的不对称，抵御共模干扰的能力很差，故不能用在精密测量场合。因此，需要引入另一种形式的放大器，即测量放大器，又称仪表放大器、数据放大器，它广泛用于传感器的信号放大，特别是微弱信号及具有较大共模干扰的场合。

测量放大器除了对低电平信号进行线性放大外，还担负着阻抗匹配和抗共模

干扰的任务，它具有高共模抑制比、高速度、高精度、宽频带、高稳定性、高输入阻抗、低输出阻抗、低噪声等特点。

2. 测量放大器的组成

测量放大器的基本电路如图 10.2 所示。

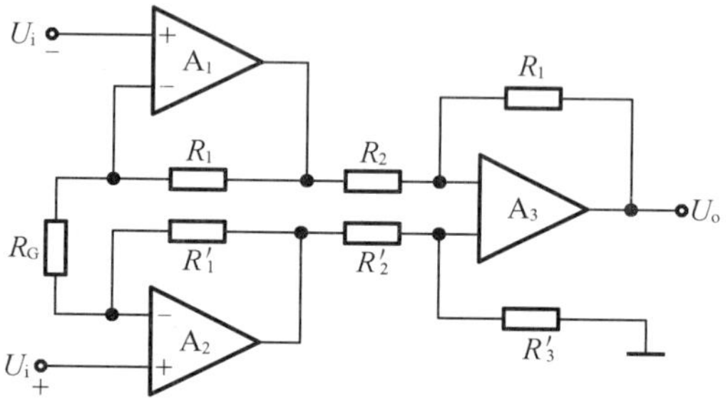

图 10.2 测量放大器的基本电路

测量放大器由三个运算放大器组成，其中 A_1、A_2 两个同相放大器组成前级，为对称结构，输入信号加在 A_1、A_2 的同相输入端，从而具有高抑制共模干扰的能力和高输入阻抗。差动放大器 A_3 为后级，它不仅切断共模干扰的传输，还将双端输入方式变换成单端输出方式，适应对地负载的需要。

测量放大器的放大倍数用下面公式计算：

$$G = \frac{U_o}{U_i} = \frac{R_3}{R_2}\left(1 + \frac{R_1}{R_G} + \frac{R'_1}{R_G}\right) \tag{10.4}$$

式中 R_G——用于调节放大倍数的外接电阻，通常 R_G 采用多圈电位器，并应靠近组件，若距离较远，应将连线绞合在一起。改变 R_G 可使放大倍数在 1 ~ 1 000 范围内调节。

3. 实用测量放大器

目前，国内外已有不少厂家生产了许多型号的单片测量放大器芯片供用户选择，如美国的 AD521、AD522、AD612、AD605 等，国内的 ZF605、ZF603、ZF604、ZF606 等。在信号处理中需对微弱信号放大时，可以不必再用分立的通用运算放大器来构成测量放大器。采用单片测量放大器芯片显然具有性能优异、体积小、电路结构简单、成本低等优点。下面介绍两种单片测量放大器。

(1) AD521

AD521 的管脚功能图与基本连接方法如图 10.3 所示。

管脚 OFF SET(4,6) 用来调节放大器零点，调整方法是将该端子接到 10 kΩ 电

位器的两固定端,滑动端接负电源端。测量放大器计算公式为

$$G=\frac{U_o}{U_i}=\frac{R_s}{R_G} \tag{10.5}$$

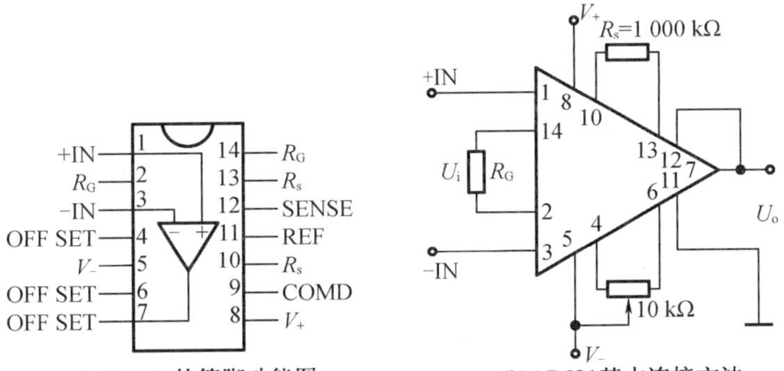

(a)AD521的管脚功能图　(b)AD521基本连接方法

图 10.3　AD521 的管脚功能图与基本连接方法

放大倍数在0.1 ~1 000 内调整,选用 R_s =1 000 kΩ ±15% 时,可以得到较稳定的放大倍数。在使用 AD521(或其他测量放大器)时,都要特别注意为偏置电流提供回路。为此,输入(1 或 3)端必须与电源的地线相连构成回路(可以直接相连,也可以通过电阻相连)。图 10.4 中给出了信号处理电路中与传感器不同的耦合方式下的接地方法。

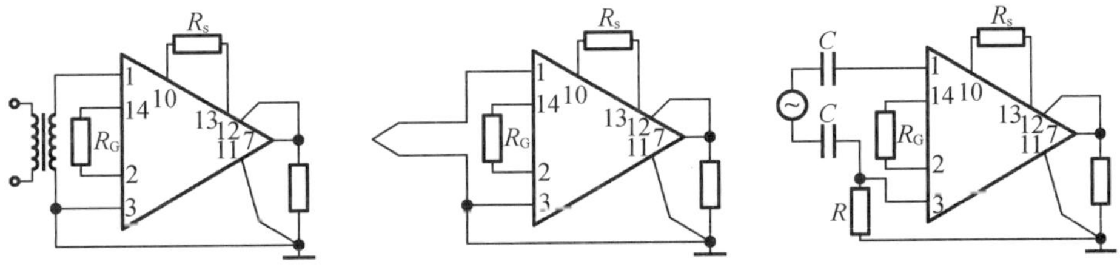

(a)变压器耦合　(b)热电偶直接耦合　(c)电容器耦合(通过电阻R为偏置电流提供回路)

图 10.4　AD521 的输入信号耦合方式

(2)AD522

AD522 也是单芯片集成精密测量放大器,当放大倍数为 100 时,非线性仅为 0.005%,在 0.01 ~100 Hz 频带内噪声的峰值为 1.5 mV,其中共模抑制比 CMRR 大于 120 dB(当放大倍数为 1 000 时)。

AD522 的管脚功能图如图 10.5 所示。管脚 4 和管脚 6 是调零端,管脚 2 和管脚 14 连接调整放大倍数的电阻。与 AD521 不同的是,该芯片引出了电源地 9 和数据屏蔽端 13,该端用于连接输入信号引线的屏蔽网,以减少外电场对输入信号的干扰。图 10.6 所示为测量放大器 AD522 用于电桥的典型电路。

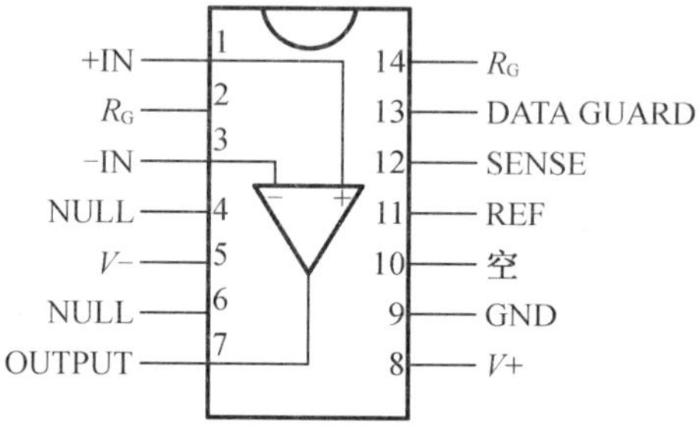

图 10.5　AD522 的管脚功能图

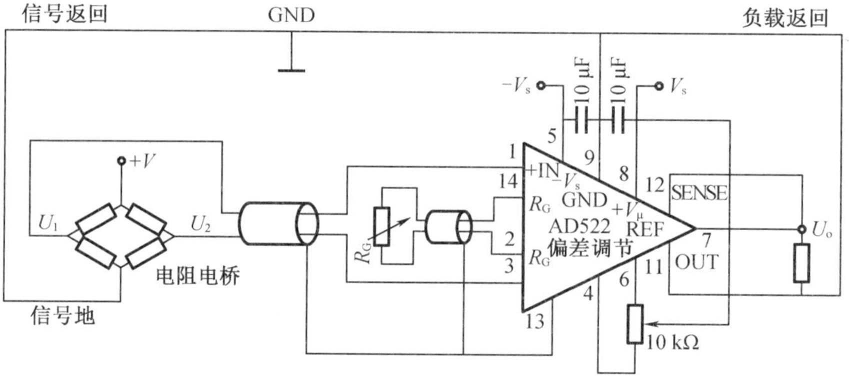

图 10.6　测量放大器 AD522 用于电桥的典型电路

图 10.6 中的信号地必须与电源地相连,以便为放大器的偏置电流构成通路。连接在端子 2 和 14 之间的 R_G 是调整增益电位器,调整 R_G 大小,即可调整测量放大器的倍数。SENSE 为检测端子,REF 为参考端子,这两个端子的作用主要是消除放大器负载的影响。在该电路中分别接在放大器输出端和电源公共端。输出电压 U_o 计算如下:

$$U_o = \left(1 + \frac{200\ \mathrm{k\Omega}}{R_G}\right)\left[(U_1 - U_2) - \frac{U_1 + U_2}{2} \cdot \frac{1}{CMRR}\right] \tag{10.6}$$

当共模抑制比 $CMRR \gg 1$ 时,上式变为

$$U_o = \left(1 + \frac{200\ \mathrm{k\Omega}}{R_G}\right)(U_1 - U_2) \tag{10.7}$$

10.1.3　可编程增益放大器

当传感器的输出与自动测试装置或系统相连接时，特别是在多路信号检测时，各检测点因所采用的传感器不同(即使同一类型传感器，根据使用条件的不同)，输出的信号电平也有较大的差异，通常从微伏到伏，变化范围很宽。由于 A/D 转换器的输入电压通常规定为 0～10 V 或者 ±5 V，因此若将上述传感器的输出电压直接作为 A/D 转换器的输入电压，就不能充分利用 A/D 转换器的有效位，影响测定范围和测量精度。因此，必须根据输入信号电平的大小，改变测量放大器的增益，使各输入通道均用最佳增益进行放大。为满足此需要，在电动单元组合仪表中，常使用各种类型的变送器。在含有微机的检测系统则采用一种新型的可编程增益放大器，它是通用性很强的放大器，其特点是硬件设备少，放大倍数可根据需要通过编程进行控制，使 A/D 转换器满量程信号达到均一化。例如，工业中使用的各种类型的热电偶，它们的输出信号范围大致在 0～60 mV，而每一个热电偶都有其最佳测温范围，通常可划分为 0～±10 mV、0～±20 mV、0～±40 mV、0～±80 mV 四种量程，针对这四种量程，只需相应地把放大器设置为 500、250、125、62.5 四种增益，即可把各种热电偶输出信号都放大到0～±5 V。

图 10.7 为可编程增益放大器的原理图，它是图 10.2 电路的扩展，增加了模拟开关和驱动电路。增益选择开关 S_1-S_1'、S_2-S_2'、S_3-S_3'成对动作，每一时刻仅有一对开关闭合，当改变数字量输入编码，则可改变闭合的开关号，选择不同的反馈电阻，达到改变放大器增益的目的。

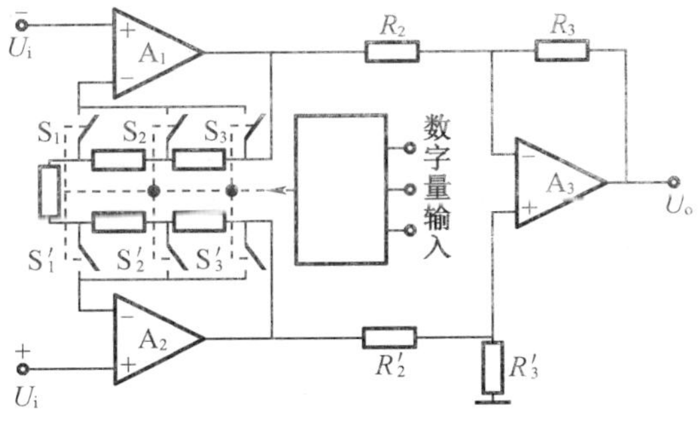

图 10.7　可编程增益放大器的原理图

图 10.8 是一个实际的可编程增益放大器的原理图，是由美国 AD 公司生产的 LH0084。在图 10.8 中，开关网络由译码－驱动器和双 4 通道模拟开关组成，开关网络的数字输入由 D_0和 D_1二位状态决定，经译码后可有四种状态输出，分别控制

S_1-S_1'、S_2-S_2'、S_3-S_3'、S_4-S_4'四组双向开关，从而获得不同的输入级增益。为保证线路正常工作，必须满足 $R_2=R_3$、$R_4=R_5$、$R_6=R_7$。另外，该模块也通过改变输出端的接线方式来改变后一级放大器 A_3的增益。当管脚 6 与管脚 10 相连作为输出端，管脚 13 接地时，则放大器 A_3的增益 $G_3=1$。改变连线方式，即改变 A_3的输入电阻和反馈电阻，可分别得到 4 ~ 10 倍的增益。但这种改变的方法不能用程序实现。

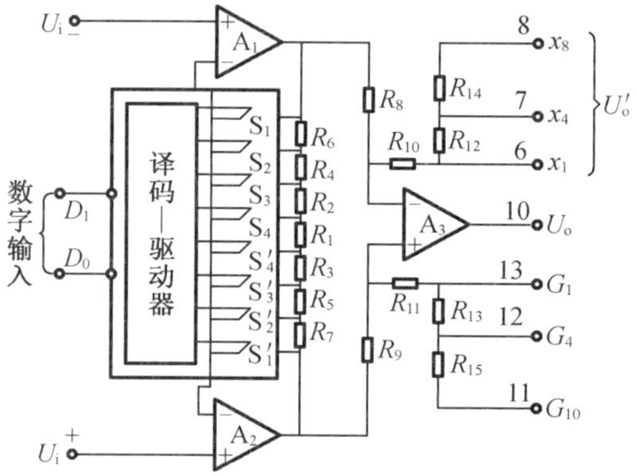

图 10.8　LH0084 放大器的原理图

10.1.4　隔离放大器

在一个自动检测系统中，都希望在输入通道中把工业现场传感器输出的模拟信号与检测系统的后续电路隔离开来，即无电的联系。这样可以避免工业现场送出的模拟信号带来的共模电压及各种干扰对系统的影响。解决模拟信号的隔离问题要比解决数字信号的隔离问题困难得多。目前，对于模拟量信号的隔离，广泛采用隔离放大器，这是近十几年来发展起来的新型器件。隔离放大器按原理分为两种类型，一种是按变压器耦合的方式，另一种是利用线性光耦合器再加相应的补偿的方式。这里介绍按变压器耦合方式工作的隔离放大器。这种放大器，先将现场模拟信号调制成交流信号，通过变压器耦合给解调器，输出的信号再送给后续电路，如计算机的 A/D 转换器。

1. 隔离放大器的原理结构

隔离放大器由四个基本部分组成，如图 10.9 所示。

(1)输入部分，包括输入运算放大器、调制器；

(2)输出部分，包括解调器、输出运算放大器；

(3)信号耦合变压器;

(4)隔离电源。

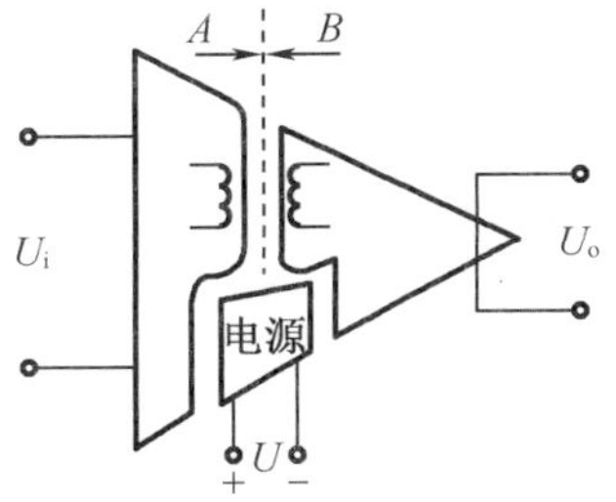

图 10.9　隔离放大器示意图

这四个基本部分装配在一起,组成模块结构,不但用户使用方便,同时提高了可靠性。此种隔离放大器组件的核心技术是超小型变压器及其精密装配技术。这样一个非常复杂的功能组件,其尺寸为 64 mm × 12 mm × 9 mm,安装形式为双列直插式,插座用 40 脚插座。目前,在国内应用较广泛的是美国 AD 公司的隔离放大器,如 Model277、Model278、AD293、AD294 等。典型的隔离放大器原理图如图 10.10所示。

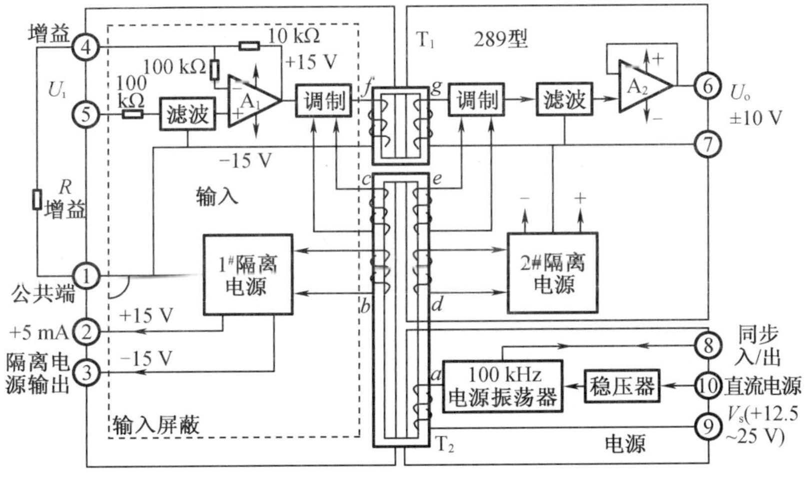

图 10.10　典型的隔离放大器原理图

对它的结构简要说明如下:外加直流电源 V_s,经稳压器后为电源振荡器提供电源,电源振荡器可产生 100 kHz 的高频电压,加到变压器的输入绕组。变压器的输

出绕组 c 作为调制器的交流电源,输出绕组 b 供给 1#隔离电源形成 ±15 V 的浮空电源,可作为前置放大器 A_1 及外附加电路的直流电源,输出绕组 e 作为解调器的交流电源,输出绕组 d 供给 2#隔离电源形成 ±15 V 直流电源,供给输出放大器 A_2 等。

2. 隔离放大器工作原理

输入部分的作用是将传感器来的信号滤波和放大,并调制成交流信号,通过隔离变压器耦合到输出部分。输出部分的作用是把交流信号解调变成直流信号,再经滤波和放大,最后输出 0 ~ ±10 V 的直流电压。

由于放大器的两个输入端是浮空的,所以它能够有效地作为测量放大器,又因采用变压器耦合,所以输入部分和输出部分是隔离的。

隔离放大器总电压增益为

$$G = G_{\mathrm{i}} G_{\mathrm{o}} = 1 \sim 1\ 000 \tag{10.8}$$

式中 G_{i}——输入部分电压增益;

G_{o}——输出部分电压增益。

10.2 信号在传输过程中的变换技术

10.2.1 信号在传输过程中变换的意义

在成套仪表系统及自动检测装置中,都希望传感器和仪表之间及仪表和仪表之间的信号传送都采用统一的标准信号,这样不仅便于使用微机进行巡回检测,同时可以使指示、记录仪表单一化。另外若通过各转换器,如气 - 电转换器、电 - 气转换器等还可将电动仪表和气动仪表联系起来混合使用,从而扩大仪表的使用范围。目前,世界各国均采用直流信号作为统一信号,并将直流电压 0 ~ 5 V 和直流电流 0 ~ 10 mA 或 4 ~ 20 mA 作为统一的标准信号,采用直流信号作为统一的标准信号与交流信号相比有以下优点:

(1)在信号传输线中,直流不受交流感应的影响,干扰问题易于解决;

(2)直流不受传输线路的电感、电容及负荷性质的影响,不存在相位移问题,使接线简单;

(3)直流信号便于 A/D 转换,因而巡回检测系统都是以直流信号作为输入信号。

为了信号的远距离传送,经常将电压信号转换成 0 ~ 10 mA 或 4 ~ 20 mA 的电流信号,以减少干扰的影响和长线电压传输的信号损失。在检测系统需接收电压信号时，可在电流回路串入一个负载电阻获得电压信号。通常传感器输出的信号多数为电压信号，为了将电压信号变成电流信号，需采用电压 - 电流信号变换器（V/I 变换器）。

10.2.2　常用的信号变换方法

V/I 变换器的作用是将电压变换为标准的电流信号。它不仅具有恒流性能，而且要求输出电流随负载电阻变化所引起的变化量不超过允许值。一般的 V/I 变换器构成的主要部件是运算放大器，如图 10.11 所示就是一个典型 0 ~ 10 mA 的 V/I 变换电路。运算放大器接成同相放大器，由电路分析可知，此变换电路属于电流串联负反馈，具有很好的恒流性能；R_3 为电流反馈电阻，R 为负载电阻，它小于 R_3。三极管 VT_1 和 VT_2 组成电流输出极，用来扩展电流。若运算放大器的开环增益和输入阻抗足够大，不难证明

$$U_i \approx U_F = I_o R_3 \tag{10.9}$$

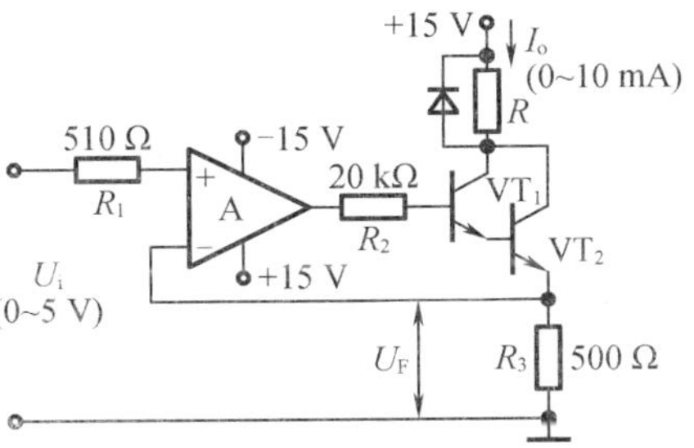

图 10.11　0 ~ 10 mA 的 V/I 变换电路

显然，输出电流 I_o 仅与输入电压 U_i 和反馈电阻 R_3 有关，与负载电阻 R 无关，说明它具有较好的恒流性能。选择合适的反馈电阻 R_3 值便能得到所需的变换关系。

0 ~ 10 mA 的标准信号仅适用于Ⅱ型仪表，为了提高仪表的精度和稳定性，使仪表工作更可靠，扩大应用功能，目前广泛采用了Ⅲ型仪表及智能化仪表，这些仪表是以 4 ~ 20 mA 的直流电流作为统一的标准信号，即规定传感器从零到满量程的统一输出信号为 4 ~ 20 mA 的直流电流。实现该特性的典型电路如图 10.12 所示。

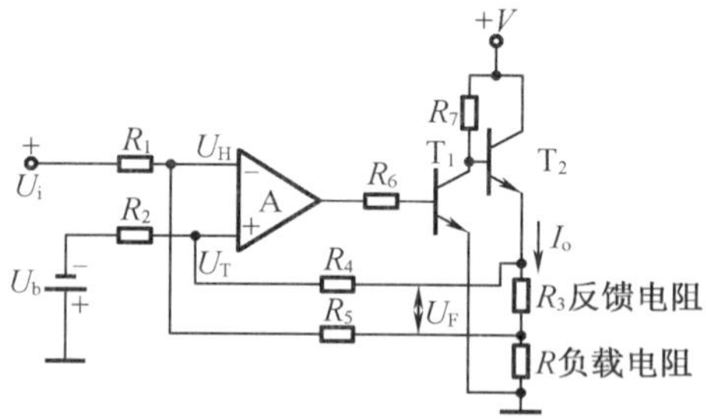

图 10.12　4 ~ 20 mA 的 V/I 变换电路图

该变换电路由运算放大器 A 和三极管 VT_1、VT_2组成。运算放大器主要完成信号的放大和比较作用，VT_1为倒相放大级，VT_2为电流输出级。U_b 为偏置电压，用以进行零点迁移。输出电流 R_3I_o 流经 R_3得到反馈电压 U_F，此电压经 R_4、R_5加到运算放大器的两个输入端，形成差动输入信号。由于此电路具有深度电流串联负反馈，因此有较好的恒流性能。

采用4 ~20 mA 电流信号作为标准信号，还可以实现传送线的断线自检功能。断线自检电路如图 10.13 所示。由于这种传送信号方式在正常工作时：有 4 mA 的基本电流，因此接收端信号电压为 1 ~5 V。当传送线断时，接收端的信号为零值。据此即可以检出断线。

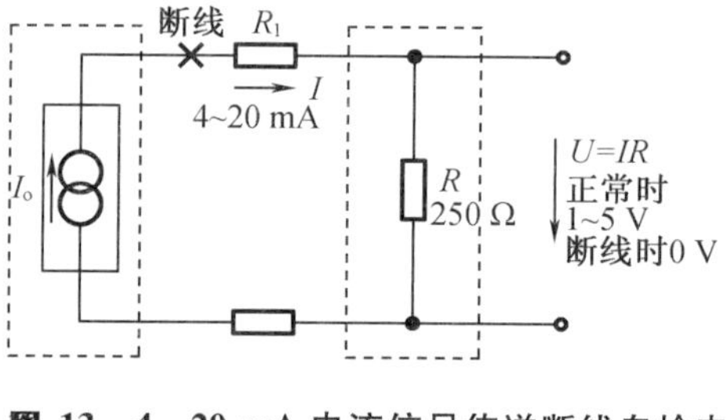

图.13　4 ~ 20 mA 电流信号传送断线自检电路

10.3　信号的非线性补偿技术

在自动检测系统中，往往存在非线性环节，特别是传感器的输出量与被测物理量之间的关系，绝大部分是非线性的。造成非线性的原因主要有两个：一是许多传感器的转换原理并非线性。例如，温度测量时，热电阻的阻值与温度、热电偶的电动势与温度都是非线性关系；流量测量时，孔板输出的差压信号与流量输入信号之间也是非线性关系。二是采用的测量电路的非线性。例如，测量热电阻用四臂电桥，电阻的变化引起电桥失去平衡，此时输出电压与电阻之间的关系为非线性。对于这类问题的解决，在模拟量自动检测系统中，一般采用以下三种方法：

(1)缩小测量范围，并取近似值；

(2)采用非线性的指示刻度；

(3)增加非线性补偿环节(亦称线性化器)。

显然，前两种方法的局限性和缺点比较明显，我们着重介绍增加非线性补偿环节的方法。常用的增加非线性补偿环节的方法如下：

(1)硬件电路的补偿方法，通常采用模拟电路和数字电路，如二极管阵列开方器，各种对数、指数、三角函数运算放大器等数字控制分段校正与非线性 A/D 转换等。

(2)微机软件的补偿方法，利用微机的运算功能可以很方便地对一个自动检测系统的非线性进行补偿。

10.3.1　非线性补偿环节特性的获取方法

在一个自动检测系统中，由于存在着传感器等非线性环节，因此从系统的输入－到系统的输出就是非线性的，引入非线性补偿环节的作用就是利用其本身的非线性补偿系统中的非线性环节，保证系统的输入－输出具有线性关系。如何获得非线性补偿环节的输入－输出关系呢？工程上求取非线性补偿环节特性的方法有两种，现分述如下。

1. 解析计算法

设图 10.14 所示的传感器特性解析式为

$$U_1 = f_1(x) \tag{10.10}$$

放大器特性的解析式为

$$U_2 = GU_1 \tag{10.11}$$

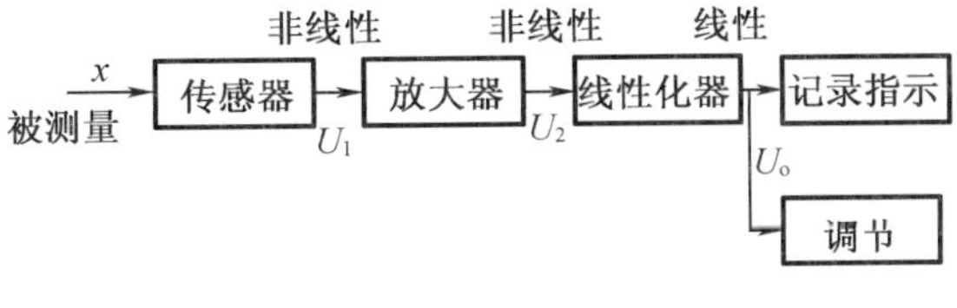

图 10.14　引入非线性补偿环节的检测系统示意图

要求整个检测仪表的输入与输出特性为

$$U_o = kx \tag{10.12}$$

为了求出非线性补偿环节的输入与输出关系表达式，将以上三式联立求解，消去中间变量 U_1 和 x 可得

$$U_2 = Gf_1\left(\frac{U_o}{k}\right) \tag{10.13}$$

2. 图解法

当传感器等环节的非线性特性用解析式表示比较复杂或比较困难时，我们可用图解法求取非线性补偿环节的输入－输出特性曲线。图解法的步骤如下（图10.15）：

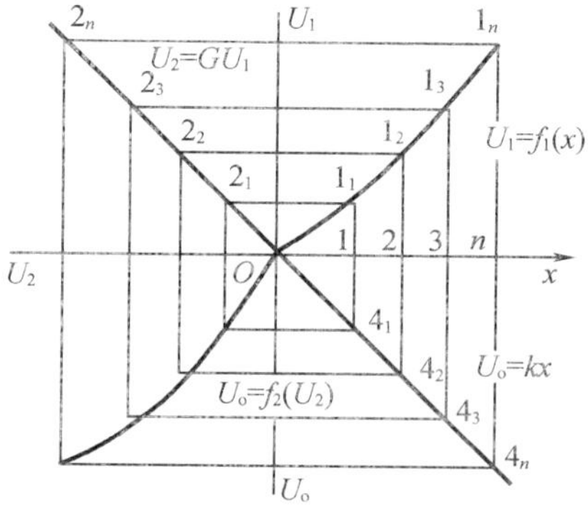

图 10.15　图解法求非线性补偿环节特性

（1）将传感器的输入－输出特性曲线 $U_1=f_1(x)$ 画在直角坐标的第一象限，横坐标表示被测量 x，纵坐标表示传感器的输出 U_1。

（2）将放大器的输入－输出特性 $U_2=GU_1$ 画在第二象限，横坐标为放大器的输出 U_2，纵坐标为放大器的输入 U_1。

（3）将整台测量仪表的线性特性画在第四象限，纵坐标为输出 U_o，横坐标为输入 x。

（4）将 x 轴分成 n 段，段数 n 由精度要求决定。从点 $1,2,\cdots,n$ 各作 x 轴垂线，分别与 $U_1=f_1(x)$ 曲线及第四象限中 $U_o=kx$ 直线交于 $1_1,1_2,1_3,\cdots,1_n$ 及 $4_1,4_2,4_3,\cdots,4_n$ 各点。然后以第一象限中这些点作 x 轴平行线与第二象限 $U_2=GU_1$ 直线交于 $2_1,2_2,2_3,\cdots,2_n$ 各点。

（5）由第二象限各点作 x 轴垂线，再由第四象限各点作 x 轴平行线，两者在第

三象限的交点连线即为校正曲线 $U_o = f_2(U_2)$。这也就是非线性补偿环节的非线性特性曲线。

10.3.2　非线性补偿环节的实现方法

1. 硬件电路的实现方法

当我们用解析法或图解法求出非线性补偿环节的输入－输出特性曲线之后，就要研究如何用适当的电路来实现。显然，在这类电路中需要有非线性元件或者利用某种元件的非线性区域。目前，最常用的是利用二极管组成非线性电阻网络，配合运算放大器产生折线形式的输入－输出特性曲线。由于折线可以分段逼近任意曲线，从而就可以得到非线性补偿环节所需要的特性曲线。

折线逼近法如图 10.16 所示，将非线性补偿环节所需要的特性曲线用若干个有限的线段代替，然后根据各折点 x_i 和各段折线的斜率 k_i 来设计电路。

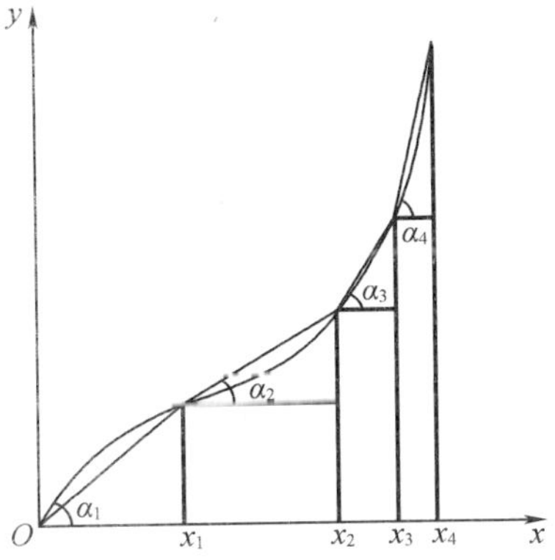

图 10.16　折线逼近法

根据折线逼近法所作的各段折线可列出下列方程：

$$y = k_1 x \quad x_1 > x > 0$$

$$y = k_1 x_1 + k_2(x - x_1) \quad x_2 > x > x_1$$

$$y = k_1 x_1 + k_2(x_2 - x_1) + k_3(x - x_2) \quad x_3 > x > x_2$$

$$\vdots$$

$$y = k_1 x_1 + k_2(x_2 - x_1) + k_3(x_3 - x_2) + \cdots + k_{n-1}(x_{n-1} - x_{n-2}) + k_n(x - x_{n-1})$$

式中　x_i——折线的各转折点；

k_i——各段的斜率，$k_1 = \tan\alpha_1, k_2 = \tan\alpha_2, \cdots, k_n = \tan\alpha_n$。

可以看出，转折点越多，折线越逼近曲线，精度也就越高，但太多则会因电路本身误差而影响精度。图 10.17 是一个简单的折点电路，其中 E 决定了转折点偏置电压，二极管 VD 作开关用，其转折电压为

$$U_1 = E + U_D \tag{10.14}$$

式中　U_D——二极管正向压降。

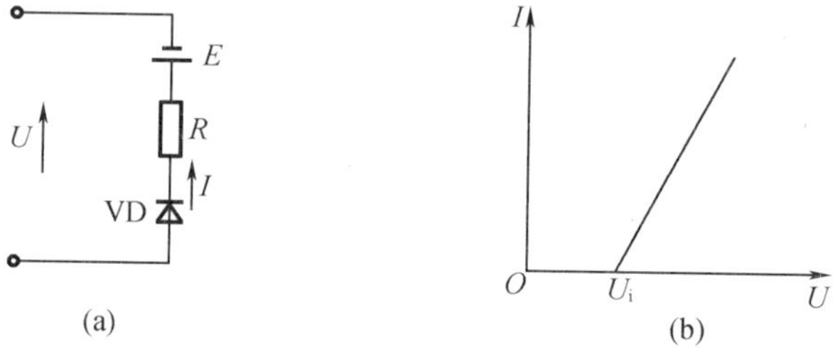

图 10.17　简单折点电路

由式(10.14)可知转折电压不仅与 E 有关，还与二极管正向压降 U_D 有关。

图 10.18 为精密折点单元电路，它是由理想二极管与基准电源 E 组成。由图可知，当 U_i 与 E 之和为正时，运算放大器的输出为负，VD_2 导通，VD_1 截止，电路输出为零。当 U_i 与 E 之和为负时，VD_1 导通，VD_2 截止，电路组成一个反馈放大器，输出电压随 U_i 的变化而改变，有

$$U_o = \frac{R_f}{R_1}U_i + \frac{R_f}{R_2}E \tag{10.15}$$

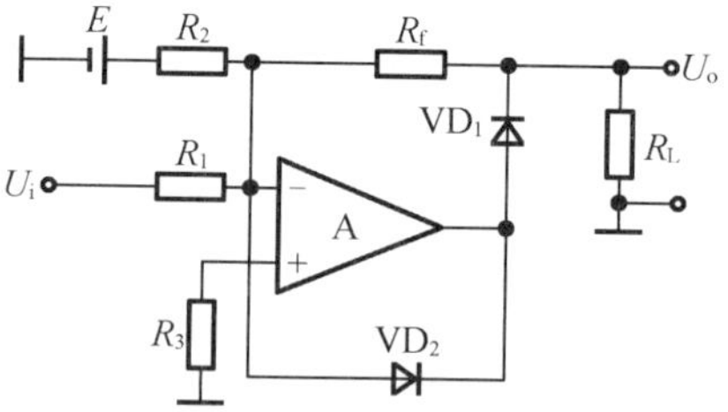

图 10.18　精密折点单元电路

在这种电路中，折点电压只取决于基准电压 E，避免了二极管正向电压 U_D 的影响，在这种精密折点单元电路组成的线性化电路中，各折点的电压降是稳定的。

2. 微机软件的实现方法

采用硬件电路虽然可以补偿测量系统的非线性，但由于硬件电路复杂、调试困难、精度低、通用性差等，很难达到理想效果。在有微机的智能化检测系统中利用软件功能可方便地实现系统的非线性补偿。这种方法实现线性化的精度高、成本低、通用性强。线性化的软件处理经常采用线性插值法、二次曲线插值法、查表法等。

(1) 线性插值法

线性插值法就是先用实验测出传感器的输入输出数据，利用一次函数进行插值，用直线逼近传感器的特性曲线。假如传感器的特性曲线曲率大，可以将该曲线分段插值，把每段曲线用直线近似，即用折线逼近整个曲线。这样，可以按分段线性关系求出输入值所对应的输出值。图 10.19 所示是用三段直线逼近传感器等器件的非线性曲线，图中 y 是被测量，x 是测量数据。

由于每条直线段的两个端点坐标是已知的，如图 10.19 中直线段 2 的两端点 (x_1, y_1) 和 (x_2, y_2) 是已知的，因此该直线段的斜率 k_1 可表示为

$$k_1 = \frac{y_2 - y_1}{x_2 - x_1} \tag{10.16}$$

该直线段上的各点满足方程

$$y = y_1 + k_1(x - x_1) \tag{10.17}$$

对于折线中任一直线段 i 我们可以得到

$$k_{i-1} = \frac{y_i - y_{i-1}}{x_i - x_{i-1}} \tag{10.18}$$

$$y = y_{i-1} + k_{i-1}(x - x_{i-1}) \tag{10.19}$$

在实际应用中，预先把每段直线方程的常数及测量数据 $x_0, x_1, x_2, \cdots, x_n$ 存于内存储器中，计算机在进行校正时，首先根据测量值的大小，找到合适的校正直线段，从存储器中取出该直线段的常数，然后计算直线方程式(10.19)就可获得实际被测量 y。图 10.20 就是线性插值法的程序流程图。

线性插值法的线性化精度由折线的段数决定，所分段数越多，精度越高，但数表占内存越多。一般情况下，只要分段合理，就可获得良好的线性度和精度。

(2) 二次曲线插值法

若传感器的输入和输出之间的特性曲线的斜率变化很大，采用线性插值法就会产生很大的误差，这时可采用二次曲线插值法。二次曲线插值法就是用抛物线代替原来的曲线，这样代替的结果显然比线性插值法更精确。二次曲线插值法如图 10.21 所示，图示曲线可划分为 a、b、c 三段，每段可用一个二次曲线方程来描

述，即

$$\left.\begin{aligned} y &= a_0 + a_1x + a_2x^2 \quad & x \leqslant x_1 \text{ 时} \\ y &= b_0 + b_1x + b_2x^2 \quad & x_1 < x \leqslant x_2 \text{ 时} \\ y &= c_0 + c_1x + c_2x^2 \quad & x_2 < x \leqslant x_3 \text{ 时} \end{aligned}\right\} \tag{10.20}$$

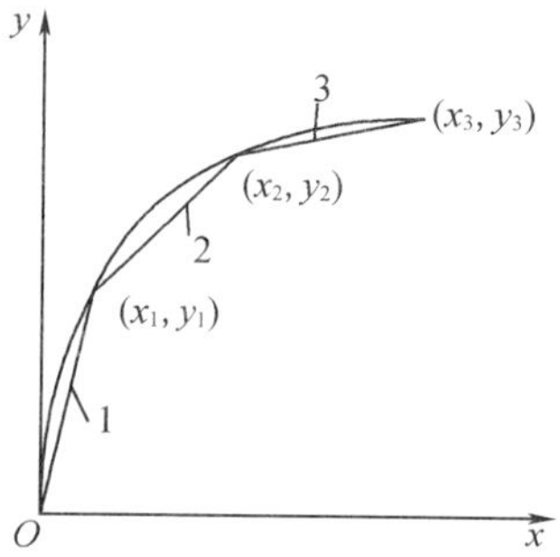

图 10.19　分段线性插值法

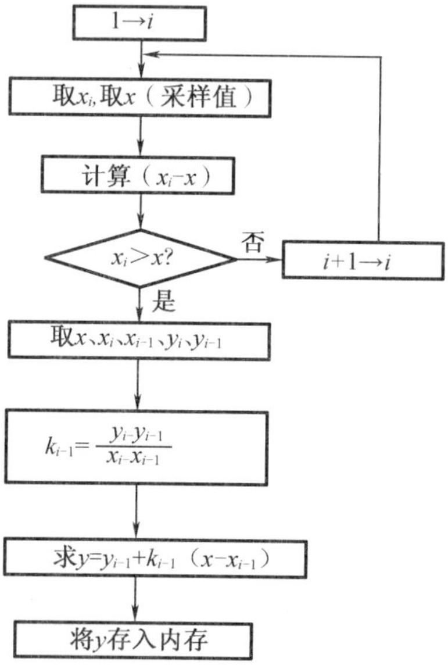

图 10.20　线性插值法的程序流程图

式(10.20)中，每段的系数 a_i、b_i、c_i 可通过下述办法获得，即在每段中找出任意三点，如图 10.21 中的 x_0、x_{01}、x_1，其对应的 y 值为 y_0、y_{01}、y_1，然后解联立方程组如下：

$$\begin{cases} y_0 = a_0 + a_1x_0 + a_2x_0^2 \\ y_{01} = a_0 + a_1x_{01} + a_2x_{01}^2 \\ y_1 = a_0 + a_1x_1 + a_2x_1^2 \end{cases} \tag{10.21}$$

就可求得系数 a_0、a_1、a_2，同理可求得 b_0、b_1、b_2 等。然后将这些系数和 x_0、x_1、x_2、x_3 等值预先存入相应的数据表中。图 10.22 为二次曲线插值法的程序流程图。

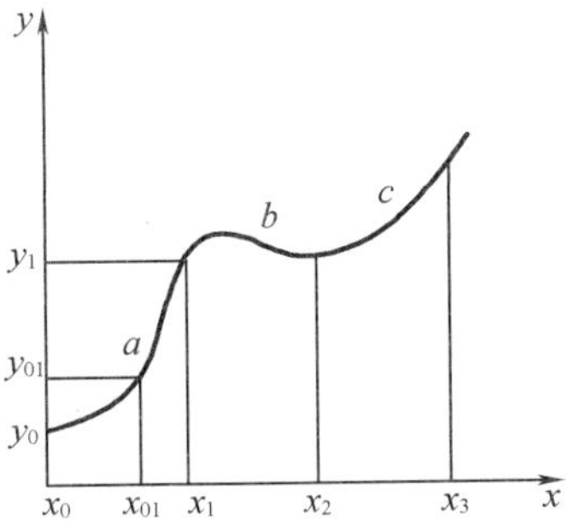

图 10.21　二次曲线插值法

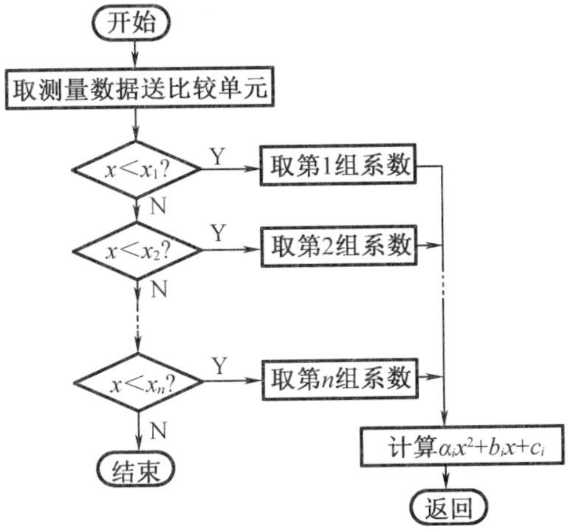

图 10.22　二次曲线插值法的程序流程图

(3)查表法

通过计算或实验得到的检测值和被测值的关系,然后按一定的规律把数据排成表格,存入内存单元,微处理器根据检测值大小查表。常用的查表方法有顺序查表法和对分搜索法等。查表法一般适合于参数计算复杂或采用计算法编程较繁并且占用 CPU 的时间较长等情况。

第11章　自动检测系统

能够在没有人或只有较少人参与的情况下完成整个信息采集处理过程的系统称为自动检测系统。自动检测系统集成了传感器技术、计算机技术、总线技术等现代检测技术，具有自动完成信号检测、传输、处理、显示与记录等功能，能够完成复杂的、多变量的检测任务，极大地方便了信号检测的实现，是目前检测技术发展的主要方向。

自动检测系统的各项检测任务是在计算机控制下自动完成的，自动检测系统通常具有测试速度快、测试准确度高、测试功能多、测试结果表现形式丰富，能够实现自检、自校和自诊断，操作简单方便等特点。

11.1　自动检测系统的组成及工作原理

自动检测系统通常由硬件和软件两大部分组成。其中硬件部分主要由传感器、输入通道、计算机或微处理器、输出通道等构成，如图11.1所示。这里主要对输入通道和输出通道进行介绍。

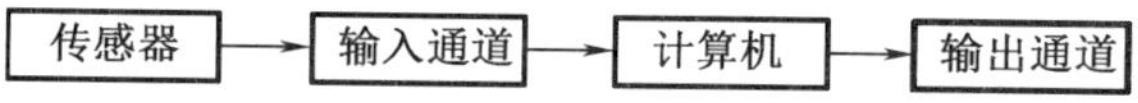

图11.1　自动检测系统的组成

11.1.1　自动检测系统的输入通道

自动检测系统的输入通道一般由放大器、采样/保持器、多路开关、A/D转换器等组成，如图11.2虚线内部所示。

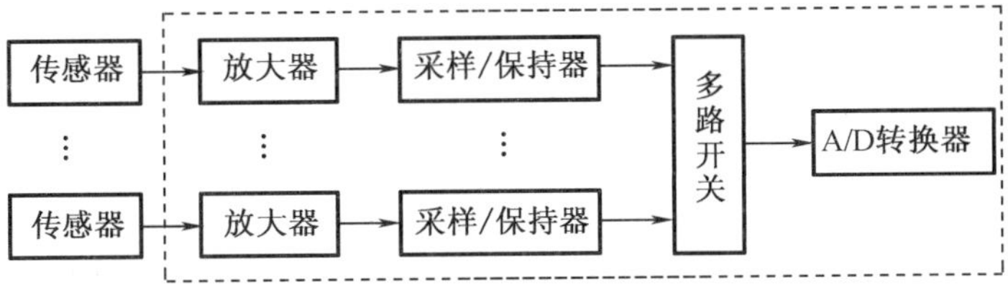

图 11.2　自动检测系统的输入通道

1. 放大器

(1)毫伏信号放大电路

工业中常使用的热电偶、热电阻等,其输出均为毫伏级电信号,此类信号必须经过放大后才能与 A/D 转换器的输入范围适应。毫伏信号放大电路对输入阻抗、放大倍数、零点漂移等均有一定的要求,通常选用低零点漂移的放大器,如 ADOP07、5G7650 等。毫伏信号放大电路的典型电路如图 11.3 所示。采用三个运算放大器构成对称式差动放大电路,信号的正负输入端分别接 A_1、A_2 两运放的同相输入端,输入阻抗很高。因结构上是对称的,确保了对共模干扰噪声的抑制效果。运算放大器 A_3 实现差动电平转换,调整电位器 R_g 可以调节放大倍数,加入二极管 VD_1 和 VD_2 的目的是对输入信号进行限幅。该放大电路的输入/输出传递函数为

$$V_o = \left(1 + \frac{2R}{R_g}\right)\frac{V_i}{(2R_1C_1s+1)(2R_2C_2s+1)} \tag{11.1}$$

从式(11.1)可知,放大倍数取决于 R/R_g,可根据需要调整 R、R_g;滤波常数 R_1C_1、R_2C_2 根据噪声干扰的频率范围确定。

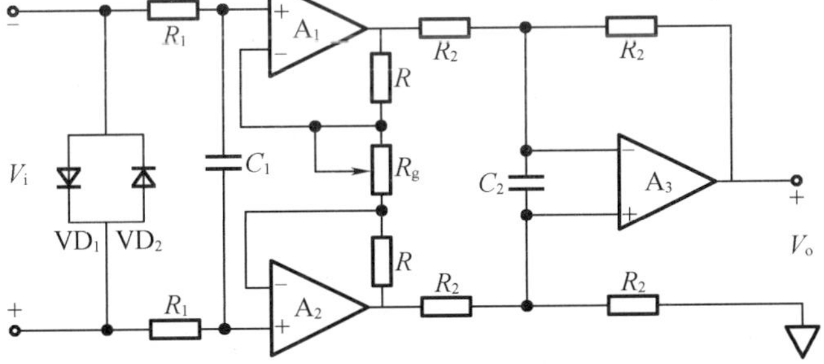

图 11.3　毫伏信号放大电路

(2)隔离放大器

在工业现场存在各种各样的电信号,既有微弱到毫伏级、毫安级的小信号,又有几十伏,甚至数千伏、数百安培的大信号;既有低频直流信号,也有高频脉冲信号等,这些信号相互之间可能会形成干扰。同时,由于仪表和设备之间的信号参考点之间存在电势差而形成“接地环路”,造成信号传输过程中失真。隔离放大器用于高共模电压下的小信号放大,将被测对象和后端采集系统隔离,提高共模抑制比,同时也起到保护人身和设备安全的作用。根据隔离方法的不同,隔离放大器分为变压器耦合、电容耦合、光电耦合等。

以美国 AD 公司的 AD202 变压器耦合式隔离放大器为例,介绍隔离放大器的工作原理。

AD202 变压器耦合式隔离放大器原理图如图 11.4 所示,芯片由放大器、调制器、解调器、三阶滤波器、整流和滤波、电源变换器等组成。工作时, +15 V 电源连接到电源输入引脚(31 引脚),使片内振荡器工作,从而产生频率为 25 kHz 的载波信号,通过变压器耦合,经整流和滤波,在隔离输出部分形成电流为 2 mA 的 ±7.5 V 隔离电压。该电压除了提供片内电源外,还可以作为外围电路(如传感器、浮地信号调节、前置放大器)的电源。在输入电路中,片内独立放大器能够作为输入信号的缓冲或放大,放大后的信号经调制器后,经变压器送入同步解调器,在输出端重现输入信号。解调信号经三阶滤波器滤波,使输出信号中的噪声和纹波达到最小,为后级应用电路提供良好的激励源。

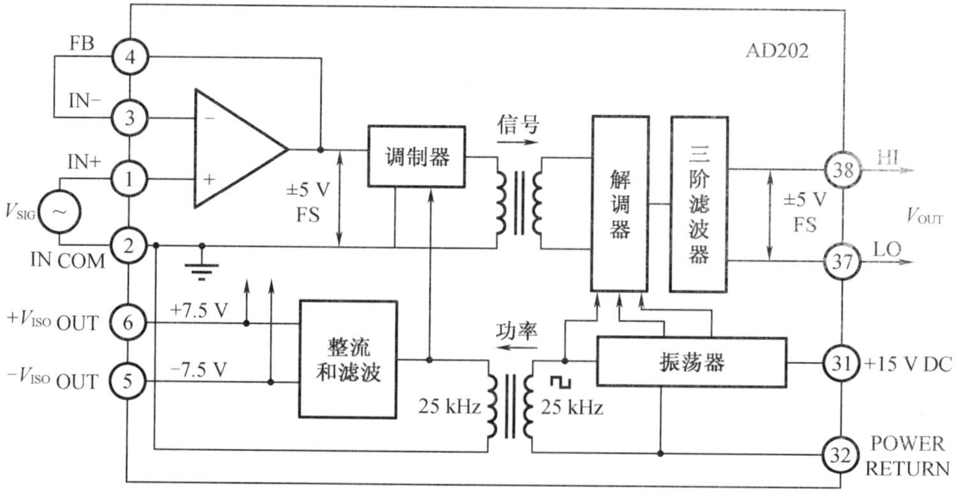

图 11.4　AD202 变压器耦合式隔离放大器原理图

2. 采样/保持器

由于 A/D 转换需要一定的转换时间，在此期间输入信号电压如有变化，则会产生较大的误差。因此，在 A/D 转换器之前需接入采样/保持器。在通道切换前，使其处于采样状态，在切换后的 A/D 转换周期内使其处于保持状态，以保证在 A/D 转换期间输入到 A/D 的信号不变。目前，有不少 A/D 转换芯片内部带有采样/保持器。

采样/保持器可以取出输入信号某一瞬时值并在一定时间内保持不变，它有采样和保持两种工作状态。在采样状态下，采样/保持器的输出必须跟踪模拟输入电压；在保持状态，采样/保持器的输出将保持采样命令发出时刻的电压输入值，直到保持命令撤销为止。

采样/保持器由模拟开关、保持电容和控制电路等组成，如图 11.5 所示。

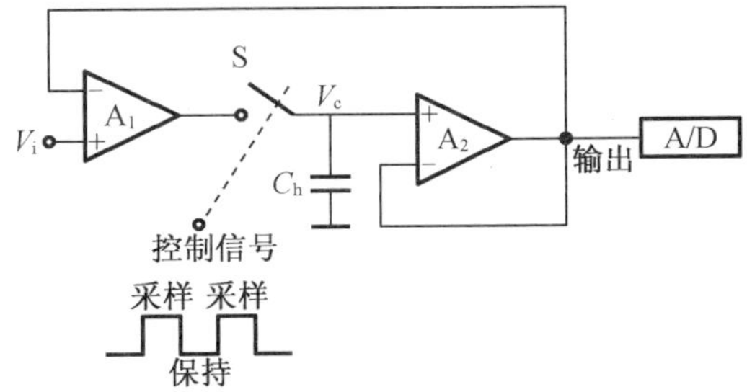

图 11.5　采样/保持器原理图

图中 A_1 和 A_2 为理想的同相跟随器，其输入阻抗和输出阻抗分别趋于无穷大和零。模拟开关 S 接通时，信号对保持电容 C_h 迅速充电达到输入电压 V_i 的幅值，同时充电电压 V_c 对 V_i 进行跟踪，称为采样阶段。当模拟开关 S 断开时，理想状态下（无电荷泄漏）电容器 C_h 上的电压 V_c 保持不变，并通过 A_2 送到 A/D 转换器进行模数转换，以保证其在转换期间的输入电压稳定不变，此阶段称为保持阶段。采样/保持器的输入与输出端通常均具有缓冲器。输入缓冲器用以增加采样/保持器的输入阻抗，减少对信号源的干扰；输出缓冲器用以减小输出阻抗，提高负载能力。采样/保持器的主要技术指标与保持电容的选取关系很大，保持电容的大小与采集速率、信号捕捉时间和采样/保持偏差等有关。保持电容值可在 100 pF ~ 11 μF 间选择。保持电容值较小时，信号捕捉时间短，可达到较高的采集速率，但采样信号电压的下降误差较大。在印制电路板布线时，还应考虑分布电容的影响。目前，常用的集成采样/保持器有美国 National Semiconductor 公司生产的 LF398，美国 Analog Devices 公司生产的 AD582、AD583 等；用于高速场合的有 HTS – 0025、

HTS－0010、HTC－0300等;用于高分辨率场合的有SHAl144等。保持电容器通常作为外接器件,目前有些采样/保持器已将保持电容集成在器件内部,如AD389、AD585等。集成采样/保持器的采样时间一般为2～2.5 μs,精度可达±0.01%～±0.003%,电压下降速率为0.1～500 μV/ms。

3.多路开关

多路开关是数据采集系统的主要部件之一,其作用是切换各路输入信号,完成由多路输入到一路输出的转换。在测控系统中,被测物理量通常有多个,为了降低成本、减小体积,系统中通常使用公共的采样/保持器、放大器和A/D转换器等器件。因此,需要使用多路开关轮流把各路被测信号分时地与这些公用器件连通。有时在输出通道中,需要把D/A转换器生成的模拟信号按一定顺序输出到不同的控制回路中去,完成一到多的转换,这时可称为多路分配器或反多路开关。

多路开关的技术指标要求导通电阻越小越好(实际$<100\ \Omega$),断开电阻越大越好(一般在$10^9\ \Omega$左右);对其导通或断开的切换时间要求与被传输信号的变化速率相适应,一般在1 μs左右;各输入通道之间要有良好的隔离,防止互相串扰。

多路开关有机械触点式和半导体集成式两种。机械触点式多路开关最常用的是舌簧继电器,其结构简单,导通阻抗小,断开阻抗高,工作寿命长,但切换速度慢,适合大电流、高电压、低速、高精度或高隔离度的数据采集系统;半导体集成式多路开关也称为电子式多路开关,其体积小、寿命长、切换速度快,且无抖动、耗电少、工作可靠、容易控制,缺点是导通电阻较大,输入电压电流容量有限,动态范围小,适用于小电流、低电压、高速切换的场合。多路开关可以用来传输电压信号或电流信号,分别称为电压开关或电流开关。在自动检测系统中,集成式多路开关得到了广泛应用。

目前,采用的多路开关可分为单向(多路开关或反多路开关)和双向(既能作多路开关、也能作反多路开关)两种;按模拟输入的通道数可分为4路、8路和16路三种。常用的多路开关有AD7501(单向8路)、AD7506(单向16路)、CD4051(双向8路)、CD4066(双向4路)等。

(1)单向多路开关

AD7501是8选1的CMOS单向多路开关,有8个输入通道($S_1 \sim S_8$),地址输入端为A_0、A_1、A_2,输出由允许选通端EN控制。图11.6为AD7501芯片结构及管脚功能。AD7501的主要参数:①导通电阻Ron典型值为170 Ω,导通电阻温漂0.5%/℃,通道之间偏差4%;②输入电容$C_i = 3$ pF;③开关时间$t_{on} = 0.8$ μs;④极限电源电压$V_{DD} = +15$ V,$V_{SS} = -15$ V。

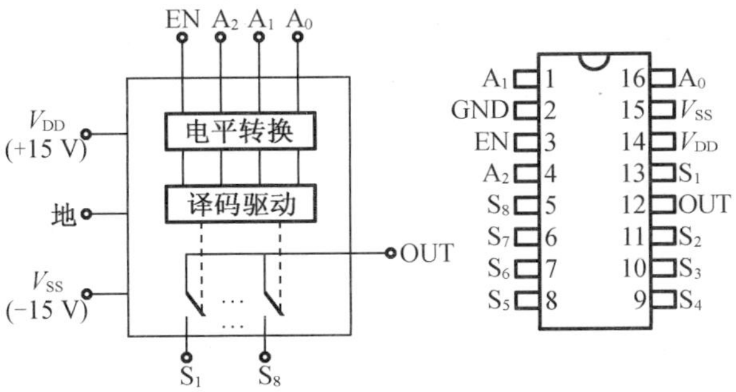

(a)芯片结构　　(b)管脚功能

图 11.6　AD7501 芯片结构及管脚功能

(2)差分 4 通道模拟开关

AD7502 是差分 4 通道多路开关,其主要特性与 AD7501 基本相同,依据两位二进制地址线(A_0、A_1)及允许选通端(EN)的状态来选择 8 路输入的两路,分别与两个输出端相连接,即在同一选通地址情况下有两路同时选通。AD7502 的芯片结构及管脚功能如图 11.7 所示。

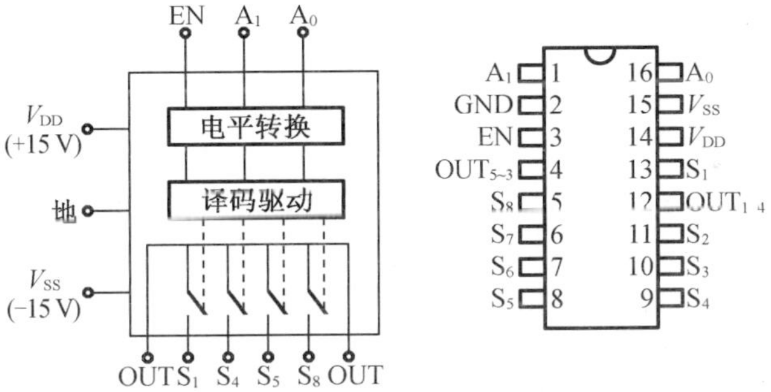

(a)芯片结构　　(b)管脚功能

图 11.7　AD7502 芯片结构及管脚功能

(3)多路开关的选用

在模拟信号电平较低时,应选用低电压型多路开关,并注意在电路中采用严格的抗干扰措施。

在数据采集速率高、切换路数多的情况下,宜选用集成多路开关,并尽量选用单片多路开关,以保证各路通道参数一致。

在信号变化慢且要求传输精度高的场合,如利用铂电阻测量缓变温度场,可选用机械触点式开关。

在进行高精度采样系统设计时，应特别注意多路开关的传输精度，特别是开关漂移特性。如果阻值和漏电流的漂移较大，对测量精度影响会很大。

4. A/D 转换器

A/D 转换器反映测量对象状态信息的传感单元，其输出信号通常为模拟电压或电流信号。而对测量对象状态信息进行后续处理的多为微处理器，因此需将模拟信号转换为数字信号，该过程称为模拟/数字转换，即 A/D 转换，实现该功能的器件称为 A/D 转换器。

A/D 转换器按分辨率分为 8 位、10 位、12 位、16 位等；按转换原理可分为逐次逼近法 A/D 转换器、双积分法 A/D 转换器、电压频率转换法 A/D 转换器等。

逐次逼近法 A/D 转换器是一种常见的 A/D 转换器，如 ADC0809 就是其中的一种。

ADC0809 片内有 8 路模拟开关，可以同时连接 8 路模拟量，单极性，量程为0 ~ 5 V。典型的转换速度为 100 μs。片内有三态输出缓冲器，可直接与 CPU 总线连接。该芯片有较高的性价比，适用于对精度和采样速度要求不高的场合或一般的控制领域。由图 11.8 所示 ADC0809 内部结构框图可知，它由 8 路开关、模拟开关的地址锁存与译码电路、A/D 转换部分、三态锁存缓冲存储器等组成。

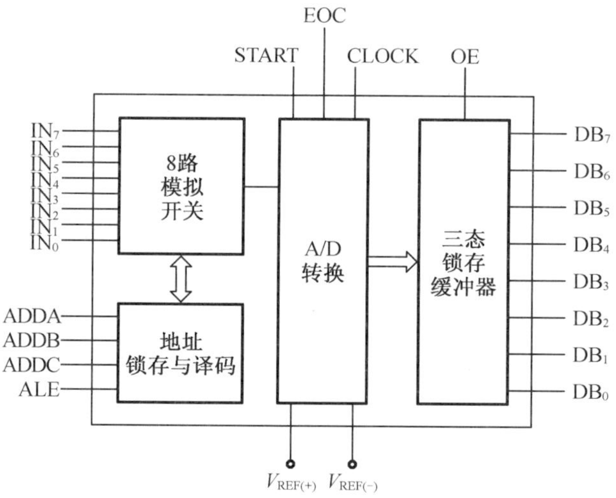

图 11.8 ADC0809 内部结构框图

由于 ADC0809 具有三态锁存缓冲器，所以可以直接连接到系统的数据总线上。图 11.9 为 ADC0809 与计算机的连接电路。

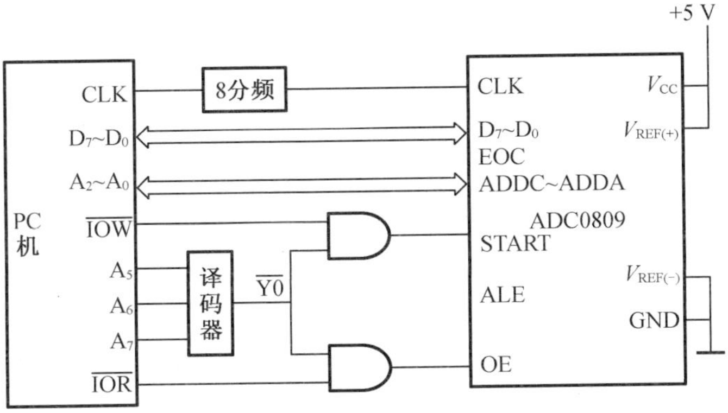

图 11.9　ADC0809 与计算机的连接电路

计算机的 8 位数据总线与 ADC0809 的 8 位数据线直接连接。地址总线的 $A_2 \sim A_0$ 与 ADC0809 的 ADDA、ADDB、ADDC 地址线连接，用于选通 8 路模拟输入中的一路。地址总线的 $A_7 \sim A_5$ 经过译码器后与读、写控制总线结合，实现 ADC0809 的转换起动和转换数据的读取。这样计算机即可获得连接在 8 路模拟量输入通道的模拟电压大小。

11.1.2　自动检测系统的输出通道

自动检测系统的输出通道有两个任务：一是把检测结果数据转换成显示和记录机构所能接收的信号形式，加以直观地显示或形成可保存的文件；二是对以控制为目的的系统，需要把微处理器所采集的过程参量经过调节运算转换成过程执行机构所能接受的驱动控制信号，使被控制对象能够按照预定的要求被控制。驱动信号不外乎模拟量、数字量和开关量等信号类型，分别对应模拟量输出通道、数字量输出通道和开关量输出通道。模拟量输出驱动受模拟器件漂移的影响，很难达到较高的控制精度。相反，数字量驱动可以达到很高的精度，应用越来越广泛。

1. 模拟量输出通道

模拟量输出通道是将处理后的数据转换成模拟量向外输出。一般来说，模拟量输出通道主要包括 D/A 转换器、多路开关、采样/保持器，如图 11.10 所示。

图 11.10　模拟量输出通道

为了实现一个 D/A 转换器输出多路模拟量,采用了多路开关和采样/保持器。多路开关和采样/保持器在自动检测系统输入通道中已做介绍,这里着重介绍 D/A 转换器。

D/A 转换器有电压输出型和电流输出型两类。目前,生产的大多数 DAC 芯片内部都带有数据寄存器、片选信号和其他控制信号,可直接与 CPU 或微机系统总线相连,使用比较方便。

DAC0832 是美国 National Semiconductor 公司生产的 8 位 D/A 转换器芯片,分辨率为 8 位,满量程误差 ±1 LSB,建立时间为 1 μs,增益温度系数为 20×10^{-6}/℃,功耗为 20 mW;是电流输出型 D/A 转换器。由于其与微机接口方便,转换控制容易,而且价格便宜,在实际工程中应用广泛。

DAC0832 采用 R-2R 的 T 型电阻解码网络,由二级缓冲寄存器(即输入数据可分别经过两个寄存器保存)、D/A 转换电路及 D/A 转换控制电路组成。DAC0832 的第一个寄存器为 8 位输入寄存器,数据输入端可直接连接到数据总线上;第二个寄存器为 8 位 DAC 寄存器,其内部结构逻辑如图 11.11 所示。

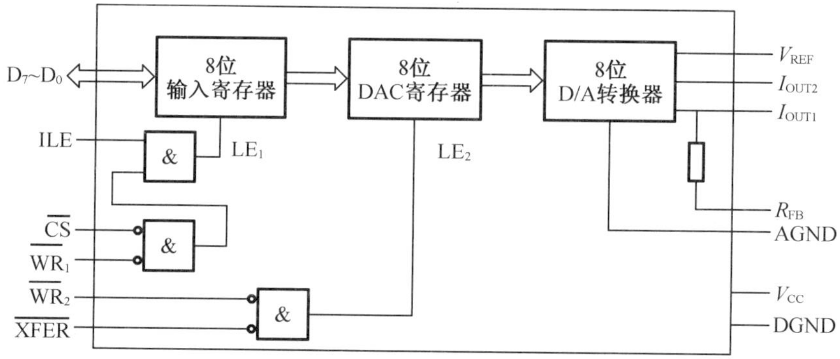

图 11.11　DAC0832 的内部结构

由于 DAC0832 内部具有数据输入寄存器,CPU 的数据总线能够与 D/A 转换器的数据输入端直接连接,而 CPU 的地址总线则通过译码器与 D/A 转换器的片选端 CS 连接,具体接口电路如图 11.12 所示。

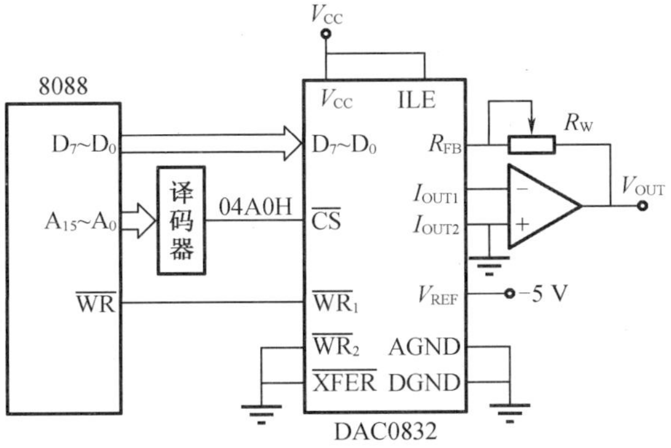

图 11.12　DAC0832 与 CPU 的连接

该接口连接工作在单缓冲方式下，转换结果以一组差分电流 I_{OUT1} 和 I_{OUT2} 输出。为了输出电压量，在电流输出端外接了运算放大器，从而形成单极性电压输出。如果要输出负电压，参考电压必须为正电压；如果要输出正电压，参考电压必须为负电压。

2. 数字量输出通道

数字量输出通道是将处理后的数据以数字量的形式向外输出，实现与计算机或外设之间的信息传送。与外部信息交换（即通信）有并行通信方式和串行通信方式两种。

在并行通信方式中，是将一组 8 位、16 位甚至 32 位的数据同时从一个设备传送到另一个设备。由于并行通信方式存在连接线数量多、故障概率大、工程造价高等原因，一般较少使用并行通信方式进行数据的传送。串行通信方式是在传输过程中，数据一位一位地沿着一条传输线从一个设备传到另一个设备，每一位都占据规定的时间间隔。串行通信由于是按位传送，数据的各位分时使用一个传输通道，传输的速率慢，但是连接线数量少，工程造价低，是目前普遍采用的通信方式。

（1）串行通信接口电路

若要在计算机和外部设备之间进行串行通信，就需要一种接口电路，它具有把 CPU 传送来的并行数据转换为串行数据发送出去的功能，还具有把外部设备传送来的串行数据转换成并行数据传送给 CPU 的功能，这种接口电路称为串行通信接口电路，常用的有 8250 芯片和 16550 芯片。

8250 芯片是美国 Intel 公司早期推出的一款芯片，用在 PC 机的 COM 端口。内部具有一个字节的发送和接收数据缓冲器，最大通信速率为 19 200 b/s。

16550 芯片是美国 National Semiconductor 公司后期推出的 PC 机上常用的一种

可编程的通用异步接收/发送器。内部包含发送控制电路和接收控制电路,可实现全双工通信。内有 16 个字节的 FIFO 发送和接收数据缓冲器,它可以连续发送或接收 16 个字节的数据,最大通信速率可达 115 200 b/s,是高速系统通信接口的理想器件。

(2)串行通信数据传输方式

在串行通信中,按照同一时刻数据流的方向可分为三种基本传送模式:单工方式、半双工方式和全双工方式。

①单工方式

单工方式仅允许在一个固定的方向上传输数据。采用该方式时,已经确定了通信两点中的一点为接收端,另一点为发送端,即由设备 A 传送到设备 B。在这种传送模式中,A 只作为发送器,B 只作为接收器;反之,是不行的,如图 11.13 所示。

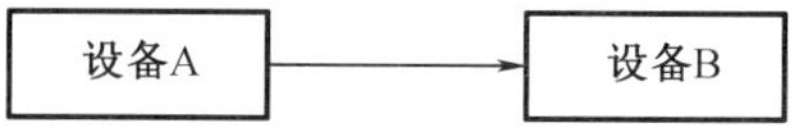

图 11.13　单工方式示意图

②半双工方式

半双工方式允许在设备 A 和设备 B 之间使用同一条传输线来交替地传送数据。既可以将设备 A 作为发送器发送数据到设备 B,设备 B 作为接收器;也可以将设备 B 作为发送器发送数据到设备 A,设备 A 作为接收器。由于设备 A 和设备 B 之间仅有一根数据传送线,它们都具有独立的发送和接收能力,所以在同一个时刻只能进行一个方向的传送。半双工的连接方式如图 11.14 所示。

图 11.14　半双工方式示意图

③全双工方式

全双工方式是数据的发送和接收采用不同的传输线,数据可以在两个方向同时传送。即设备 A 可发送数据到设备 B,设备 B 也可以发送数据到设备 A,它们都具有独立的发送和接收能力,并有两条传送线。全双工的连接方式如图 11.15 所示。

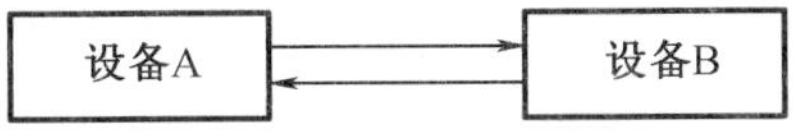

图 11.15　全双工方式示意图

(3)串行接口标准

由于 8250、16550 等芯片串行通信接口电路输出的串行数据一般都是 TTL 电平，很难实现远距离传输，因此需要利用电平转换接口电路，提高串行数据的电平，提高抗干扰能力。同时，为了实现通信双方正常进行通信，还需要制定统一的串口通信标准。目前常用的串行通信标准有 RS－232C 标准、RS－422 标准、RS－485 标准等。

①RS－232C 串行通信标准

RS－232C 串行通信标准是美国电子工业协会(Electronic Industry Association，EIA)制定的一种串行物理接口标准。RS－232C 总线标准设有 25 条信号线，对于一般双工通信，仅需几条信号线就可实现，如一条发送线、一条接收线及一条地线。

RS－232C 串行通信标准规定的数据传输速率为 50 b/s、75 b/s、100 b/s、150 b/s、300 b/s、600 b/s、1 200 b/s、2 400 b/s、4 800 b/s、9 600 b/s、19 200 b/s。

RS－232C 串行通信标准规定，驱动器允许有 2 500 pF 的电容负载，通信距离将受此电容限制。例如，采用 150 pF/m 的通信电缆时，最大通信距离为 15 m；若每米电缆的电容量减小，通信距离可以增加。传输距离短的另一原因是 RS－232 属单端信号传送，存在共地噪声和不能抑制共模干扰等问题，因此一般用于 20 m 以内的通信。

②RS－422 串行通信标准

RS－422 串行通信标准通过两对双绞线进行全双工通信，实际上还有一根信号地线，共 5 根线。由于接收器采用高输入阻抗和发送驱动器，比 RS－232 有更强的驱动能力，故允许在相同传输线上连接多个接收节点，最多可连接 10 个节点。即一个主设备(master)，其余为从设备(salve)，从设备之间不能通信，所以 RS－422 支持点对多的双向通信。

RS－422 的最大传输距离为 4 000 ft(约 1 219 m)，最大传输速率为 10 Mb/s。其平衡双绞线的长度与传输速率成反比，在 100 kb/s 速率以下，才可能达到最大传输距离。只有在很短的距离下才能获得最高速率传输。一般 100 m 长的双绞线上所能获得的最大传输速率仅为 1 Mb/s。

③RS－485 串行通信标准

在要求通信距离为几十米到上千米时，广泛采用 RS－485 串行通信标准。

RS－485 采用平衡发送和差分接收，因此具有抑制共模干扰的能力。加上总线收发器具有高灵敏度，能检测低至 200 mV 的电压，故传输信号能在千米以外得到恢复。RS－485 采用半双工工作方式，任何时候只能有一点处于发送状态。RS－485 用于多点互连时非常方便，可以省掉许多信号线。应用 RS－485 可以联网构成分布式系统，其允许最多并联 32 台驱动器和 32 台接收器。

3. 开关量输出通道

从性质上讲，开关量是一种二值型的输出量，即表征“开”与“关”，或者“是”与“非”等两种状态。控制系统及智能仪器系统中的开关量输出信号具有以下几种基本的表现形式。

（1）开关量控制

某些被控对象的自动控制采用位式执行机构或开关式器件，它们的动作是由开关信号控制的。例如，电磁阀、电磁离合器、继电器或接触器、双向可控硅等，它们只有“开”和“关”两种工作状态，可以表示为二进制的“1”和“0”。因此，利用一位二进制数的输出就可以控制这些开关式器件的运行状态。例如，继电器或接触器的闭合和释放，马达的启动和停止，阀门的打开和关闭等。

用于控制开关信号的电气接口形式有有源和无源两类。无源是指智能仪器只提供输出电路的通、断状态，负载电源由外电路提供。例如，智能仪器仪表控制继电器线圈的得电或失电时，继电器的触点本身只是一个无源的开关，是由用户安排的。有源的开关量输出信号往往表示为电平的高低或电流的有无，由智能仪器仪表为负载提供全部或部分的电源。

有源和无源各有利弊，无源的开关量输出容易实现检测系统与执行机构之间的电路隔离，两者既不共用电源也不共用接地，这有利于克服地电位差及电磁场干扰的不利影响。而对于有源的开关量输出，根据输出电压或电流的实际数值，系统就有可能判断出负载断线等故障。

（2）越限报警

将被测参数的数值与人为预先设定的参考值进行比较，比较的结果（大于或小于）以开关量的形式输出，就可以驱动声光报警装置来实现越限报警，或者输出给控制设备采取措施。例如，锅炉水位测量值低于设定的低限值时，必须立即报警或启动供水泵进水。

（3）反映系统本身的工作状态

检测系统的工作状态，例如“投入”或“后备”状态，“自动”或“手动”状态，“正常”或“故障”状态等，都可以用开关量输出信号来表征，使上位计算机或操作人员及时了解。

11.2　自动检测系统的基本设计方法

自动检测系统区别于传统检测系统的主要特点在于其“自动性”,体现为系统可根据被测参数及外部环境及应用要求等的变化,灵活自动地选择测试方案并完成测试任务。因此,设计自动检测系统要着重从如何充分提高系统的自动化程度、提高系统对环境及被测量变化的适应性、提高对系统使用方式变化的适应性等方面来考虑。

自动检测系统的一般设计过程如图 11.16 所示。由图可见,自动检测系统的设计一般要经历系统需求分析、系统总体设计、采样速率确定、硬件设计、软件设计、系统集成与系统维护等步骤。

11.2.1　系统需求分析

自动检测系统需求分析就是确定系统的功能、技术指标和设计任务。其主要是对被设计系统进行全面的分析和研究,以明确对本设计提出哪些要求和限制,了解被测对象的特点、所要求的技术指标和使用条件等。其重点是分析被测信号的形式与特点;被测量的数量、变化范围;输入信号的通道数、性能指标要求;激励信号的形式和范围要求;测试系统所要完成的功能;测量结果的输出方式及输出接口配置;对系统的结构、面板布置、尺寸大小、研制成本、应用环境等的要求。

11.2.2　系统总体设计

总体设计是一个事关全局的概要设计。自动检测系统的总体设计包括系统电气连接形式、控制方式、系统总线选择和系统结构设计等方面。电气连接形式取决于检测系统的复杂程度和对可靠性等的要求;控制方式分为自动控制、半自动控制和手动控制,控制方式的确定取决于被测对象在测试过程中需要人的参与程度;系统总线选择与检测系统的规模、使用的仪器特点和建设成本等有关,有 VXI、GPIB、PXI 等多种总线可供选择;决定系统结构设计的因素包括系统的标准化、模拟化要求,人机关系的协调,系统的安全性、可靠性、可维护性、便携性及美观等。

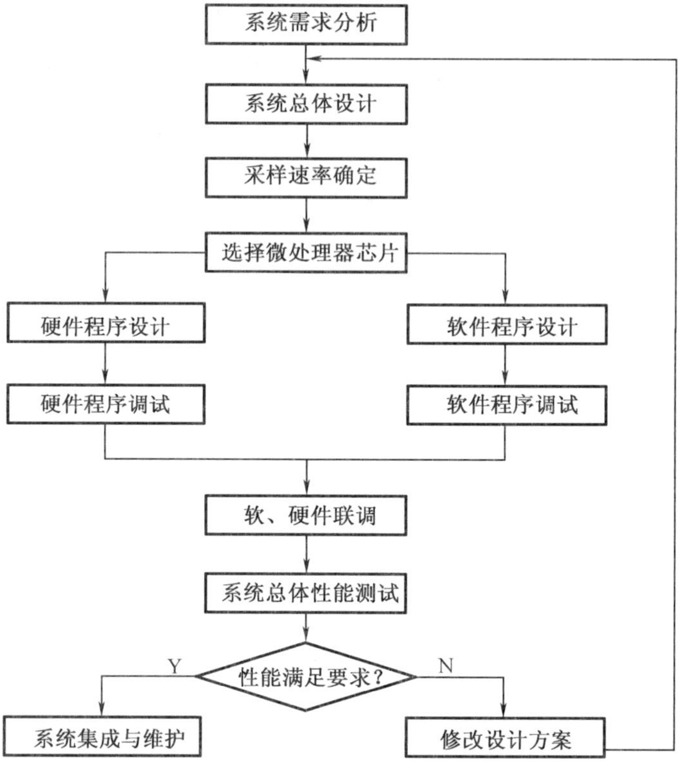

图 11.16　自动检测系统的一般设计过程

系统总体设计应考虑性能稳定、精度符合要求、具有足够的动态响应、具有实时与事后数据处理能力、具有开放性和兼容性等要求，一般要遵循以下七个原则。

1. 从整体到局部的原则

从整体到局部的原则即自顶向下的原则。它要求把复杂的、难处理的问题分成若干个简单的、容易处理的问题，再一个个地加以解决。即将整个复杂的任务分解成若干个相对容易处理的子任务，按照模块化的方法进行设计。

2. 环节最少原则

组成自动检测系统的各个元件或单元通常称为环节。开环检测系统的相对误差为各个环节的相对误差之和，故环节愈多，误差愈大。因此，设计自动检测系统时，在满足检测要求的前提下，应尽量减少环节数量；对于闭环测量系统，由于测量误差主要取决于反馈环节，因此在设计这类自动检测系统时，应尽量减少反馈环节的数量。

3. 经济性原则

为了使设计的自动检测系统获得较高的性价比，在满足性能指标的前提下，应尽可能地采用简单的方案。因为方案越简单,使用的元器件和设备就越少,系统的可靠性就越容易得到保障,相应地研制费用、管理维护费用、培训费用等会更低,比较经济。

4. 可靠性原则

可靠性是自动检测系统在规定的条件下和规定的时间内完成规定功能的能力,可用平均无故障时间、故障率、平均寿命等来表征。影响自动检测系统可靠性的因素分为硬件和软件两个方面,就硬件而言,系统所选用的器件质量的优劣和结构工艺是影响可靠性的重要因素,使用环境是另一个重要方面;就软件而言,软件设计质量的高低是影响故障率的主要因素,采用模块化设计方法、对软件进行全面测试等是提高软件可靠性的重要手段。

5. 精度匹配原则

自动检测系统往往由多个环节组成,而不同环节对测量精度的影响程度往往不同。因此,应分别对各个环节提出不同的精度要求和恰当的精度分配,这就是精度匹配原则。精度匹配原则有助于合理确定各个环节的精度,既保证满足系统总的精度要求,又不会额外增加不必要的成本。

6. 抗干扰能力

干扰是影响检测系统正常工作和测量结果的各种内部和外部因素,如电磁干扰、温湿度干扰、振动干扰及电源干扰、元器件干扰、信号通道干扰、负载回路干扰等;干扰可以通过某些耦合方式进入检测系统。在进行系统总体设计时,应充分考虑自动检测系统的抗干扰能力。完善的抗干扰措施是保证系统精度、工作正常和不产生错误的必要条件。例如,强电与弱电之间的隔离措施、对电磁干扰的屏蔽、正确接地、高输入阻抗下的防止漏电等。

7. 标准化与通用性原则

在设计自动检测系统时,必须考虑操作的方便性,还应保证系统具有很好的可维护性,系统结构要规范化、模块化,使用标准的零部件以提高系统的通用性,设置相应的故障诊断程序,一旦发生故障可以实现尽快恢复正常运行。

11.2.3　采样速率确定

自动检测系统对被测参量信号的处理和计算是以数字量的形式进行的,当被测参量信号为连续的模拟量时,自动检测系统的输入通道将以某种速率对被测模拟信号进行采样,转化为数字量再供微处理器进行处理和计算。

采样速率的确定是一项重要的工作,必须正确选择采样速率,才能保证获得最佳的性价比。因为采样速率过高,虽然被测量的测量精度高,但要求 A/D 转换器的转换速率要快,数据量大,对处理器的数据处理速度和处理能力有更高的要求,相应地,系统成本也会增加;反之,如果采样速率过低,将会使采样结果无法恢复原始的模拟信号,造成测量结果的失真或出现错误。

香农采样定理指出,只有采样频率大于原始信号频谱中最高频率的两倍,采样结果才能恢复原始信号的特征。因此,在选择采样速率时,必须对被测信号进行分析,确定信号中的最高次谐波频率,然后根据香农定理来确定采样频率;确定最高次谐波频率(或截止频率)时,要求被测参量信号中除去高于所确定的最高次谐波频率成分后,仍然保留了其主要特征,不会造成测量精度的畸变或测量信号的失真。实际使用中一般取采样频率为输入信号最高频率的 3 ~5 倍。

11.2.4 硬件设计

硬件设计的内容主要包括传感器的选型、微处理器或计算机的选型、输入输出通道设计及需要自行完成的硬件设计。硬件设计是在系统总体设计的基础上,根据确定的电气连接形式、控制方式、系统总线等及检测参数的数量、特点、要实现的检测功能等来进行硬件选型或电路设计,使整个系统构成完整、协调。

1. 传感器的选型

不同的测量任务将面对不同的测量对象和测量环境,要达到不同的测量目标,所使用的测量方法和测量手段可能不同,不同类型的传感器的工作原理和结构千差万别,为了保证测量结果尽量准确反映被测量的大小,其中很重要的一项工作就是传感器的选型。

在进行传感器选型时,通常应考虑以下四个方面。

(1)测试条件

测试条件包括被测量的特性、测量范围、输入信号的幅值和频带宽度、测量精度要求、测量所需要的时间、测量成本要求等。

(2)传感器性能指标

传感器性能指标包括传感器的静态特性指标和动态特性指标,如精度、灵敏度、稳定性、响应速度、频率响应特性、线性范围、输出量形式(模拟量或数字量)、输出幅值、对被测对象产生的负载效应、校正周期、超标准过大的输入信号保护等。

(3)测量环境

测量环境包括测量场地环境(如温度、湿度、振动等),安装现场条件及情况,信号传输距离,所需提供的电源及要求,与其他设备的连接要求等。

(4)购买与维修因素

购买与维修因素包括价格、零配件的储备、服务与维修制度、保修时间、交货日期等。

除了以上四个大的方面外，还应尽可能兼顾结构简单、体积小、质量轻等条件。

2. 微处理器的选择

微处理器是自动检测系统的硬件核心，对系统的功能、性能价格及研发周期等起着决定性的作用。微处理器可能以单片机、个人计算机等形式出现。目前，单片机作为一个微小的计算机系统，以其性价比高、开发方便、应用成熟等优点在自动检测系统中得到了广泛选用。

目前，市场上可供选用的单片机类型很多，如美国 Intel 公司的 8 位 MCS－51 系列、16 位 MCS－96 系列、PIC 单片机，台湾凌阳公司提供的 8 位、16 位带数字信号处理、语音处理功能的单片机等。单片机的选用主要考虑 CPU 位数、存储器容量、定时/计数器和通用输入/输出接口等。一般要求微处理器的位数和机器周期要与传感器所能达到的精度和速度一致。输入输出控制特性要合适，包括有无丰富的中断、I/O 接口、合适的定时器等。微处理器的运算功能要满足传感器对数据处理运算能力的要求等。通常，如果自动检测系统要求图形显示，并用硬盘存储数据，要求汉字库支持，要求组建较大型的测控系统，那么可选用现成的 PC；如果检测系统没有这些要求，只是组建智能仪器仪表或小型测控系统，则可选用单片机组成专用系统，其体积小、功耗低、价格便宜，且功能较全，研制周期相对较短、可靠性高。

自动检测系统的许多功能与主机的字长、寻址范围、指令功能、处理速度、中断能力及功耗都有密切关系。因此，在组建自动检测系统时应根据系统功能要求选择合适的微处理器作为主机，提高整个系统的性能价格比。

3. A/D 转换器的选择

A/D 转换器是将模拟输入电压或电流转换为数字量输出的器件，它是模拟系统与数字系统之间的接口。按转换原理可以将 A/D 转换器分为逐次逼近型、积分型、并行型和计数型四类。逐次逼近型 A/D 转换器兼顾了转换速度和转换精度两个指标，在检测系统中得到了最广泛的使用；双积分型 A/D 转换器具有转换精度高、抗干扰能力强、性价比好等优点，常用于数字式测量仪表或非高速数据采集过程；并行型 A/D 转换器的转换速度最快，但结构复杂、成本高，适合转换速度要求极高的场合；计数型 A/D 转换器结构简单，但转换速度较慢，目前较少采用。

A/D 转换器的位数不仅决定采集电路所能转换的模拟电压动态范围，也在很大程度上影响采集电路的转换精度。因此，应根据对采集信号转换范围与转换精度两方面要求选择 A/D 转换器的位数；在满足系统性能要求的前提下，应尽量选用位数较低的 A/D 转换器以节约成本。总体上说，在进行 A/D 转换器选择时，要根据信号转换任务的精度要求、转换速度要求、与前置环节的阻抗匹配、抑制噪声干扰的能力、成本等综合考虑。

例:设计一个以 Pt100 铂热电阻为温度传感器的数字化测温系统,如图 11.17 所示。已知铂热电阻温度系数,即灵敏度 $A = 3.85 \times 10^{-3}/℃$;恒流源电流 $I_0 = 3.0\ \mathrm{mA}$;差分放大器的放大倍数为 40;如果要求测温系统的测温范围为 0 ~ 160 ℃,分辨率不小于 0.01 ℃,试选择 A/D 转换器。

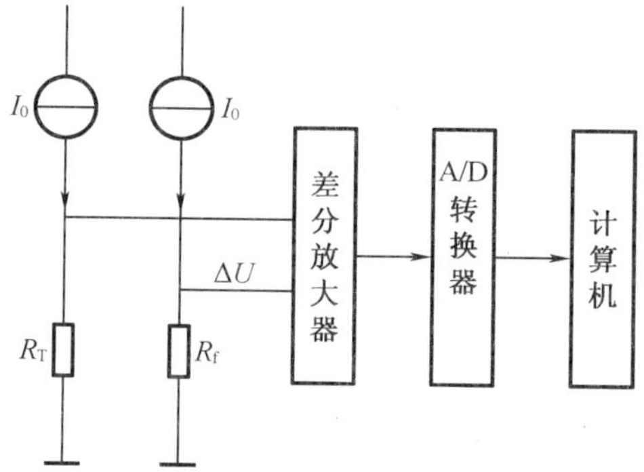

图 11.17　数字化测温系统

解:采用两个完全相同的恒流源 I_0 分别给测温热电阻 R_T 与标准参考电阻 R_f(其值为 100 Ω)供电。调节差分放大器使得测量温度为 0 ℃时放大器的输出为 0 V。当测量温度为 160 ℃时,送入差分放大器的电压差值为

$$\Delta U = I_0 R_T - I_0 R_f = I_0 R_0 (1 + At) - I_0 R_f = I_0 R_0 At$$

经差分放大器放大后的输出电压(满量程输出)为

$$\begin{aligned} U_m &= k\Delta U \\ &= kI_0 R_0 At \\ &= 40 \times 3.0 \times 10^{-3} \times 100 \times 3.85 \times 10^{-3} \times 160\ \mathrm{V} \\ &= 7.392\ \mathrm{V} \end{aligned}$$

由以上分析可知,要测量 0 ~ 160 ℃的温度,放大器输出电压范围在 0 ~ 7.392 V。通常 A/D 转换器的量程范围为 0 ~ 5 V 或 0 ~ 10 V。因此,可选择量程为 0 ~ 10 V 的 A/D 转换器。

为了达到 0.01 ℃的温度测量分辨率,要求 A/D 转换器能够分辨的最小电压值为

$$\begin{aligned} \Delta U_{min} &= kI_0 R_0 At \\ &= 40 \times 3.0 \times 10^{-3} \times 100 \times 3.85 \times 10^{-3} \times 0.01\ \mathrm{V} \\ &= 0.000\,462\ \mathrm{V} \end{aligned}$$

由于

$$10\ \mathrm{V}/0.000\,462\ \mathrm{V}\approx 21\,739$$

$$2^{14}=16\,384<21\,739<65\,536=2^{16}$$

因此,应采用 16 位 A/D 转换器。另外,温度信号是一个缓慢变化的信号,不要求 A/D 转换器有很高的转换速度,可采用逐位逼近式 A/D 转换器。

11.2.5 软件设计

软件设计是自动检测系统设计的一项重要工作,软件设计的质量直接关系到系统的正确使用和效率。一个好的软件系统应具有正确性、可靠性、可测试性、易使用性、易维护性等诸多性能。

自动检测系统"自动"功能的实现必须依赖软件的设计,包括软件结构、软件平台和功能程序设计等。软件结构决定系统的功能模块,为软件平台的选取和功能程序的设计提供依据;不同的软件开发平台有不同的功能特点和适用场合,应根据需要进行选择;功能程序的开发就是利用选择的开发平台,根据硬件组成和确定的软件结构,进行程序代码的编写,以实现自动检测系统的具体功能。软件设计一般要遵循结构合理、操作性好、具有一定的保护措施和尽量提高程序的执行速度的原则。

软件设计一般要经历这样几个步骤:自顶向下的设计(软件的总体结构设计和软件开发平台的确定)、技术评审、软件设计准备工作、软件源代码编写、编译与连接、软件功能测试、综合调试及软件的运用、维护和改进等。

11.3 自动检测系统的应用——自动温度测量系统

温度是一种最基本的环境参数或控制参数。测量温度的方法有多种,从简单的二极管到高精度的热噪声温度计,在实际应用中往往根据不同的测量精度要求选用不同的温度敏感传感器。工业上测温时,热电阻或热电偶温度传感器使用最为广泛。

这里以 Pt100 温度传感器为例介绍自动温度测量系统。首先通过 Pt100 传感器将被测温度信号转变成与之对应的电阻值,再通过测量电路将其转换成电压值,输入到 A/D 转换器转换为数字量后送入单片机,进行计算、信息处理、温度实时显示和系统控制等。该自动温度测量系统操作简单、使用方便、测量准确、抗干扰能力强,为温度的快速测量提供了方便,并且可以测量多达 8 路温度信号。

自动温度测量系统分为两部分:探头部分及主机部分。探头部分由传感器、信号调理放大电路组成;主机部分由 A/D 转换器及 8051 单片机应用系统及人机对话通道组成。其系统结构如图 11.18 所示。

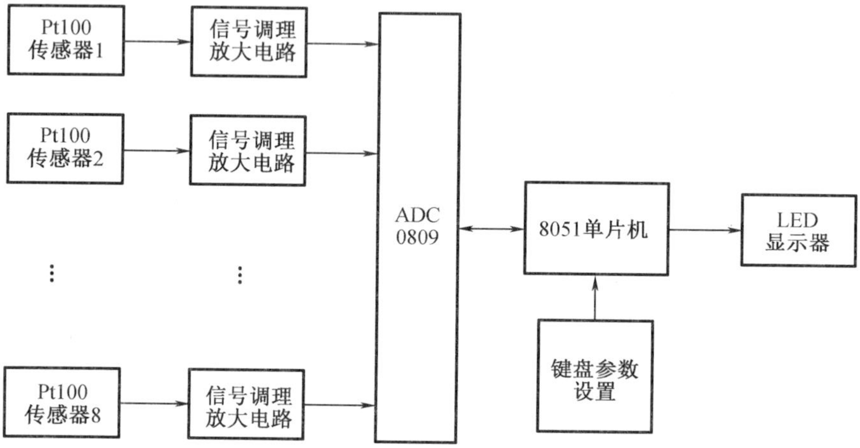

图 11.18　自动温度测量系统结构

传感器采用铂电阻 Pt100,当其铂丝温度上升时,其电阻也随之上升,其温度与阻值的关系如表 11.1 所示。由表可以看出,Pt100 电阻值与温度之间基本呈线性关系。

表 11.1　Pt100 铂电阻阻值与温度关系(部分)

温度/℃	-50	-25	0	25	50	75	100	125	150	175
阻值/Ω	80.3	90.1	100	109.7	119.4	128.9	138.5	147.9	157.3	166.6

信号调理与放大电路将电阻信号转换成电压信号,便于 ADC 采样。为了得到输出电压 u_o 与传感器电阻相对变化率 δ 呈线性关系,可把由传感器构成的可变桥臂 $R_2 = R(1+\delta)$ 接在运算放大器的反馈回路中,如图 11.19 所示。

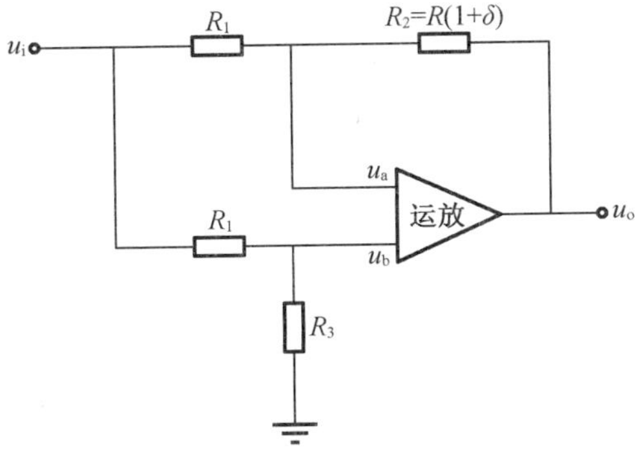

图 11.19　线性电桥放大电路

这时电源电压 u_i 相当于差动放大器的共模电压。若运算放大器为理想工作状态,此时 $u_a = u_b$,运算放大器两输入端的输入电压 u_a、u_b 和输出电压 u_o 分别为

$$u_a = [(u_o - u_i)R_1/(R_1 + R_2)] + u_i = (u_o R_1 + u_i R_2)/(R_2 + R_1) \tag{11.2}$$

$$u_b = u_i R_3/(R_1 + R_3) \tag{11.3}$$

$$u_o = \left[\left(1 + \frac{R_2}{R_1}\right)\frac{R_3}{R_1 + R_3} - \frac{R_2}{R_1}\right]u_i = \frac{R_3 - R_2}{R_1 + R_3}u_i \tag{11.4}$$

式中,$R_2 = R(1 + \delta)$;R 是传感器 Pt100 在 0 ℃时的电阻值(即 100 Ω)。

当 $R_3 = R$ 时,有

$$u_o = -\frac{Ru_i}{R_1 + R}\delta \tag{11.5}$$

由此可见,输入 ADC 中的电压 u_o 与电阻的相对变化率 δ 呈线性关系,也就与温度呈线性关系。

本自动温度测量系统选用的 A/D 转换器为 ADC0809,ADC0809 与单片机 8051 连接图如图 11.20 所示。

ADC0809 是带有 8:1多路开关的 8 位 A/D 转换芯片,它有 8 个模拟量的输入端,由芯片的 A、B 和 C 三个引脚来选择模拟通道中的一个,可以用于测量 8 路温度。A、B 和 C 三端分别与单片机 8051 的 P1.0 ~ P1.2 相接。地址锁存信号(ALE)和启动转换信号(START)由 P2.7 和/WR 进行或非运算后得到。输出允许(OE)由 P2.7 和/RD 进行或非运算得到。时钟信号可由单片机 8051 的 ALE 输出得到,不过当采用 6 M 晶振时,应该先进行分频,以满足 ADC0809 的时钟信号必须小于 640 kHz 的要求。

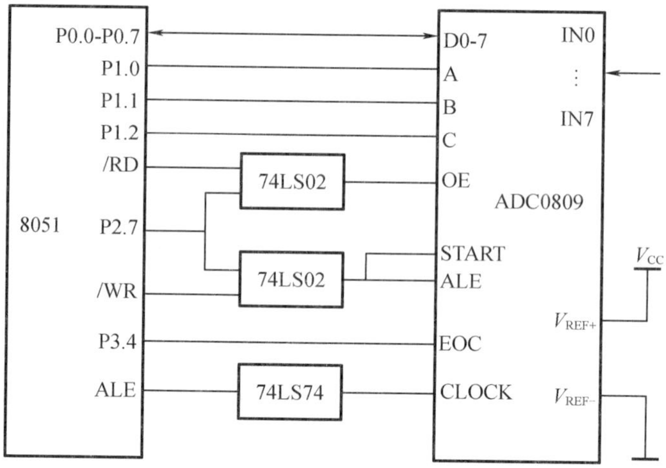

图 11.20　ADC0809 与单片机 8051 连接图

该自动温度测量系统的自动功能完全依赖单片机中的算法来实现，包括实时多任务处理、测量结果的非线性校正，以及标度变换、量程自动转换和软件抗干扰等。

自动测温系统的显示部分采用 LED 八段码显示器，具有价格低廉、显示效果好等优点。单片机与 LED 显示电路连接如图 11.21 所示。

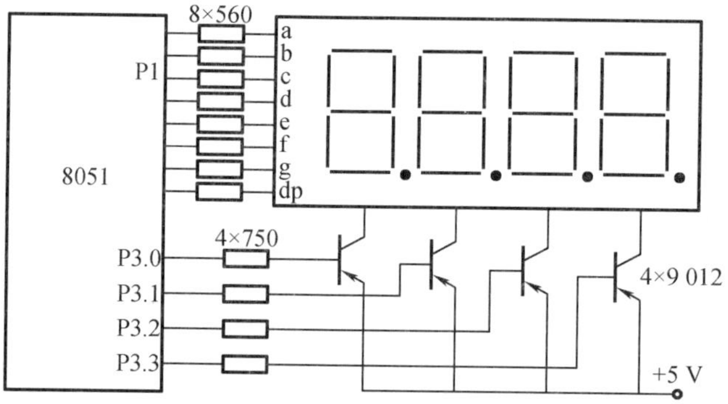

图 11.21　单片机 8051 与 LED 显示器连接

其中，单片机 P3.0 ~ P3.3 能使 LED 字段低电平有效。P1 口用于驱动 LED 显示。

采用 Pt100、ADC0809、单片机组成的自动温度测量系统，具有成本低廉、测温精度高（可达 0.05 ℃）、功能强等优点，并且可以测量多达 8 路温度，可应用于多种场合。

11.4　自动检测系统的发展

随着传感器技术、微电子技术、计算机技术、信息处理技术和通信技术等的发展，自动检测系统正朝着通用化与标准化、集成化与模块化、综合化与系统化、网络化、高可靠性、高精度化、高智能化等方向发展。

1. 通用化与标准化

采用通用化与标准化设计，自动检测系统将易于实现分散使用与大范围联网使用。为便于传输和获取信息，实现系统的更改与升级，自动检测系统的通用化、标准化设计是一大发展趋势；系统以多个可标准化的功能模块的方式组合在一起，便于系统的组建、更改、升级和连接，这是自动检测系统通用化与标准化的要求和主要内容。

2. 集成化与模块化

大规模集成电路技术的发展，为自动检测系统的集成化与模块化提供了可能。集成电路的密度越来越高，体积越来越小，内部结构越来越复杂，功能越来越强大，大大提高了单个模块和整个系统的集成度。模块化功能硬件使得自动检测系统的构建更加灵活、方便、简洁，相应地减轻了调试和使用维护的负担。

3. 综合化与系统化

自动化生产系统的发展提出了高灵敏度、高精度、高可靠性等需要，而且要求对多个参数进行融合测量，以提高人们对生产过程全面的检测、监视、控制与管理等能力，利用自动检测系统的各部分组成及其内在联系，使系统向功能更强和层次更高的方向发展是一大趋势。

系统化是现代检测任务的一个特征，因为现代生产本身就以系统的形式存在，形成一个个的车间或工厂，检测部件接口的标准化、模块化为搭建自动检测系统提供了方便。

4. 网络化

现场总线、嵌入式技术与传感器技术等的结合为自动检测系统的网络化发展提供了途径，也推动了检测数据网络化的快速传递与共享。自动检测系统的网络化目前主要表现为两个主流方向，一是基于现场总线技术的网络化，二是面向因特网的网络化。现场总线面向工业生产现场，主要用丁实现生产过程领域的现场级设备之间及与更高层的测控设备之间的互连；基于现场总线技术的网络化自动检测系统为过程自动化或制造自动化的现场设备或仪表互连提供了数字通信网络和智能信息处理能力。嵌入式仪器设备与因特网的结合,使得远程数据采集与控制、远程设备故障诊断、远程医疗、网上教学等成为可能,也为不同类型的测控网络、企业网络的互联、测控网与信息网的统一等提供了方便。

5. 高可靠性

检测系统在设计和使用中的安全性和准确性,对于生产厂家和广大用户都是至关重要的问题。系统将广泛采用新技术,并加强安全性设计,以提高检测、判别、控制和决策的可靠性。

采用新的传感技术、集成电路技术和信息处理方法,有利于提高自动检测系统的工作性能,获得更准确的观测和决策结果,从而进一步提高系统的可靠性。

6. 高精度化

随着相关科学技术的发展和应用需求的增加,高精度化是现代检测技术的一个重要发展方向。高精度化的实现,一方面依赖于传感器本身测量精度的提高,另一方面自动检测系统的数据处理和误差补偿措施也有助于进一步改善系统的测量精度;另外,先进测试手段和新的测量方法的应用,也可对提高自动检测系统的测量精度做出贡献。

7. 高智能化

自动检测系统能在被检测参数变化时自动选择测量方案,进行自校正、自补偿、自诊断,还能进行远程设定、状态组合、信息存储、在线辨识等,所提供的数据分析、自适应性与系统控制功能体现出高度的智能化,有利于获得最佳测量结果。提高检测系统智能化的主要方法如下:采用高智能化语言;软件设计中大量使用智能化信息处理技术;大力发展虚拟现实技术;采用功能更强的新型计算机;采用智能部件(如智能式传感器)等。

参 考 文 献

[1] 潘雪涛,温秀兰. 传感器原理与检测技术[M]. 北京:国防工业出版社,2011.

[2] 陶红艳,余成波. 传感器与现代检测技术[M]. 北京:清华大学出版社,2009.

[3] 胡向东,刘京诚,余成波. 传感器与检测技术[M]. 北京:机械工业出版社,2009.

[4] 常健生,石要武,常瑞. 检测与转换技术[M]. 北京:机械工业出版社,2001.

[5] 马西秦,许振中. 自动检测技术[M]. 北京:机械工业出版社,2001.

[6] 吴建平. 传感器原理及应用[M]. 北京:机械工业出版社,2008.

[7] 郁有文,常建,程继红. 传感器原理及工程应用[M]. 3 版. 西安:西安电子科技大学出版社,2008.

[8] 张洪润. 传感器技术大全[M]. 北京:北京航空航天大学出版社,2007.

[9] 严钟豪,谭祖根. 非电量电测技术[M]. 北京:机械工业出版社,2001.

[10] 范茂军. 传感器技术:信息化武器装备的神经元[M]. 北京:国防工业出版社,2008.

[11] 曾光宇,杨湖,李博,等. 现代传感器技术与应用基础[M]. 北京:北京理工大学出版社,2006.

[12] 孟立凡,蓝金辉. 传感器原理与应用[M]. 北京:电子工业出版社,2008.

[13] 周培森. 自动检测与仪表[M]. 北京:清华大学出版社,1987.

[14] 常丽敏. 仪表电气设备原理[M]. 北京:航空工业出版社,2019.